삼국시대 금석문 연구

삼국시대 금석문 연구

金 昌 鎬

서경문화사

책머리에

삼국 시대의 금석문은 광개토태왕비와 백제의 사택지적비를 제외하면 모두 한국의 고식이두로 되어 있다. 이러한 고식이두 문장은 누구나 자의적인 해석이 가능하기 때문에 다양한 가설들이 나오고 있다. 해석보다 어려운 부분은 판독이다. 서양의 판독은 알파벳 글자가 30자 이내이므로 판독이 용이하나, 한자는 그 글자 수가 많아서 어떤 글자인지를 모를 때가 많다.

필자가 청동기 시대를 공부하다가 금석문을 공부한 것은 실로 우연이었다. 대학원을 다닐 때, 허흥식교수님께서 경북대학교 박물관에 전시되어 있는 오작비의 탁본 한 장을 갖고 싶다고 해서 당시의 박물관장님이셨던 김영하선생님께 말씀을 드리고, 탁본을 하게 되었다. 탁본 작업을 하면서 속으로 '신라의 무덤에는 금관도 출토되고 있는데, 왜 하필 쓰지도 못하는 돌덩어리를 탁본하지?'란 생각뿐이었다. 그 때 좀 욕심이 많았는지는 잘 모르겠지만, 탁본을 한부 더 해서 집의 벽에다 걸어두게 되었다. 2~3년 후 갑자기 오작비의 글자들이 보이기 시작하였다. 이것이 청동기시대 전공이었던 필자가 청동기시대를 젖혀둔 채 금석문 공부를 시작한 계기가 되었으며, 그 해가 1981년경이었다. 이때부터 금석문 논문을 문헌 사학의 배경도 없이 지금까지 배워온 고고학적인 방법으로 연구하기 시작하였다.

지금까지 고고학, 미술사, 금석문, 고문서, 목간 등 동시대 자료만으로 공부한 경험에서 보면 『삼국사기』 등 문헌 위주로 공부한 시각과는 다소의 차이가 있다. 2~3등 사료보다는 1등 사료인 동시대적인 자료가 우선임은 재언을 요하지 않는다. 앞으로도 계속 이 고고학적인 방법 바꾸어 말하면 유물·유적의 증거가 없으면 믿지 않고 한 걸음도 앞으로 나아가지 않는 방법을 일관적으로 유지할 것이다. 이는 유물·유적의 증거가 없어도 논리적이기만 하면 믿는 문헌 사학과는 큰 차이가 있다. 고고학에서는 유적과 유물이 말해주는 것이지 논리가 불필요함은 이미 고고학 개설서에도 언급되어 있다. 전거도 없이 논리를 진행시키거나 '이런 추정이 가능하다면…'이란 전제를 하고 나서 진행시키는 논문의 경우, 논문 작성법이 맞다고 하면서 논리를 5번 정도 진행시키면 5%의 확률도 없는 잘못된 결론이지만 그래도 계속 논문을 내고 있다. 이는 명백한 잘못이므로 앞으로 지향해야 할 방법론이다.

한국의 고대사에 대한 복원은 금석문, 고문서, 목간, 고고학, 미술사 등 동시대의 자료에 기초하여 문헌이 안고 있는 한계성을 바로 잡아가는 것이야말로 최선의 지름길인 것 같다. 교정에 열과 성을 다해 준 대학원생들에 고맙게 생각한다. 마지막으로 상업성이 없는 학술 서적을 간행해 주신 김선경 사장님 비롯한 관계직원에게 감사한 마음을 전하고 싶다.

2009.

경주에서 김창호

차례보기

廣開土太王碑 辛卯年條의 재검토

Ⅰ. 머리말

廣開土太王碑[1]는 고구려의 長壽王이 부왕인 광개토태왕의 훈적을 기념하기 위해 장수왕 2년(414)에 세운 비석이다. 현재 중국 집안현 통구에 위치한 이 비석은 높이가 6.12m나 된다.[2] 비석의 4면에 모두 글자가 새겨진 4면비로 총 글자수는 1,802자라 한다.[3] 비의 전문은 내용에 따라 크게 3단락으로 나누어진다.[4] 제1단락(Ⅰ면 제①행~Ⅰ면 제⑥행)은 와의 世系와 약력 및 비의 건립 경위, 제2단락(Ⅰ면 제②행~Ⅲ면 제⑧행)은 왕의 정복 활동, 제3단락(Ⅲ면 제⑧행~Ⅳ면 제⑨행)은 守墓人 烟戶와 그 규정 등이다.

위의 비문 가운데에서 한일고대관계사(일본학계의 이른바 任那日本

---

1) 이 논문은 서울의 학술지에 투고했으나 두 군데에서 반송되었다. 그 뒤 필자가 근무했던 대구여자상업고등학교의 난강이란 교지에 그 개요가 실렸고 다시 영남지역에서의 젊은 고고학도가 만드는 『考古研究』2(1989)에 실렸다.

2) 寺田隆信・井上秀雄編, 1985, 『好太王碑探訪記』, p.56에 잠정적으로 따랐다. 광개토태왕비의 높이는 보고자에 따라 조금씩의 차이가 있다. 앞으로 과학적인 방법에 근거한 정확한 높이가 공포되기를 바랄 뿐이다.

3) 朴時亨, 1996, 『廣開土太王碑』, p.7.

4) 千寬宇, 1979, 「廣開土王陵碑文 再論」 『全海宗博士回甲紀念史學論叢』, p.516, 단 여기에서는 광개토태왕비의 전문을 3部로 나누어 제1・2・3부로 표시하고 있다.
   朴時亨, 1966, 『앞의 책』, p.81에서는 제1단락은 序文이고, 제2단락은 銘詞이고, 제 3단락은 守墓人烟戶에 관한 사실들이 기록된 것으로 분석하고 있나.

府說과 직결되는 것은 제 I 면에 나오는 이른바 辛卯年條이다.[5] 이에 대해서는 한국·북한·일본·중국 등에서 많은 견해들이 나온 바 있으나,[6] 아직까지 의견의 일치를 보지 못하고 있다. 곧 辛卯年條의 주체를 고구려로 하느냐 倭로 하느냐에 따라 그 해석은 크게 달라지게 된다.

여기에서는 辛卯年條의 올바른 해석을 위해 다음과 같이 검토하겠다. 먼저 선학들의 견해를 일별하여 지금까지의 연구 경향을 살펴보겠다. 다음으로 辛卯年條의 해석에 있어서 중요한 가설의 하나인 前置文說[7]을 비문 자체의 구조적 분석이란 방법에 의해 검토하겠다. 그 다음으로 비문에 석회를 바른 것은 일본의 참모본부가 아니라 중국의 탁본 기술자라는 새로운 견해를[8] 지금까지의 釋文들과 初均德抄本[9]의 비교를 통해 검토하겠다. 마지막으로 精拓本의 정확한 辛卯年條의 판독에 근거하여 이를 해석하고자 한다.

II. 지금까지의 연구

광개토태왕비에 대해서는 일찍이 『龍飛御天歌』 등에도 언급되어 있었으나, 광개토태왕비임을 알지 못하였다.[10] 19세기에 들어와 이 비가 고구려의 광개토태왕비임이 세상에 알려지게 되었다. 이른 시기의 판독

---

5) 辛卯年條라는 용어는 엄격한 의미로 보면 성립될 수 없으나 본고에서는 설명의 편의를 위해 사용하기로 한다.
6) 이 부분에 대한 연구자들의 견해에 대해서는 다음의 자료가 참고가 된다.
   佐伯有清, 1974, 『研究史 廣開土王碑』
   安本美典編, 1984, 『李刊 邪馬台國』22.
   三上次男 等, 1985, 『シンポシウム好太王碑-四·五世紀の東アジアと日本-』
7) 浜田耕策, 1974, 「高句麗廣開土王陵碑文の研究-碑文の構造と史臣の筆法と中心として-」『古代朝鮮と日本』
   武田幸男, 1978, 「廣開土王碑文 辛卯年條の再吟味」『古代史論叢』上.
8) 王健群, 1984, 『好太王碑の研究』
9) 王健群, 1984, 『앞의 책』, pp.40~41.
10) 朴時亨, 1966, 『앞의 책』, p.15.

문 가운데 하나가 酒勾景信의 雙鉤加墨本[11])이다. 당시 일본 참모본부 소속의 사가와가 쌍구본을 가지고 일본에 간 것은 1883년 가을이었다.[12]) 그 뒤에 많은 일본학자들이 광개토태왕비에 관한 수많은 연구 논문을 발표하였다.[13]) 일본학자들이 광개토태왕비 가운데에서 가장 주목한 부분은 이른바 辛卯年條이다. 우선 일본에서 통용되고 있는 판독문을 그대로 제시하면 다음과 같다.[14])

「百殘新羅舊是屬民由來朝貢倭以辛卯年來渡海破百殘△ △新羅以爲
臣民」

이를 일본학계의 통설에 따라 해석하면 "百殘(濟)[15]) · 新羅는 옛부터 (고구려의)屬民이었기 때문에 朝貢을 해왔다. 倭가 辛卯年(391年, 고구

---

11) 雙鉤加墨本은 墨水廓塡 · 雙鉤摹本 등으로 불리기도 하나 여기에서는 널리 알려진 용어인 雙鉤加墨本을 사용하기로 한다.
12) 佐伯有淸, 1974, 『앞의 책』, p.4.
   李進熙, 1972, 『廣開土王碑の硏究』에서는 그 시기를 1984년 2월 이전으로 보고 있다.
13) 佐伯有淸, 1974, 『앞의 책』 참조.
14) 예컨대 일본의 고등학교 참고서인 山本武夫, 1983, 『新硏究 日本史』, 旺文社, p.51에도 이 부분을 '百殘(百濟) · 新羅は旧是れ屬民なり由來朝貢す而るに倭辛卯年(391年)を以て來り海を渡り, 百殘△△新羅を破り, 以て臣民をなす'라고 풀이하고 있다. 이 해석을 복원하면 위의 인용문과 같이 된다.
15) 百濟를 百殘으로 표시한 이유에 대해서는 다음과 같은 견해가 있다.
   百殘은 百濟殘賊의 약칭으로『三國志』, 魏書, 東夷傳, 辰韓條에서 남쪽 辰韓人이 樂浪을 阿殘(낙랑 놈)이라고 불렀던 것과 같은 의미라 한다(李丙燾 · 金載元, 1959, 『韓國史』, 古代編, p.155 및 p.275). 百殘의 殘은 濟와 음이 가까우면서 뜻은 정반대되는 글자이다. 殘은 賊 · 滅 · 害 · 惡 등의 나쁜 의미를 포함하고 있으며, 거기에 百자를 더하면 악담으로는 더 이상의 자를 고를 수가 없고, 濟자는 盛 · 成 · 美 · 益 · 通 등 좋은 의미를 포함하고 있다고 한다(朴時亭, 1966, 『앞의 책』, p.167). 百殘의 殘에 대해『孟子』에 나오는「賊仁者謂之賊賊義者謂之殘－謂之二夫」에 근거하여 광개토태왕비의 작성자는『孟子』(周代의 문헌)를 배웠다고 주장한 견해도 있다(古田武彦, 1985, 「中國の好太王碑硏究の意義問題點」『市民の古代』7, p.33).

려 광개토태왕 즉위년)에 바다를 건너와서 百殘·新羅 등을 깨뜨리고 臣民으로 삼았다."가 된다. 이러한 해석 방법에 따르면, 391년에 倭가 대대적인 출병을 하여 百殘·新羅 등을 臣民으로 삼았고, 나아가서 이른바 任那日本府의 존재도 인정하여야 되는 것이다.

광복 후 이 부분에 대한 전혀 다른 해석 방법이 한국학자에 의해 제시되었다.[16] 광개토태왕비는 광개토태왕의 공훈을 기리는 공적비인데, 어떻게 倭를 기리며 칭찬하는 내용이 적힐 수가 있을까하는 의문에서 출발하였다. 여기에서는 고구려라는 주어가 이른바 辛卯年條에 생략되었다는 전제아래 '百殘·新羅는 옛부터 고구려의 속민이었으므로 조공을 해왔다. 왜가 辛卯年(391)에(고구려 침략하여) 온 일이 있다. (고구려가) 바다를 건너 (왜를) 破하였다. 百殘은 신라에 침입하여 신민으로 하였기 때문에……'라고 해석하였다. 이렇게 풀이하면 任那日本府說이 부정된다. 고구려라는 주어의 생략을 너무 남용한 약점은 있으나 辛卯年條를 「以六年丙申王躬率水軍討△殘國軍」과 연결시켜서 해석한 점이 주목된다.

각 지에 흩어진 탁본 대조와 판독문의 비교 등으로 광개토태왕비 자체의 조작설이 재일사학자에 의해 제시되었다.[17] 여기에서는 조작되기 전의 비문 내용에 관한 뚜렷한 언급이 없는 점과 비문 자체의 내용 분석에 별다른 성과가 없는 점이 아쉽다.

1974년 광개토태왕비 연구에 있어서 중요한 학설이 일본에서 나왔다.[18] 여기에서는 광개토태왕비 전체를 구조적으로 파악하여 각각의 연대별 기사를 「王躬率」型과 「教遺」型으로 나누었다. 教遺의 경우에는 비문의 문장이 그 앞에 연대만 표시되어 있을 뿐이다. 이에 비해 王躬率의 경우에는 연대 표시와 함께 고구려에 불리한 기사(이를 前置文이라

---

16) 鄭寅普, 1955,「廣開土境平安好太王陵碑文釋略」『庸齋白樂濬博士還甲紀念論叢』
17) 李進熙, 1972, 『앞의 책』
18) 浜田耕策, 1974,「앞의 논문」

고 불렀다)[19]가 기록된다는 것이다. 이 견해에 따르면 이른바 辛卯年條의 해석 방법은 종래의 일본학계의 것이 좋지만 辛卯年條 자체는 史臣의 과장된 필법일 뿐, 역사적 사실은 아니라고 보았다. 이에 대해 우리 학계에서는 많은 비판이 나왔다.[20] 예컨대 어떤 국문학자는 辛卯年條에 나오는 「來」자를 「未」의 조작으로 보기도 했고,[21] 어떤 학자는 「倭」자를 「後」자의 조작으로 보기도 했다.[22] 위와 같은 비판들은 광개토태왕비문 전체에서 볼 때, 前置文說에 비해 설득력이 부족한 듯하다.

　최근에 들어와 중국에서 광개토태왕비의 현지 조사를 토대로 한 연구 성과가 알려지게 되었다.[23] 여기에서 한일 고대관계사와 관련된 것으로 제시된 중요한 쟁점에 대한 결론은 다음과 같다. 석회에 의한 조작 여부에 대해서는 탁본 기술자(初氏 父子)가 역사 지식에 어둡고 탁본의 고가 판매를 위해 석회칠을 한 것이지 결코 일본 참모부에 의한 비문의 조작은 아니라고 하였다. 이른바 辛卯年條의 해석 방법에 대해서는 한국학자의 것보다는 일본의 통설 쪽이 좋지만 광개토태왕비에 나오는 倭는 야마도 조정이 아닌 일본 九州의 해적이라고 주장하였다. 이 견해는 중국의 입장에서 한국과 일본의 중간 입장을 취한 일종의 타협안이다. 광개토태왕비문 내용 자체의 연구에 있어서도 별다른 진전이

---

19) 千寬宇, 1979, 「앞의 논문」에서는 導論이라고 불렀다.
20) 鄭杜熙, 1979, 「廣開土王陵碑文辛卯年記事의 再檢討」『歷史學報』82.
　　千寬宇, 1979, 「앞의 논문」
　　金永萬, 1980, 「廣開土王碑文의 新研究(Ⅰ)」『新羅伽倻文化』11.
　　徐榮洙, 1982, 「廣開土王碑文의 征服紀事의 再檢討(上)」『歷史學報』96.
　　金瑛河, 1984, 「廣開土王碑와 倭」『弘益史學』1.
21) 金永萬, 1984, 「앞의 논문」
22) 李亭求・朴魯姬, 1985, 『廣開土大王陵碑新研究』삼국 시대의 금석문에서는 太王이란 용어가 사용되고 있어서 廣開土大王이란 용어는 廣開土太王으로 바꾸어야 할 것이다. 이 견해가 성립되려고 하면 辛卯年條에 원래의 글자가 後자라는 확정이 필요하다. 「不貢因」을 「來渡海」로 조작이 가능하다면 굳이 後자를 倭자로 고칠 필요가 없다. 왜냐하면 비문에 나오는 倭자를 탁본하여 이용하면 비문의 어떤 글자라도 석회를 발라 倭자로 바꿀 수가 있기 때문이다.
23) 土健群, 1984, 「앞의 책」

없는 것 같다. 광개토태왕비에는 지금 현재에도 석회가 붙어 있는 점에서 보면 비문이 조작되었을 가능성도 있어서 우리 학계의 오랜 관심은 여전히 해결이 안된 셈이다.[24]

Ⅲ. 前置文說의 검토

전치문설의 기반이 되는 것에 대해서는 일찍부터 견해가 제시되었으나 신묘년조를 부각시키지는 못하였다.[25] 비문 자체를 구조적으로 분석하고, 史臣의 필법에 근거하여 과장과 사실이라는 시각에서 광개토태왕비문 전체를 분석한 것은 최근의 일이다.[26] 이 전치문설은 일본학계에 널리 받아들여지고 있다. 언뜻 보면 비문 자체를 구조적으로 분석한 점에서 설득력이 있는 것 같다.[27] 과연 전치문설에서와 같은 방법으로 신묘년조를 해석하는 것이 타당한지 여부를 검토해 보자. 우선 전치문설에서 광개토태왕비문의 분석을 알기 쉽게 제시하면 다음의 <표 1>[28]과

---

24) 본고에 대한 구상은 1987년 8월 5일에 실시한 국립경주박물관의 여름문화 강좌 준비에서 비롯되었다(국립경주박물관, 1987, 『1987년 여름 문화 강좌 교재』, pp.28~33 참조).

25) 池內宏, 1947, 『日本上代史の一研究』, pp.118~119.
末松保和, 1947, 『任那興亡史』, p.71.
직접 전치문설이 나오는 데에 중요한 계기가 된 것은 前澤和之, 「廣開土王碑文をめぐる二・三の問題」 『續日本紀研究』159인 듯하다.

26) 浜田耕策, 1974, 「앞의 논문」

27) 武田幸男, 1978, 「앞의 논문」 등.

28) 坂元義種, 1980, 「好太王碑文 - 碑文第二段の記述をめぐる二・三の辛卯年記事を中心に-」 『ゼミナール日本古代史』下. 倭の五王を中心に-, p.40의 第1表를 일부 수정하였다. 永樂五年條에서는 「又躬率」이란 釋文이 발표되었다. 乙未年條를 「永樂五年歲在乙未 王以碑麗不△△△王躬率住討」로 끊어서 '碑麗가 부단히 침입하므로 永樂五年乙未에 王은 친히 군사를 거느리고 가서 그것을 토벌하였다'로 해석하였다(朴時亨, 『앞의 책』, p.150). 이에 대해 「永樂五年歲在乙未 王以碑麗 躬率住討」로 끊어서 '碑麗가 끊임없이 고구려에 侵入하기 때문에 광개토왕은 비려를 평정하기 위해 王躬住討 하였다'로 해석하였다(浜田耕策,

같다.

<표 1>에서 보면 광개토태왕비에 나오는 8개의 정복 기사 가운데 王
躬率이라고 표현된 것이 4기사, 敎遣이라고 표현된 것이 3기사, 王躬率
이나 敎遣의 어느 표현도 없는 것이 1기사이다. 庚子年條·甲辰年條·
丁未年條의 경우는 내용상 서로 연결되어 있으면서도 庚子年條와 丁未
年條에는 敎遣으로, 甲辰年條에는 王躬率로 각각 표현되어 있다. 이 전
치문설에 있어서 가장 큰 문제점은 辛卯年條를 전치문으로 하는 丙申年
條에 왜와 관련된 기사가 전혀 나오지 않고 대신에 백잔에 대한 공격
기사만 나오는 것이다.

〈표 1〉廣開土太王碑 征服記事 比較

내용\사료	年代		對象	征服理由	戰鬪方法		戰鬪經過	戰果		歸還
	紀年	干支			王窮率	敎遣		具體的	抽象的	
A	永樂 五年	乙未	碑麗	○	○		○	○		○
B		辛卯								
C	永樂 6年	丙申	百殘	史料 B	○		○	○	○	○
D	〃 8年	戊戌	帛愼土俗			○		○		
E	〃 9年	己亥								
F	〃 10年	庚子	倭	史料 E		○	○	○		
G	〃 14年	甲辰	倭	○	○		○		○	
H	〃 17年	丁未	「倭」	G의 계속		○	○	○		
I	〃 20年	甲戌	東夫餘	○	○		○	○		○

1973, 「高句麗廣開土王碑文の虛像と實像」『日本歷史』304, p.88). 최근에는 「永
樂五年 歲在乙未 王以碑麗不歸△人 躬率住討」로 끊어 읽어서 '永樂五年乙未에
好太王은 碑麗가 碑麗國에 납치한 (高句麗)人을 돌려주지 않기 때문에 스스로
大軍을 거느리고 討伐하였다'로 해석하였다(王健群, 1984,『앞의 책』, p.138에서
정확한 판독 근거는 제시하지 않고 있다).

지금까지 발표된 釋文이나 拓本에 근거하면 乙未年條에서 「△躬率」의 △는
又자일 가능성이 크다. 이렇게 又자로 보면 乙未年條의 끊어 읽는 법과 해석
방법이 달라져야 한다. 곧 「永樂五年歲在乙未王以碑麗△△△ 又躬率住討」로
끊어지고 '永樂五年乙未에 王이 碑麗……(했고), 또한 몸소 군대를 이끌고 가
서 토벌하였다'로 해석된다. 이 해석으로 보면 전치문설에서와 같이 전치문에
반드시 고구려에 불리한 기사가 온다고 단정해가기 어렵게 될 것 같다.

광개토태왕비의 작성자가 역사적 사실을 과장할 정도라면 丙申年條와 그 전치문인 辛卯年條는 논리상 서로 연결되어야 한다. 전치문설의 방법대로 辛卯年條를 해석하면 丙申年條와 전혀 연결이 되지 않는다. 전치문을 가진 다른 기사에서는 논리상 전치문과 주문과의 연결이 분명하다. 예컨대 乙未年條에서는 碑麗가 침입해 와서[29](순종하지 않으므로[30]) 王躬率하여 비려쪽을 공격했고[31] 庚戌年條에서는 東夫餘가 조공을 하지 않으므로 餘城(부여성의 줄임말)에 군대가 이르러……라고 되어 있다. 실제도 광개토태왕비의 甲辰年條에는 「倭冠遺敗斬殺無數」란 구절이 나오고 있어서 辛卯年條를 전치문으로 하는 丙申年條에 倭와 관련된 기사가 전혀 없는 점이 이상하다.

전치문설에 있어서 王躬率型과 敎遺型의 표현은 광개토태왕 자신의 직접 전쟁 참여여부와 연결 지어 온 것 같다.[32] 이러한 표현 방식은 비문의 제Ⅳ면에 기록된 광개토태왕의 敎言에도 나온다.

　　　國罡上廣開土境好太王存時敎言　祖王先王但敎取遠近舊民　守墓洒歸吾盧舊民轉堂嬴劣　若吾萬年之後　安守墓者　但取吾躬△所略來韓穢　令備洒掃　言敎如此　是以如敎令　取韓穢二百廿家……

위의 자료에서 「但敎取遠近舊民」의 「但敎取」와 「但取吾躬△所略來韓穢」의 「但取吾躬△」는 서로 대비가 된다. 전치문에서 강조되어 온 「敎遺」·「王躬率」은 각각 「但敎取」·「但取吾躬△」에 대응이 된다. 「但敎取」의 경우는 舊民을 守墓人烟戶로 취하는 것과 연결되고, 「但取吾躬△」는 새로 정복한 韓穢民을 守墓人烟戶로 취하는 것과 연결된다. 守墓人烟戶의 부분은 광개토태왕비문 전체 글자 수인 1,802자 가운데 641자

---

29) 朴時亨, 1966, 『앞의 책』, p.150.
30) 任昌淳, 1973, 「廣開土王碑 謂文」『書通』1, p.14.
31) 이러한 해석은 浜田耕策, 1973, 「앞의 논문」, p.88에도 유사하나 다른 가능성도 있다(註28 참조).
32) 浜田耕策, 1973, 「앞의 논문」, p.87.

로 약 36%나 된다. 광개토태왕비문 자체에서 보면 제2단락의 정복 기사와 제3단락의 守墓人烟戶의 설정은 서로 연결되고 있다. 광개토태왕비 전체에서 가장 중심이 되는 내용의 하나는 「但取吾躬△」하여 韓穢二百卅家를 守墓人으로 설정한 것이다. 이 수묘인의 설정에 대한 정확한 표시를 위해 「王躬率」·「敎遣」로 정복 기사를 나눈 것은 형식적으로는 왕의 전쟁에 직접 참전 여부와 관련이 있으나, 내용상으로는 수묘인의 설정과 관련이 있는 듯하다. 광개토태왕비에 있어서 王躬率로 舊民·韓穢民을 정복하였고, 敎遣로는 韓穢民을 정복하였으나, 守墓人烟戶의 설정은 王躬率한 韓穢民만을 그 대상으로 한다. 광개토태왕이 王躬率하여 정복하였던 韓穢二百卅家를 守墓人으로 取하였다. 새로 정복된 韓穢民이 守墓法을 잘 모를 것을 염려하여 舊民一百十家를 다시 守墓人으로 取하였다고 비문에 나와 있다. 전치문설에 있어서 최대의 약점은 이른바 辛卯年條의 해석이다. 전치문이 辛卯年條와 주문인 丙申年條와는 논리상 또는 내용상 서로 연결이 되어야 하는데, 실제로 전치문설의 해석에서는 그렇지가 못하다. 곧 辛卯年條에서 倭의 百殘·新羅 공격 때문에 王躬率했으니 의당 丙申年條에는 倭와의 전쟁 기사가 나와야 하는데에도 불구하고 百殘과의 전쟁 기사만 장황하게 나올 뿐이다. 이러한 논리상의 모순점을 전치문설에서는 해결하지 않고, 史臣의 과장이라는 구실로 고구려에 불리한 기사만으로 辛卯年條를 해석하면 옳다고 얼버무렸다. 전치문설에서 제시한 辛卯年條의 해석 방법도 고구려에 불리한 기사인 것만은 틀림이 없으나 논리적인 면에서는 재고의 여지가 있는 것 같다. 전치문설에서와 같이 辛卯年條를 해석하게 되면 辛卯年條인 主文인 丙申年條에는 틀림없이 倭와의 전쟁 기사가 나와야 된다. 실제로 비문 자체에서는 丙申年條에 百殘과의 전쟁 기사가 나올 뿐이다.

IV. 中國側의 새로운 견해

1945년 이후 1980년까지 광개토태왕비의 현지 조사는 극히 제한되었다. 1966년 북한에서 몇몇 사람들이 직접 광개토태왕비의 조사 결과를 발표하였다.[33] 造作說이 나오기 이전이고, 금석문 관계의 전문학자가 아니라서 그 때까지의 업적에서 크게 벗어나지 못한 것 같다. 광개토태왕비 연구사에 있어서 중요한 것은 1972년에 나온 비문의 조작설이다.[34] 이 견해는 광개토태왕비의 내용에 대한 연구에서는 별다른 성과가 없었으나, 조작의 가능성이 있다는 시각의 제시는 광개토태왕비 연구의 폭을 넓혔다고 판단된다. 이때부터 일본에서는 광개토태왕비의 조작 문제를 둘러싸고 논란이 계속 되었다.[35] 이러한 문제를 해결할 수 있는 길은 광개토태왕비의 현지 조사에 의존할 수밖에 없었다.

1983년 광개토태왕비의 현지 조사를 토대로 조작설에 관련된 견해가 중국에서 나왔다.[36] 여기에서는 석회 조작설에 대해 탁본 기술자인 初氏부자가 역사에 대한 지식이 부족하고 탁본 자체의 고가 판매를 위해 석회를 바른 것 일뿐, 일본의 참모본부가 가담하지 않았다고 주장하였다. 辛卯年條의 해석에 대해서는 종래의 일본 통설쪽이 타당하지만 광개토태왕비문에 나오는 倭는 야마도(大和) 조정이 아닌 구주의 해석이라고 강조하였다. 이 견해 자체는 고구려사를 중국사의 일부로 볼려는 입장에서[37] 취하여진 타협안일 뿐, 광개토태왕비문 자체의 연구는 지금까지의 성과에서 한걸음의 진전도 없는 것 같다.[38]

---

33) 朴時亨, 1966, 『앞의 책』
34) 李進熙, 1972, 『앞의 책』
35) 佐伯有淸, 1974, 『앞의 책』, pp.267~310 참조.
36) 王健群, 1984, 『앞의 책』
37) 千寬宇編, 1975, 『韓國上古史의 爭點』, p.7 참조.
38) 王健群의 연구 성과에 대한 비판은 三上次男 등, 1985, 『앞의 책』 참조.

여기에서는 조작설에 대한 반론으로 周雲台 탁본을 제시하였다.[39] 지금까지 정평이 있는 水谷悌二郞 소장 탁본과 九州大 소장 탁본도 좋은 것이라고 하였고.[40] 이 精拓本의 판독 결과는 무시하고[41] 周雲台 탁본에만 의지하여 辛卯年條 등을 해석하였다. 周雲台 탁본에 근거한 釋文이 과연 믿을 수 있는지 여부를 水谷悌二郞 탁본 · 九州大 탁본과 비교해 조사하여 보자. 우선 3탁본에서 판독된 글자 자체의 차이점을 알기쉽게 도시하면 다음의 <표 2>와 같다.

<표 2>에서 보면 王健群 · 水谷悌二郞 · 筆者의 판독에 있어서 차이가 나는 것은 164자나 된다. 王健群의 釋文 가운데에서 따를 수 있는 것은 I④2의 負 · I⑦16의 人 · I⑪22의 閣 · II①17의 拔 · II⑥29의 論 · II⑦36의 恩 · II⑧1의 特 · III④18의 煞 · III⑨40의 俳 등이다. 이 가운데 煞과 殺은 동일한 글자이므로 따를 수 있는 판독은 겨우 10자뿐이다. 위와 같은 판독 결과로는 조작설을 언급하는 것조차 힘든 일이 아닐까? 王健群 스스로가 水谷悌二郞의 소장 탁본과 함께 가장 양질의 탁본이라는 九州大 소장본에는 辛卯年條의 「渡海」를 읽을 수가 없다.[42] 九州大 탁본 · 水谷悌二郞 탁본 등의 精拓本에서 판독할 수 없었던 「渡海」부분이 최근에 만들어졌다는 周雲台 탁본에서도 어떻게 선명하게 나타날 수 있는지를 납득할 수가 없다. 일본의 『朝日新聞』에서 王氏가 赤外線撮影으로 「渡海」부분의 판독에 성공하였다고 과장된 보도를 하고 있다.[43] 지금까지 알려진 中國의 저술에는 X線 촬영에 대해 언급된 적이 없다.

---

39) 王健群, 1984, 『앞의 책』, pp.250~272.
40) 王健群, 1985, 「九州大學藏好太王碑拓本の拓製年代について」『シンポジウム好太王碑』, pp.210~212.
41) 九州大 소장 탁본은 長正統, 1983, 「九州大學藏好太王碑拓本の外的研究」『朝鮮學報』99 · 100에 처음으로 소개되었다.
42) 필자도 17.7cm×13.7cm의 크기로 각 면마다 4장씩 전체 16장으로 된 九州大 소장 탁본 사진을 가지고 있다. 여기에서는 渡海 부분의 확인이 불가능하였다.
43) 일본의 『朝日新聞』, 1984년 7월 28일자.

〈표 2〉 廣開土太王碑 釋文의 比較

글자표시	水谷	王	九	글자표시	水谷	王	九	글자표시	水谷	王	九	글자표시	水谷	王	九
I①34	△	德	△	I⑪33	△	農	△	II⑧8	△	計	△	III③38	△	計	△
I②2	幸	幸	車	I⑪34	△	賣	△	II⑨8	△	自	△	III③39	△	從	△
I③41	覆	黃	覆	I⑪34	△	城	△	II⑨9	來	倭	來	III④4	鋒	鋒	
I④2	首	負	負	I⑪40	△	城	△	II⑨30	△	拔	△	III④5	相	相	
I④24	△	還	△	I⑪41	△	比	△	II⑨34	△	鹽	△	III④12	刺	刺	刺
I⑤13	△	洽	△	II①17	△	拔	拔	II⑨37	滿	冠	△	III④18	殺	煞	煞
I⑤14	于	于		II①18	城	城	△	II⑨38	倭	大	倭	III④40	△	王	△
I⑤19	振	振	振	II①27	那	那	△	II⑨41	△	內	△	III④41	師	師	△
I⑤25	△	不	△	II①29	那	那	△	II⑨17	△	十	△	III⑤1	△	四	△
I⑥1	弔	弔	弔	II①37	△	于		II⑨18	△	九		III⑤2	△	方	△
I⑥38	辭	詞	△	II①41	灰		△	II⑩20	△	更		III⑤6	殺	煞	煞
I⑦14	△	歸	△	II②11	△		△	II⑩21	△	隨		III⑤32	△	牛	
I⑦16	△	人	人	II②13	林	林	△	II⑩22	來	倭	△	III⑤33	△	田	
I⑦24	△	負	負	II②22	利	利	△	II⑩28	滿	新	滿	III⑤34	城	城	△
I⑦25	△	山	山	II③2	△		△	II⑩29	△	羅		III⑤36	△	城	
I⑧12	△	襄		II③3	△	拔		II⑩30	△	城		III⑤41	那	△	
I⑧16	來	來	△	II③5	△	宗		II⑩33	其	其	△	III⑥2	城	城	△
I⑧23	五	王	五	II③6	△	古		II⑩41	言	言	△	III⑥32	城	與	
I⑧25	海	□	海	II③16	△		△	III①3	△	且		III⑥33	國1	國	
I⑧31	獵	□		II③22	服	服	△	III①31	△	出		III⑥34	駿	駿	
I⑨12	渡	渡	△	II③23	義	義	기	III①39	△	殘		III⑥35	△	服	△
I⑨13	△	海		II③24	敢	敢	△	III①40	△	倭		III⑥36	△	사	
I⑨32	率	率	△	II③26	△	△	百	III①41	潰	潰	△	III⑥37	△	出	
I⑨33	△	水		II③37	刺			III②1	△	逃		III⑦37	鴨	鴨	
I⑨36	滅	伐	△	II③40	殘	橫	△	III②2	以	拔		III⑦38	盧	盧	
I⑨40	△	至	△	II③41	△	兵	△	III②3	隨	△		III⑧1	鴨	鴨	
I⑨41	△	□	△	II④1	△	歸		III②4	△	城		III⑨1	民	民	△
I⑩1	首	南	△	II④2	△	穴	△	III②19	△	論	朝	III⑨33	砦	此	砦
I⑩4	壹	寧	△	II④3	△	就	△	III②20	△	事		III⑨40	△	俳	俳
I⑩18	△	城	△	II④5	△	圍	△	III②	△	廣		III⑩7			
I⑩22	關			II④9	主	主	王	III②				III⑩9	△	梁	契
I⑩31	△	古	△	II④13	△	出	△	III②	錦	錦		III⑩16	△	梁	契
I⑩40	城	城	문	II④25	△		歸	III②	家			III⑩13	△	改	△
I⑪9	句	句	△	II④41	先	始	△	III③		請		III⑫33	模	△	△
I⑪13	須	橫	須	II⑤12	△	得	△	III③		和		III⑭30	一	二	三
I⑪17		須		II⑤22	主	主	王	III③		通	△	IV①5	七	七	△
I⑪18	△	鄒	△	II⑥10	△	斯	新	III③	△	殘		IV①6	也	也	△
I⑪19	△	城	△	II⑥29	△	論	論	III③	△	兵		IV①7	利	利	△
I⑪27	△	城	△	II⑦36	△	恩	恩	III③	△	王		IV⑧8	城	城	△
I⑪30	△	於	△	II⑧1	△	特	特	III③	△	躬		IV②34	二	一	二
I⑪31	△	利	△	II⑧7	△	密	△	III③	△		△	IV⑥15	巡	巡	△

* 위의 표에서 水谷은 水谷悌二郎의 釋文을 가리키고, 王은 王健群의 釋文을 가리키고, 九는 九州大 소장 탁본 사진에 근거한 필자의 판독을 가리킨다.

광개토태왕비의 조작설을 비판하기 위해 탁본 기술자 가운데 한 사람이 初均德이 남긴 비문의 拓本을 증거로 제시하고 있다.[44] 이 초본은 일본에서 광개토태왕비 초기의 연구자들조차 한 면 여러 장으로 된 탁본의 전후 관계를 잘못 맞추어 판독한 점[45]과 비교하면 너무나 놀라운 釋文이다. 초본 자체에 있어서 몇몇 글자는 서체까지도 광개토태왕비와 비슷하나[46] 그렇지 않은 글자도 있다.[47] 초본에서는 지금까지의 탁본이나 釋文에 보이지 않았던 글자와 판독들이 있다. 곧 Ⅰ⑦33의 「部」자를 「剖」자로 읽은 점, Ⅰ⑨17에 「東」자가 있는 점, Ⅱ①8의 「城」자가 생략된 점, Ⅱ①20・21에 「婁賣」가 있는 점, Ⅱ⑨38에 「倭」자가 빠지고 대신에 「潰城六」의 부분이 위로 한 자씩 올라간 점, Ⅲ⑩33의 「谷」자를 「古」자로 본 점 등이다. 초본이 광개토태왕비의 조작에 대한 증거가 되기 위해서는 초본에서와 같이 상식에 어긋나는 탁본들이 있어야 된다. 현재까지 알려진 탁본에서는 그러한 예가 없다.

초본의 글자들은 전체적으로 보면, 1922년에 간행된 『海東金石苑補遺』이나 1933년에 간행된 『希古樓金石萃編』에 가장 가까운 것이다.[48] 다만 제 Ⅲ면의 오른쪽 하단에 나오는 「僕句」・「平壤」・「師」의 부분은 雙鉤加墨本・會餘錄과 일치하고 있다. 그렇다면 初均德의 초본은 1922년보다 이른 시기에 작성되었으며,[49] 會餘錄 등과의 관련성을 부인할 수가 없을 것 같다. 초본 자체는 조작설을 부정하는 데에 아무런 도움이 되지

---

44) 王健群, 1984, 『앞의 책』, pp.40~41.

45) 佐伯有淸, 1974, 『앞의 책』, pp.11~15.

46) 예컨대 「利」자의 「부」부분은 拓本과 탁본이 꼭 같다(藤田友治, 1986, 『好太王碑論爭の解明』, p.53에는 광개토왕비 자체의 「부」부분에 관한 서체 언급이 있다. 藤田이 일본 중세 승려인 親鸞 전문 연구가인 古田武彦의 견해만 따르는 태도는 학문의 발전을 위해 배격되어야 할 것이다. 조작설을 부정하기 위해 제시한 근거도 王健群, 1984, 『앞의 책』과 별다른 차이가 없어서 수긍키 어렵다).

47) 우선 쉽게 구별되는 것으로 永자와 來자가 있다.

48) 寺田隆信・井上秀雄編, 1985, 『앞의 책』, pp.248~291를 근거로 대조하였다.

49) 『海東金石苑補遺』은 1922년에 간행되었다(劉燕庭, 1976, 『海東金石苑』下, 亞細亞文化史, p.595에 나오는 海東金石苑補遺序 참조).

못한다. 앞으로 X선 촬영 등 과학적인 방법으로 「渡海破」의 부분을 포함한 광개토태왕비의 애매한 문제점들이 해결되기를 바랄 뿐이다.

V. 辛卯年條의 해석

辛卯年條를 해석하는 데에 있어서 한국학계와 일본학계 사이에는 방법상의 차이가 있다. 일본학계에서는 辛卯年條만으로 해석하는데 대해 한국학계에서는 丙申年條와 연결시켜서 해석을 하고 있다. 일본학계에서는 辛卯年條 가운데 판독이 불가능한 부분에 대하여 여러 가지 복원 방법을 시도하였다. 「百殘新羅 …… 破百殘△△新羅以爲臣民」의 「△△」 부분을 「更討」·「又服」·「又伐」·「遣使」·「胡服」·「任那」 등으로 보충하였다.[50] 위의 어느 복원 방법을 취하던 辛卯年이래 倭가 來渡海하여 百殘·新羅 등을 臣民으로 삼았다는 골격에는 변함이 없다.

이에 대해 우리학계에서는 「百殘△△△羅以爲臣民」의 「△△△」 부분을 「招倭侵」·「聯侵新」·「將侵新」·「欲取新」 등으로 보충하였다.[51] 辛卯年條에 나오는 倭를 後로, 「來渡海」를 不貢因으로 「△△△」를 倭寇新으로 보기도 하였다.[52] 由來朝貢의 來를 未로, 渡海破의 海를 王으로, △△△를 倭服新으로 고쳐서 본 견해도 있다.[53] 위와 같은 방법들은 크게 볼 때 丙申年條와 연결시켜서 해석한 견해[54]에서 파생된 것들이다.

지금까지 논란이 많았던 辛卯年條의 해석을 시도하기 위해 관계 부분의 판독부터 해 보자. 精拓本으로 水谷悌二郞·九州大·京都大·中央研究院·任昌淳·東京大 東洋文化研究所 등에 소장된 것이 알려져 있

---

50) 金瑛河, 1984, 「앞의 논문」, pp.65~70 참조.
51) 金瑛河, 1984, 「앞의 논문」, pp.70~75 참조.
52) 李亭求·朴魯姬, 1981, 「廣開土大王陵碑文의 所謂辛卯年記事에 對하여」 『東方學志』29.
53) 徐榮洙, 1982, 「앞의 논문」
54) 鄭寅普, 1955, 「앞의 논문」

다.[55) 이 가운데 水谷悌二郎 소장의 탁본에 근거한 판독에서 來渡海의 海자를 △로 표시하고 있다.[56) 來渡海의 부분가운데 渡海가 확인이 불가능하여 來△△로 판독한 견해가 나왔다.[57) 실제로 九州大・東京大 東洋文化硏究所 탁본에서는 渡海 부분의 渡자와 海자의 판독이 거의 불가능하다.[58) △△斤羅에서 斤부분을 新자로 추독이 가능하다.

王躬率△軍의 △부분은 水자로 판독되어 왔으나[59) 水谷悌二郎의 釋文에 따라 △로 본다.[60) 討△殘國軍의 △부분은 利・伐・滅・科 등으로 판독되어 왔으나[61) 여기에서는 확인이 불가능하여 △로 본다. 이상의 판독 결과를 제시하면 다음과 같다.

百殘新羅舊是屬民由來朝貢倭以辛卯年來△△破百殘△△新羅以爲臣民以六年丙申王躬率△軍討△殘國軍

이 辛卯年條를 어떻게 끊어 읽을 지가 문제이다. 우선 앞부분의 「百殘新羅舊是屬民由來朝貢」은 쉽게 끊을 수가 있다. 다음은 「……△△破百殘△△新羅……」부분이 문제이다. 「以六年丙申王躬率△軍討△殘國軍」에 고구려가 百殘을 공격하는 기사와 그에 따른 정복된 城 이름만 나오고, 倭와 관련된 이야기는 한 번도 나오지 않는다. 위의 구절 가운데 쉽게 끊을 수가 있는 부분은 「百殘△△新羅以爲臣民」이다. 百殘이 新羅를 쳐서 臣民으로 삼았기 때문에 광개토태왕이 군대를 거느리고 가서 百殘

---

55) 이른바 原石精拓本의 문제는 뒷날의 과제로 삼고자 한다.
56) 水谷悌二郎, 1977, 『好太王碑考』, p.132.
57) 寺田隆信・井上秀雄編, 1985, 『앞의 책』, pp.200~201.
58) 水谷悌二郎本・九州大本・東京大 東洋文化硏究所本 가운데에서 水谷悌二郎本이 먼저 만들어졌고, 그 뒤에 九州大本・東京大 東洋文化硏究所本의 순서로 만들어졌고, 이들은 모두 19세기 말기에 만들어진 탁본이라 한다(王健群, 1985, 「앞의 논문」, p.211).
59) 會餘錄 이래의 대부분 釋文에서는 「水」자로 읽고 있다.
60) 水谷悌二郎, 1977, 『앞의 책』, p.132.
61) 寺田隆信・井上秀雄編, 1985, 『앞의 책』, p.256.

軍을 쳤다고 해석하는 것이 문맥상 자연스럽다. 남은 부분은 「倭以辛卯年來△△破」이다. 앞 뒤 구절의 분위기를 염두에 두고서 「來△△破」의 △△부분을 판독해 보자. △△의 뒷부분은 일본학계의 통설대로 渡자로 추독하고서 △△의 앞부분 글자를 복원해 보자. 「百殘新羅舊是屬民由來朝貢」과 「百殘△△新羅以爲臣民以六年丙申王躬率△軍討△殘國軍……」으로 끊어서 읽고서 「倭以辛卯年來△△破」를 보면 △부분에 見자가 들어가는 것이 가장 바람직할 듯하다. 그러면 「倭以辛卯年來渡(見)破」는 '倭가 辛卯年에 來渡(또는 來侵)[62]했으나 (見)破되었다' 정도가 될 것이다. 이렇게 해석하면 辛卯年條와 丙申年條의 논리적인 연결이 가능하게 된다.

Ⅵ. 맺음말

지금까지 광개토태왕비에 나오는 辛卯年條인 「百殘新羅舊是屬民由來朝貢倭以辛卯年來渡(海)破百殘△△新羅以爲臣民」만을 끊어서 해석하였다. 곧 '百殘과 新羅는 옛부터 (고구려의) 屬民이므로 말미암아 와서 조공을 하였다. 倭가 辛卯年(391)에 바다를 건너 와서 百殘・新羅 등을 깨뜨리고 臣民으로 삼았다'가 된다.

이에 대해 우리 학계에서는 辛卯年條와 함께 「以六年丙申王躬率△軍討△殘國……」이란 丙申年條를 합쳐서 해석하였다. 곧 '百殘・新羅는 옛부터 (고구려의) 屬民이었으므로 朝貢을 해왔다. 倭가 辛卯年(391)에 (고구려에 침입하여) 온 일이 있다. (고구려도) 바다를 건너 (倭를) 破하였다. 百殘은 新羅에 침입해 臣民으로 삼았기 때문에 丙申年(396)에 광개토태왕이 몸소 군대를 거느리고 百殘을 토벌하였다'가 된다.

일본 학계의 해석 방법은 丙申年條에 倭와 관련된 기사가 한 번도

---

62) 혹 이 부분이 侵자로 추독될 가능성도 있는 듯하다.

24   삼국시대 금석문 연구

나오지 않기 때문에 辛卯年條와 丙申年條의 논리상 연결이 어렵다. 이에 비해 우리학계의 해석 방법은 辛卯年條와 丙申年條의 논리상 연결은 가능하다. 문장의 주어가 많이 바뀌고, 생략이 많은 등의 문제점을 안고 있다. 여기에서는 최근의 판독 결과와 精拓本의 사진에 근거하여 관계 부분을 다음과 같이 판독하였다.

百殘新羅舊是屬民由來朝貢 倭以辛卯年來△△破 百殘△△新羅以爲臣民 以六年丙申 王躬率△軍討△殘國軍…….

이를 해석하면 다음과 같다. '百殘·新羅는 옛부터 (고구려의) 屬民이므로 朝貢을 해왔다. 倭가 辛卯年(391)에 來渡(또는 來侵)해 왔으나 (見) 破되었다. 百殘이 新羅를 쳐서 臣民으로 삼았으므로 丙申年(396)에 광개토태왕이 몸소 군대를 거느리고 百殘을 토벌하였다'가 된다.

다 아는 바와 같이 辛卯年條는 일본 학계에 있어서 任那日本府의 가장 강력한 증거였다.

「……來△△破」로 판독하고, 辛卯年條와 丙申年條를 연결지어 위와 같이 해석하면 광개토태왕비문에서의 任那日本府의 근거는 무너지게 된다. 辛卯年條의 해석을 광개토태왕비문에 10번 가까이 나오는 倭와 관련지우면 좀 더 분명하게 될 것이나 여기에서는 전혀 언급하지 못하였다. 광개토태왕비에 나오는 倭의 실체가 야마도조정인지 九州의 해적인지 아니면 한반도 남부에 있었던 것인지 조사되어야 할 것이다. 이 倭의 실체 규명은 후일의 과제로 삼고자 한다.

中原高句麗碑의 건립 연대

I. 머리말

忠北 中原郡 可金面 龍田里 立石部落 입구에 일찍부터 오래된 비가 서있던 것을 인근 주민들이 알고 있었으나 거의 문자가 없는 白面碑로 생각해 왔다. 1979년 2월 25일에 이르러 지방문화재 보호 단체인 예성동호회가 조사하여 문자가 있는 것을 확인하여 관계전문가에게 통보하였고, 그 뒤에 상세한 조사 결과 고구려 시대의 비문임이 밝혀졌다.[1]

1979년 6월 단국대학교에서는 이에 대한 학술회의가 개최되었고, 그 결과 이에 대한 종합적인 연구논집이 나왔다.[2] 그 이후에도 중원비에 대한 몇몇 연구 성과가 나왔으나[3] 비문 자체의 마멸이 심해 전체적인

---

1) 鄭永鎬, 1979, 「中原高句麗碑의 發見調査와 研究展望」『史學志』13.
2) 檀國大學校 史學會, 1979, 『史學志-中原高句麗碑 特輯號-』13.
3) 武田幸男, 1980, 「序說 5~6世紀東アジア史の一視點-高句麗「中原碑」から「赤城碑」-」『東アジア世界における日本古代史講座』4.
   田中俊明, 1981, 「高句麗의 金石文」『韓國史研究會論文集』18.
   木下禮仁, 1981, 「中原高句麗碑-その建立年代を中心として」『村上四男博士和歌山大學退官記念朝鮮史論文集』
   木下禮仁, 1982, 「日付干支と年次-中原高句麗碑の日付干支をめぐって-」『考古學と古代史』
   金英夏·韓相俊, 1983, 「中原高句麗碑의 建立 年代」『教育研究誌』25.
   木下禮仁·宮鳥一彥, 1984, 「高句麗 曆-中原高句麗碑をめぐって」『韓國文化』6券 1號.
   손영종, 1985, 「중원 고구려비에 대하여」『역사과학』85-2.

내용 파악은 의견의 일치를 보지 못하고 있다. 중원비 이해에 있어서 중요한 것 중의 하나인 비의 건립 연대에 대하여도 여러 가지 견해로 나뉘어져 있다.

여기에서는 먼저 중원비에 나오는 인명을 분석하겠으며, 다음으로 중원비의 전면 내용을 분석하겠으며, 마지막으로 중원비의 건립 연대에 대해 검토해 보고자 한다.

II. 인명의 분석

중원비에 있어서 인명을 분석하기 위해서는 비문 자체에 대한 판독이 앞서야 된다. 이에 대해서는 이미 여러 선학들의 상세한 검토를 거친 이후이므로 새로운 의견을 더할 것이 별로 없다. 선학들의 판독과 견해의 차이가 있는 경우에 한하여 판독의 근거를 제시하기로 하겠다. 설명의 편의를 위해 선학들의 판독을 탁본 대조와 현지 조사 등으로 비교·검토하여 전문을 제시하면 다음 쪽과 같다.

먼저 전면의 인명부터 분석해 보기로 하자. 제①행에 있어서 직접적인 인명 표기는 아니지만 인명과 관련이 있는 것으로 「太王相王公△新羅寐錦」을 들 수 있다. 이 가운데 앞의 「高麗太王相王公」만 따로 떼어서 「高麗太王(官階)△△△」과 「相王公(官階)△△△(人名)」로 나눈 견해가 있다.[4] 여기에서는 뒤의 相王公을 신라의 葛文王에 연결시키고 있다. 그런데 葛文王은 고구려에 있어서 古鄒加에 대비된다는 다른 견해가 있다.[5]

金昌鎬, 1987,「中原高句麗碑의 재검토」『韓國學報』47.

木村誠, 1997,「中原高句麗碑立碑年次の再檢討」『朝鮮社會の史的展開と東アジア』

4) 申瀅植, 1979,「中原高句麗碑에 대한 考察」『史學志』13, p.68.

5) 李基白, 1974,『新羅政治社會史硏究』13, p.17.

〈표 1〉 中原高句麗碑

左側面 (cols ①–⑦, 및 別行 ⑤⑥)

row	⑥	⑤		⑦	⑥	⑤	④	③	②	①
1	壬	公		伐	方					
2	子			城						
3										
4										
5	伐									
6		衆								中
7		殘		古						
8				牟			年			
9				婁						
10			上	城	沙	上		功	城	
11			有	守		有			不	
12				事	斯					
13				下	色					
14				部				十	村	
15				太	太				舍	
16				兄						
17	不	不		耶	古					
18			東	△	鄒	東	節			
19					加			太		
20	使	使			共	夷	人	王		
21					軍	寐		國	節	
22					至	錦		土	人	
23					于	土			沙	

前面 (cols ①–⑩)

row	⑩	⑨	⑧	⑦	⑥	⑤	④	③	②	①
1	△	△	夷	大	夷	用	尙	奴	上	ⓐ五
2	△	△	寐	位	寐	者	上	主	下	月
3	奴	△	錦	諸	錦	賜	共	簿	相	中
4	△	△		位	遝	之	看	△	和	高
5	△	△		上	來	隨	節	△	守	麗
6	△	△		下	節	者	賜		天	太
7	△	△		衣	教		△		東	王
8	盖			服	賜				△	王
9	盧ⓘ					ⓓ			△	相
10	共	新	教	受	寐	奴			△ⓑ	王
11	△	羅ⓗ	來	教	錦	客	△	去	△	公
12	募	土	前	跪	土	人	教	△	忌	△
13	人	內	部	營	內	△	△	△	太	新
14	新	幢	太	之ⓖ	諸	諸	△	△	子	羅
15	羅	主	使	十	使	位	賜	到	共	寐
16	土	下	者	二	者	ⓕ		至	前	錦
17	內	部	多	月	跪	△	賜	△	部	世
18	衆	跋	于	廿	部	賜	之	營ⓒ	太	世
19	人	位		三	跪	上	衣		使	爲
20	△	使	桓	日	奴	下	服	太	者	願
21	動	者	奴	甲	主	衣	建	子	多	如
22	△	乼	主	寅	簿	服	立	共	兮	兄
23	△	奴	簿	東		教ⓔ	△	△	桓	如/弟

또 「高麗太王相王公△新羅寐錦」에서 「相」자를 「祖」자로 읽어 高麗太王을 문자왕, 조왕을 장수왕으로 본 견해가 있다.6) 이 설에 따를 경우 중원비에 나오는 太子는 장수왕의 太子가 아닌 문자왕의 太子가 된다. 『三國史記』卷18, 高句麗本紀 文咨王 7年條에 문자왕은 498년(문자왕 7년)에 비로소 태자를 임용했다고 기록되어 있다. 따라서 중원비의 건립을 498년 이후로 보아야 한다. 498년 전후의 백제왕은 분명히 동성왕이다. 이 견해에 의하여 비문의 첫 부문을 연결지어 제시하면 「高麗建興

---

6) 李丙燾, 1979, 「中原高句麗碑에 대하여」『史學志』13, p.24.

四年五月中高麗太王祖王」이 된다. 이 구절 가운데에서 建興四年은 474
년이다. 474년은 고구려 長壽王 26년, 백제 蓋鹵王 20년이다. 이 때의
太子는 문자왕의 아버지인 古鄒大加助多이고, 高麗太王은 장수왕이지
문자왕은 아니다. 祖王을 장수왕으로 보는 것은 재고의 여지가 있다.

이 「高麗太王祖王」을 高麗太王=祖王=長壽王으로 보고, 비문의 태자
를 장수왕의 태자가 아니라 新羅寐錦의 太子로 풀이한 견해가 있다.[7]
중원비 자체에 있어서 太子共=古鄒加共이므로,[8] 新羅寐錦의 아들인 태
자가 고추가도 되어야 한다. 新羅寐錦의 太子가 古鄒加가 된 예를 『三
國史記』·『삼국유사』 등의 문헌에서는 찾을 수 없다. 따라서 중원비에
나오는 太子가 고려태왕의 太子이지 新羅寐錦의 太子는 아니다.

전면 제①행에서 있어서 인명 분석의 근거는 뒷부분에 나오는 「世世
爲願如兄如弟」의 「兄·弟」이다. 弟는 분명히 新羅寐錦을 가리키는 말이
나 兄의 경우는 가리키는 말을 확정짓기 어렵다. 「高麗太王」을 兄으로
보면 高麗太王 다음에 있는 「相王公△」부분의 해석이 문제가 된다. 「相
王公△」을 高麗太王의 인명으로 보면 新羅寐錦 다음에 인명이 없어서
구조적으로 모순된다. 이 「高麗太王相王公」을 高麗太王의 相王公으로
해석하면 相王公이 兄에 해당된다. 이렇게 해석하더라도 弟인 新羅寐錦
에 앞서서 나오는 兄에 해당 되는 相王公이 누구인지가 문제이다. 중원
비 자체의 太子共=古鄒加共을 『三國史記』에 비추어 보면, 高麗太王이
장수왕임은 분명하다. 高麗太王이 장수왕이므로 相王公은 장수왕을 제
외한 고구려의 왕족 가운데에서 찾아야 될 것이다. 그 후보자로 『三國
史記』券18, 高句麗本紀 文咨王 元年條의 「又詔王遺世子入朝 王辭以疾
遣從叔升 干 隨使者脂闕」이라고 나오는 것에 근거할 때, 升干의 父인
長壽王의 弟를 들 수 있다.[9] 兄에 해당되는 것이 高麗太王이나 (高麗太

---

7) 손영종, 1985, 「앞의 논문」, pp.29~30.
8) 金英夏·韓相俊, 1983, 「앞의 논문」, p.41.
9) 이를 알기 쉽게 계보로 도시하면 다음과 같다.

^{19}廣開土王 ┬ 長壽王 ─ ^{20}助多 ─ ^{21}文咨王
　　　　　　└ △△ ─ 升干

王의) 相王公 가운데 어느 하나가 될 것이나 지금의 상황으로는 단정하기 어렵다.

전면 제②행의 첫 부분에 나오는 「上下相」을 上相과 下相으로 나누어 인명과 관련이 있는 것으로 보기 쉽다.[10] 이러한 연관성은 下相과 新羅寐錦이 동일인이라는 전제 아래서만 성립된다. 新羅寐錦이라는 가정은 중원비 자체의 내용으로 볼 때 성립되지 않는다. 「上下相」에서 「上下」는 막연히 앞의 「兄·弟」와 대응될 수 있는 인명적인 요소가 있고, 「相」은 「서로」라는 뜻의 부사일 것이다.

그 다음의 인명은 ②·③행 「寐錦忌太子共前部太使者多于桓奴主薄△德」의 부분이다. 이 구절 가운데 「太使者多于桓奴主薄△德」로 인명 분석을 시도한 견해가 있다.[11] 「前部太使者多于桓奴主薄△德」만을 끊어서 「前部太使者多于」 「桓奴主薄△德」으로 인명 분석을 하여 「桓奴」라는 고구려의 부명을 찾는 의욕적인 견해도 있다.[12] 가장 뒷사람의 인명 표기와 관련된 「主薄」는 관직명[13] 또는 관등명[14]으로 보아 왔다. 인명 분석에 있어서 이와 같은 견해의 차이는 고구려 금석문의 인명표기에서 (신라 중고 금석문의 인명 표기에서와 같은) 규칙을 찾는데 장애가 되었다. 인명 분석의 의견 차이는 전적으로 중원비의 판독 잘못 때문에 빚어진 결과이다. 지금까지 확고 부동하게 관직명으로 보아 온 「道使」의 경우, 뒤의 「使」자는 「德」자임이 밝혀져[15] 이 부분의 인명 분석이

10) 金昌鎬, 1985, 「古新羅 瑞鳳家의 年代 問題(Ⅰ)」 『伽倻通信』13·14합, p.71에서는 「上下相」의 上相과 下相이 太子共과 新羅寐錦일 가능성을 제시한 바 있다.
11) 邊太燮, 1979, 「中原高句麗碑의 內容과 年代에 대한 檢討」 『史學志』, p.43. 그리고 전면에서 「多무桓奴」의 「무」자를 제②행에서는 「무」자로, 제⑧행에서는 「于」자로 각각 표기되어 있다. 이는 같은 글자이므로 이후는 「于」자로 표기하기로 한다.
12) 李鍾旭, 1982, 「高句麗 初期의 地方統治制度」 『歷史學報』94·95合, p.86.
13) 申瀅植, 1979, 「앞의 논문」, p.68.
14) 李鍾旭, 1982, 「앞의 논문」, p.86.
15) 伏見冲敬編, 『書道大字典』上, p.801의 漢 楊准表記 등의 예 참조. 중원비의 서체가 漢代의 것과 유사함에 대해서는 任昌淳, 1979, 「中原高句麗碑의 小考」 『史學志』13, p.54 참조.

달라지게 되었다. 곧 맨 나중의 인명에 있어서 主薄가 관등명, △德이 인명이며, 출신지명(부명)은 앞의 사람과 같아서 생략된 것으로 추측된다.[16]

이제 전면 제②·③행 「寐錦忌太子共前部太使者多于桓奴主薄△德」의 인명 분석을 시도할 차례가 되었다. 먼저 ②·③행 「太子共」에서 「太子」는 관등명은 아니나 관등명류에 해당하는 것이고,[17] 「共」은 인명이다. 그렇다면 「太子共」에 앞서서 나오는 「寐錦忌」도 「太子共」과 비교하면 구조적으로 대비된다. 곧 「寐錦」은 관등명류에 해당되는 것이고, 「忌」는 당연히 인명이다.[18] 그 다음은 「前部太使者多于桓奴」로 끊어 읽어서 「前部」가 부명, 「太使者」는 관등명, 「多于桓奴」는 인명이다.[19] 전면 제⑧행에도 2명의 인명이 나오고 있으나 제②·③행 인명과 동일한 것이다.

다음의 인명은 전면 ⑨·⑩의 「新羅土內幢主下部拔位使者補奴△△奴△△△△盖盧」란 부분이다. 이 구절 가운데 「盖盧」는 백제왕 개로와 연결시켜 왔다.[20] 이는 발음상 꼭 같으나 선학들의 지적과 같이[21] 더 검토의 여지가 있는 것 같다. 중원비 자체에서는 「盖盧」란 말에 뒤이어 「共」자가 나오고 있어[22] 이 부분이 「補奴」한 사람의 인명이라기보다는

---

16) 손영종, 1985, 「앞의 논문」, p.30에서는 전면 제③행의 「鄕類」(李丙燾, 1979, 「앞의 논문」에 실린 판독문을 인용하였다)를 향리를 가리키는 말로 추측했으나 다른 선학들의 견해에서는 「鄕類」를 판독한 예가 없어서 따르기 어렵다.

17) 「太子」는 「寐錦忌」의 「寐錦」·「古鄒加共」의 「古鄒加」와 함께 관직명은 아니지만 그 類로 보아야 된다.

18) 종래에는 「忌」자는 공손의 뜻(李丙燾, 1979, 「앞의 논문」, p.28)으로 보거나 「怠」의 뜻(邊太燮, 1979, 「앞의 논문」, p.45)으로 보았다.

19) 이렇게 인명 분석을 할 때 太使者가 主薄보다 관등이 낮은 것이 문제이다(武田幸男, 1978, 「高句麗官位とその展開」『朝鮮學報』86, p.24 참조). 반드시 지켜지는 것은 아니나 신라 중고 금석문에서는 관등이 높은 사람은 낮은 사람보다 먼저 적고 있다.

20) 李丙燾, 1979, 「앞의 논문」, p.23. 그런데 李昊榮, 1979, 「中原高句麗碑 題額의 新讀」『史學志』, p.97에서는 盖盧를 고구려의 使人官吏로 보고 있다.

21) 任昌淳, 1979, 「앞의 논문」, p.57.

22) 李丙燾, 1979, 「앞의 논문」에서만 「供」자로 보고 있을 뿐, 다른 선학늘(任昌淳

두 사람의 인명일 가능성이 있다. 이렇게 보면 盖盧는 고구려 관료의 인명일 뿐, 백제의 개로왕과는 전혀 관련이 없게 된다. 「新羅土內幢主下部拔位使者補奴」에서 新羅土內幢主는 직명, 下部는 부명, 拔位使者는 관등명, 補奴는 인명이 된다. 그 다음의 「△△奴△△△△盖盧」의 부분이 인명 표기라면 직명·부명·관등명·인명을 모두 갖춘 것이라기보다는 부명·관등명·인명으로 구성된 것으로 추정된다.

좌측면의 인명 분석을 시도해 보기로 하자. 제⑥행의 「古鄒加共」에 있어서 「古鄒加」는 관등명류이고, 「共」은 인명이다. 이 「古鄒加共」은 전면의 「太子共」과 동일인이다.[23] 제⑦행의 「古牟婁城守事下部大兄耶△」에서 「古牟婁城守事」는 직명, 「下部」는 부명, 「大兄」은 관등명, 「耶△」은 인명이다.[24]

지금까지의 인명 분석을 근거로 중원비의 인명을 도시하면 다음의 <표 2>와 같다.

〈표 2〉 중원비의 인명 표기

職名	部名	官等名	人名
		(寐錦)	忌
		(太子)	共
	前部	太使者	多于桓奴
	(〃)	主薄	△德
新羅土內幢主	下部	拔位使者	補奴
		(古鄒加)	共
古牟婁城守事	下部	大兄	耶△

<표 2>를 통해 고구려 금석문의 인명 표기에 대해 알아보자. 고구려의 인명 표기는 직명·부명·관등명·인명의 순서로 기재된다. 그 가운

· 黃壽永·武田幸男·田中俊明 등)은 모두 「共」자로 판독하고 있다.

23) 金英夏·韓相俊, 1983, 「앞의 논문」, p.41.

24) 손영종, 1985, 「앞의 논문」, p.31에서는 좌측면의 제⑥행 「12~15」번째 글자를 「(沙)斯色智」로 읽어 신라·가야 출신의 인명으로 보고 있다. 이 부분의 전후에 관등명이 없기 때문에 인명으로 보기 힘들다.

데 생략될 수 있는 것은 직명과 부명이다. <표 2>에 보이는 인명 표기는 신라의 적성비·창녕비·북한산비·황초령비·마운령비 등에서와 같은 계속된 인명의 나열이 아니기 때문에 규칙성을 찾기 어렵다. 신라의 경우 적성비에서 인명 표기의 규칙을 지키고 있으나 적성비 중간 부분의 인명 표기는 그렇지 않다.[25] 중원비와 비슷하게 문장의 가운데에 인명이 있다. 중원비와 적성비의 중간 부분의 인명 표기가 같은 점을 근거로 고구려 금석문의 인명 표기 규칙을 복원해 보자. 「고구려의 인명 표기는 직명·부명(출신지명)·관등명·인명의 순서로 기재되며, 직명과 부명은 생략될 수 있으나 부명은 동일한 직명 안에서 같을 때 생략된다」가 될 것이다. 바꾸어 말하면 중원비의 인명 표기는 신라의 적성비식 인명 표기[26]와 같은 것이 된다. 고구려와 신라의 인명 표기에서 관등명과 인명의 순서가 틀린다. 고구려의 경우 관등명이 인명의 앞에 적히나 신라의 경우 인명이 관등명의 앞에 적힌다.

Ⅲ. 전면의 해석

지금까지 살펴본 인명 분석과 건비 연대가 449년인 점 등을 근거로 중원비의 전면을 해석해 보기로 하자. 전면은 파실된 글자가 많아서 파악키 어려우므로 몇 개의 단락으로 나누어 시도해 보면 크게 9개의 단락으로 나누어진다. 단락 ⓐ를 해석하기에 앞서 전면의 서두에 나오는 「五月中」에 대해 살펴보자. 이렇게 「月」 다음에 「中」자가 나오는 예를 고구

---

25) 적성비의 제⑥행의 중간 부분부터 제17행까지이다.

26) 金昌鎬, 1983, 「新羅中古 金石文의 人名表記(Ⅰ)」 『大邱史學』22, pp.15~16에서는 "赤城碑의 人名 표기는 職名·部名·人名·官等名의 순서로 기재되며, 동일 부분이 중복될 때 생략되는 것은 職名과 部名뿐이다. 職名은 같은 것이 중복될 때 모두 생략된다. 部名은 같은 職名 안에서 동일한 경우에 한하여 생략된다"고 하였다. 이를 金昌鎬, 1985, 「丹陽 赤城碑文의 구성」 『伽倻通信』11·12合, p.18에서는 적성비식 인명 표기라고 부른 바 있다.

려·신라의 금석문 자료에서 뽑아서 제시하면 다음과 같다.

- △壽元年太歲在辛
  三月△太王教造合杅
  三斤(銀盒 外底)
- 延壽元年 太歲在卯三月中
  太王教造合杅用三斤六兩(銀盒 內側)(451년, 瑞鳳家 銀盒 銘文)
- 丙戌二月中 …… (566년, 平壤城石刻, 종래에는 丙戌十二月中
  ……으로 판독되었음)
- △△△△月中王教事 …… (545년 이전, 丹陽 赤城碑)
- 乙丑年 九月中 …… (545년, 蔚州 天前里書石)
※ 위의 금석문 자료는 종서를 전부 횡서로 바꾼 것이다.

위의 금석문에 나오는 「中」자를 『日本書紀』에서 「中」을 'nakanotowoka
(가운데 열흘)'라고 읽는 古訓에 근거하여 中旬으로 해석하거나, 曆法上
24절기의 中·節 가운데 中氣로 보거나, 處格 표시의 우리말 '~에'에 해
당되는 것으로 이해하여 왔다.[27] 그런데 順興 고분에서 「己未中墓像人
名」·「△△……」라는 2행의 묵서명이 발견되었다.[28] 이 자료에서는 지
금까지의 예들과는 달리 年干支인 「己未」 다음에 「中」자가 있다. 年干
支 다음의 「中」자에 中旬說과 中氣說을 적용할 수 없다. 따라서 「月」
다음의 「中」자에도 中旬說이나 中氣說을 적용하는 것은 재고되어야 할
것이다.[29] 앞으로 돌아가 단락 ⓐ를 해석해 보자. "(449년) 5월에 高麗
太王의 相王公과 新羅寐錦은 世世토록 兄弟같이 지내기를 願하여 서로

---

27) 金昌鎬, 1984, 「壬申誓記石 製作의 年代와 階層」 『伽倻通信』10, p.10.
28) 文化財管理局 文化財研究所, 1986, 『順興邑內里壁畵古墳』
29) 金元龍, 1986, 『韓國考古學槪說』第三版, p.226에서는 於宿知述干墓의 乙卯年을
535년, 順興 古墳의 己未를 539년으로 각각 추정하였다. 於宿知述干墓의 乙卯
年은 述干 다음에 支字가 없기 때문에 595년을 소급할 수 없고, 己未는 고구
려와 신라의 인명 표기 비교와 어숙지술간묘의 연대 등에 근거하면 599년으로
추정된다. 이에 대해서는 금석문에 보이는 中자 용례를 중심으로 필자의 견해
를 따로 밝힐 예정이다.

守天(맹세?)키 위해 東으로 (왔다)"가 된다. 단락 ⓑ에서는 「跪營」이란 의미가 문제이다. 이는 제7행에도 나오고 있는데, '고구려가 남진을 위해 설치한 군사령부' 쯤으로 추측된다.[30] (위치는 소백산맥의 북쪽?) 단락 ⓑ를 해석하면 "寐錦忌・太子共・前部太使者多于桓奴・主簿△德 등이… 로 가서 跪營에 이르렀다"가 된다. 단락 ⓒ는 난해한 부분이다. 太子共과 新羅寐錦의 우호 관계(고구려와 신라의 친화 관계)가 엿보이는 부분이다.

단락 ⓓ에서는 「奴客」이란 말이 주목된다. 奴客은 광개토왕비와 모두루묘지에서도 나온 바 있다. 「奴客人△」의 부분을 「奴客」을 관등명류, 「人△」를 인명으로 보기도 하지만 비문의 전후 관계가 불분명하여 단정키 어렵다. 단락 ⓓ를 해석하면 "奴客……은 諸位에게 敎를 내리고, 여러 사람에게 衣服을 주는 敎를 내렸다"가 된다. 단락 ⓔ를 해석하면 "東夷寐錦이 늦게 돌아와(돌아온 곳의 위치는 아마도 신라의 영토 안인 듯하다) 寐錦土內의 諸中人에게 節敎賜를 내렸다"가 된다. 단락 ⓕ는 "(太子共이) 고구려 國土內의 大位・諸位 上位에게 衣服과 受敎를 營에서 내렸다"가 된다.

단락 ⓖ를 해석하기에 앞서 于伐城의 위치를 조사하자. 于伐城을 (于)伐城으로 해석해서 徐伐城(慶州)에 비정한 견해가 있고,[31] 『三國史記』券35雜志 地理志 「鄒豊縣 本高句麗伊伐支縣」이라는 구절에 근거하여 순흥지방으로 본 견해가 있다.[32] 「東夷寐錦上下至于伐城」이란 구절의 표현 자체로 보면 지금의 忠州 어디엔가 于伐城이 있었을 것으로 추정된다. 단락 ⓖ를 해석하면 "449년 十二月卄三日甲寅 東夷寐錦의 上下가 于伐城(이 于伐城은 고구려가 근래에 새로 점령한 곳으로 보인다)에 와서 敎를 내렸다"가 된다. 新羅寐錦이 于伐城에 온 이유는 고구려의

---

30) 武田幸男, 1980, 「앞의 논문」, p.17에서는 '營といのは軍事的據點であり最戰線の政治基地でもあったが'라고 하였다.

31) 李丙燾, 1979, 「앞의 논문」, p.25.

32) 손영종, 1985, 「앞의 논문」, p.30.

지배를 받고 있던 옛 신라인들에게 敎來를 내리기 위함으로 판단된다. 이때부터 고구려와 신라가 적대관계로 되는 듯하다.

단락 ⓗ를 해석하면 "前部太使者多于桓奴와 主薄△德이 국경 근처에서 三百名을 모았다"가 된다.

단락 ⓘ는 "新羅土內幢主下部 拔位使者補奴와 盖盧가 共히 新羅土內의 中人을 모아서……"로 해석된다. 좌측면의 파실된 부분은 고구려와 신라의 공방전 이야기일 것이다. 최후로 古鄒加共이 군대를 이끌고 于伐城에 도달하여 于伐城 근처의 땅을 다시 평정한 것으로 추측된다. 이제 「古牟婁城守事」에 대해 조사할 차례가 되었다. 古牟婁城은 광개토왕비에도 나온다. 그 위치를 德山으로 본 견해가 있고[33] 『新增東國輿地勝覽』券14, 陰城縣, 古跡條에 나오는 古山城으로 본 견해가 있고[34] 京畿지방과 江原道 일부로 범위를 한정시킨 견해가 있다.[35] 선학들의 견해에서 古牟婁城의 위치를 모두 소백산맥 이북에 비정 한 것을 알 수 있다. 다음 「古牟婁城守事」란 관직명에 대해 조사해 보자.[36] 모두루묘지에는 北夫餘守事란 관직명이 나온다. 이들 관직명에서는 모두 地名이 포함되어 있어서 고구려의 지방 관명일 가능성이 크다.

Ⅳ. 건비의 연대

지금까지 중원비를 연구하는데 있어서 가장 많이 논의되어 온 부분은 비석 자체의 건립 연대이다. 우선 선학들의 견해부터 일별해 보기로 하자. 중원비에서의 제액을 「高麗建興四年」으로 읽고, 전면의 「盖盧」를

33) 井上秀雄, 『古代朝鮮』, p.78.
34) 손영종, 1985, 「앞의 논문」, p.31.
35) 李丙燾, 1979, 「앞의 논문」, p.30.
36) 손영종, 1985, 「앞의 논문」, p.31에서는 古牟婁城守事를 太使者多于桓奴가 가진 직명처럼 이해하고 있으나, 좌측면 자체의 인명 표기에 근거할 때 古牟婁城守事는 大兄耶△가 가진 직명이다.

百濟 盖鹵王으로 보아 중원비의 건립을 文咨王代初로 추정한 견해가 있다.[37] 중원비의 제액은 앞에서 살펴본 바와 같이 존재 여부가 의문시되며, 盖盧는 백제 개로왕과 동일인이 아니고 고구려 관료의 인명일 가능성이 큰 점이 문제이다.

다음으로 전면의 「十二月卄三日甲寅」을 『三正綜覽』에서 찾고, 年干支인 辛酉年년과의 비교에 의해 중원비의 건립 연대를 481년으로 본 견해가 있다.[38] 年干支를 근거로 삼을 때에는 좌측면 제⑦행의 丙子나 우측면 제⑥행의 「壬子」 등도 고려해야 된다.[39]

그 다음으로 「十二月卄三日甲寅」을 『三正綜覽』에서 찾을 때 449년인 점, 『三國史記』券3, 新羅本紀, 訥祗王 34年條 「修好至歡也」라 한 점, 「東夷」란 칭호가 장수왕 때 魏에서 「都督遼海諸軍事征東將軍領軍領護東夷中郞將遼東軍開國公高句麗王」의 冊命이 있는 이후에 쓰인 어귀인 점 등에 근거하여 중원비의 건립을 「△熙七年歲辛△△」 장수왕 37년(449)으로 본 견해가 있다.[40]

그 다음으로 비문의 제액을 「△熙七年歲辛△△」로 읽어 다른 고구려 금석문과의 비교에 의해 건비 연대를 481년으로 본 견해가 있다.[41] 「△熙七年歲辛△△」을 481년으로 본다면 전면 제①행의 「五月」도 481년, 제⑦행의 「十二月卄三日甲寅」도 481년이 되어야 한다. 「十二月卄三日甲寅」에 있어서 「三日」의 「三」자를 「五」자나 「二」로 읽어도 481년이 되는 해를 『二十史朔閏表』에서는 찾을 수 없는 것이 문제이다.[42]

그 다음으로 전면의 「十二月卄三日甲寅」을 403년, 辛酉年을 421년으로 각각 풀이하여 건비 연대를 421년경으로 본 견해가 있다.[43] 403년은

37) 李丙燾, 1979, 「앞의 논문」, p.24.
38) 邊太燮, 1979, 「앞의 논문」, pp.49~51.
39) 黃壽永編著, 1984, 『韓國金石遺文』, pp.502~503.
40) 任昌淳, 1979, 「앞의 논문」, pp.56~57.
41) 李昊榮, 1979, 「앞의 논문」, pp.98~103.
42) 金英夏·韓相俊, 1983, 「앞의 논문」, p.35.
43) 木下禮仁, 1981, 「앞의 논문」, p.119.

광개토왕 13년이고, 421년은 장수왕 9년이 된다. 403년으로 볼 경우에는 전면에 나오는 「五月」「十二月卄三日甲寅」은 모두 광개토왕 13년(403) 이 되고, 전면의 「太子」도 광개토왕의 太子가 된다. 『三國史記』卷18, 高 句麗本紀, 廣開土王 18年條에 나오는 「十八年(필자주 : 408년)夏四月 立 王子巨連爲太子」란 구절에 근거하면 광개토왕은 408년에 太子를 세운 것이 되어 앞서 추정과 차이가 난다.

그 다음으로 전면에 나오는 「太子共」과 좌측면에 나오는 「古鄒加共」 을 동일인으로 분석하여 건비 연대의 추정에 근거로 삼은 견해가 있 다.[44] 비문 자체에서 얻은 太子共=古鄒加共이란 사실을 『三國史記』에 나오는 長壽王子인 古鄒加大助多와 연결시켜서, 전면의 「十二月卄三日 甲寅」을 449년, 좌측면의 「辛酉年」을 481년으로 추정하였다.

그 다음으로 중원비의 인명 분석과 「寐錦」에 근거한 견해가 나왔 다.[45] 비문의 인명에 근거하여 「十二月卄三日甲寅」을 449년, 「辛酉年」 을 481년으로 볼 때, 전면 제①·②·④·⑥·⑧행과 좌측면의 제⑤행 에 각각 나오는 7번의 「寐錦」이 문제이다.[46] 7번이나 나오는 寐錦은 訥 祇麻立干(417~458)·慈悲麻立干(458~479)·炤知麻立干(479~500)모두에 해당된다. 또 『三國史記』에 근거할 때, (19)訥祇麻立干-(20)慈悲麻立干 -(21)炤知麻立干의 계보가 되어 3세대에 걸친 사실이 되고 만다. 앞에 나오는 7번의 寐錦 가운데에서 인명 표기는 「寐錦忌」라고 한 번만 나오 고 있으므로 중원비의 寐錦은 전부 동일인으로 추정된다.[47] 또 좌측면 에 나오는 「辛酉年」의 「辛」자는 그 글자 자체의 크기가 다른 글자보다

44) 金英夏·韓相俊, 1983, 「앞의 논문」, pp.41~42.
45) 金昌鎬, 1987, 「앞의 논문」
46) 寐錦을 麻立干과 동일시하기 시작한 것은 中原碑의 발견 이후가 아닌가 한다
    (李丙燾, 1979, 「앞의 논문」, p.25. 그런데 金貞培, 1979, 「앞의 논문」, p.87에서
    는 "흔히 寐錦을 麻立干의 이칭으로 보거니와……"라고 하면서 전거를 제시하
    지 않고 있다). 그 이전에는 대개 寐錦을 尼師今과 동일시하였다(今西龍, 1918,
    「新羅通史說」: 1933, 『新羅史硏究』, pp.43~44 재수록).
47) 중원비에 나오는 寐錦이 2명 이상이라면 寐錦에 대한 인명 표기가 2번 이상
    나와야 한다.

월등히 커서 「辛」자가 아닐 가능성이 있다.[48] 이렇게 보면 건비 연대를 449년 이후로 보아야 될 것이고, 寐錦忌는 訥祇痲立干이 된다.

그 다음으로 고구려의 太子 임명 사실을 근거로 전면 제⑦행의 「十二月廿三日甲寅」을 403년으로 보고서 『三國史記』 광개토왕 18년(408)조의 「夏四月 立王子巨連爲太子」의 구절과 관련지어 중원비의 건비 연대를 403년 또는 408년으로 추정한 견해가 있다.[49] 여기에서는 太子共=古鄒加共의 說에서 벗어나기 위해 좌측면 제⑥행의 古鄒加를 읽지 않고 있다.

지금까지 선학들이 제시한 중원비의 건립 연대에 대해서 일별해 보았다. 중원비의 건립 연대에 대한 선학들의 업적을 발판으로 검토해 보기로 하자.

중원비가 고구려시대에 작성되었음을 의심하는 가설은 지금까지 어느 누구에 의해서도 제기된바 없다. 중원비는 고구려 시대에 만들어진 비석이다.

중원비의 건립 연대에 중요한 단서로는 7번이나 나오는 「寐錦」이 있다. 이 「寐錦」을 종래에는 신라의 왕호 가운데 尼師今과 같은 것으로[50] 보아 왔다. 중원비의 발견 이후에 비로소 痲立干과 동일하다는 견해가 제기되었고[51] 524년 작성된 울진봉평비에 신라의 법흥왕이 「牟卽智寐錦」으로 불리우고 있어서 「寐錦」이 마립간과 동일함을 의심할 수가 없게 되었다. 痲立干이란 왕호의 사용은 『三國史記』에서는 訥祇痲立干부터 智證痲立干까지로 되어 있고, 『三國遺事』에서는 奈勿痲立干에서 智證痲立干까지로 되어 있다. 현재 학계에서 후자를 취하고 있다.[52] 울진봉평비의 예까지 추가하면 신라에서 痲立干이란 왕호는 奈勿痲立干에

---

48) 任昌淳, 1979, 「앞의 논문」에 실린 판독문에서는 辛酉年의 부분을 판독하지 않고 있다.
49) 木村誠, 1997, 「앞의 논문」
50) 今西龍, 1933, 『앞의 책』, pp.43~44.
51) 李丙燾, 1979, 「앞의 논문」, p.25.
52) 李丙燾·金載元, 1959, 『韓國史』古代篇, p.398.

서부터 법흥왕까지로 볼 수가 있다. 결국 신라에 있어서 마립간의 사용 시기는 내물마립간의 즉위 해인 356년에서 524년까지를 벗어날 수가 없게 된다. 그런데 중원비에 있어서 7번이나 나오는 「寐錦」의 인명 표기는 「寐錦忌」의 단 한 예밖에 없다. 중원비에 나오는 寐錦이 동일인이 아니라면 더 많은 인명 표기가 나와야 됨에도 불구하고 단 1회만 한하여 인명 표기가 기록된 것은 중원비의 「寐錦」이 전부 동일인이기 때문으로 판단된다. 그러면 「寐錦忌」가 누구인지 궁금하다. 奈勿, 實聖, 訥祇, 慈悲, 炤知, 智證, 法興의 7명의 마립간 가운데 유력한 痲立干은 訥祇이다. 祇자는 현재에도 '지' 또는 '기'로 발음되고 있기 때문이다. 寐錦忌=訥祇라면 눌지마립간의 재위 기간인 417년에서 458년까지가 중원비의 건립 연대가 될 수밖에 없다.

중원비에 있어서 太子共=古鄒加共이란 견해가 제기되고 있다.[53] 여기에서는 『三國史記』에 있어서 국왕의 왕자로 고추가를 지낸 사람은 장수왕의 태자인 古鄒加大助多밖에 없어서 太子共=古鄒加共=古鄒加大助多가 되고, 중원비는 장수왕의 재위 기간인 413년에서 491년 사이에 건립된 것이 된다. 눌지마립간의 재위 기간이 이에 포함이 됨으로 417년에서 458년까지가 중원비의 건립 연대로 볼 수가 있다. 전면 제⑦행의 「十二月卄三日甲寅」을 『二十史朔閏表』에서 417년 밖에 없다. 따라서 중원비의 건립 연대는 449년 이후의 멀지 않은 시기에 건립된 것으로 추정된다.

V. 맺음말

중원비에 있어서 전면의 「寐錦忌太子共前部太使者多于桓奴主薄△德」은 지금까지의 고구려 금석문 가운데에서 가장 많은 인명이 나열되어 있

---

53) 金英夏·韓相俊, 1983, 「앞의 논문」

는 부분이다. 이는 「寐錦忌」·「太子共」·「前部太使者多于桓奴」·「主薄△
德」으로 나눠지는 4명의 인명 표기이다. 전면의 「新羅土內幢主下部拔位
使者補奴」와 좌측면의 「古牟婁城守事下部大兄耶△」는 고구려 인명 표
기의 전형적인 예이다. 이들 인명 분석을 통해서 얻은 결론은 다음과
같다. 고구려의 인명표기는 직명·부명·관등명·인명의 순서로 기재되
며, 직명과 부명은 생략될 수 있다는 것이다.

건비의 연대에 대해서는 광개토왕 13년(403) 또는 광개토왕 18년(408)
·장수왕 9년(421)·장수왕 37년(449)·장수왕 69년(481)·문자왕 초년
경(492)설 등이 있어 왔다. 그 가운데에서 설득력이 있는 것은 太子共을
분석하여, 이를 長壽王의 太子인 古鄒加大助多로 추정한 견해이다. 여
기에서는 전면의 「十二月廿三日甲寅」을 449년, 좌측면의 辛酉年은 481
년이 된다. 이 견해에 따르면 중원비에서 7번이나 나오는 寐錦 가운데
에서 인명 표기는 寐錦忌라고 한 번밖에 나오지 않으므로 寐錦은 전부
동일인으로 추정된다. 따라서 건비 연대를 449년 이후의 가까운 시기로
한정해야 된다.

현재까지 남아 있는 중원비문의 주된 내용은 太子共이 신라와 싸워
于伐城의 재정복에 무훈을 세우는 것이다. 중원비는 척경비라기보다는
太子共의 공적비로 추정된다.[54]

---

54) 중원비의 시작 문제가 해결되지 않아 주저되지만 만약 좌측면에 계속되는 내용
   이 있다면, 이는 太子共(=古鄒加共)의 더 많은 공훈과 그의 사망 능비일 것이나.

瑞鳳塚 출토 銀盒 銘文의 검토

Ⅰ. 머리말

신라 적석목곽분의 편년 설정에 있어서 중요한 고분의 하나로 경주의 瑞鳳塚을 들 수가 있다.[1] 서봉총이란 명칭은 1926년 이 고분의 발굴 조사 당시에 Sweden(瑞典)의 Gustav 皇太子가 참관하였기에 瑞典에서 瑞자를 취하고, 다시 이 고분에서 출토된 유물 가운데 대표적인 금관의 정상에 세 마리의 鳳凰이 있어서 鳳凰에서의 鳳자를 따서 붙였다.

서봉총에서도 다른 신라의 적석목곽분에서와 같이 많은 유물이 출토 되었으나 아직까지 학계에 보고되지 않고 있다. 서봉총의 유물 중 학계에 알려진 것으로 금관, 十字鈕附銀盒 등이 있다. 이 가운데에서 은합에 는 盒蓋內側과 盒身의 外底에 절대 연대를 알 수 있는 延壽란 年號와 辛卯란 年干支 등이 새겨져 있다. 延壽란 연호가 정확히 파악되어질 수 가 있다면 서봉총의 절대 연대는 물론 신라 적석목곽분 편년의 한 기준 이 될 것이다. 신라 고분의 연구자들은 대개 서봉총의 명문에 대해 언 급해 왔으나 절대 연대의 비정에는 의견의 일치를 보지 못하고 있다. 최근에 들어 와서는 은합 자체를 고구려 제품으로 보는 쪽이 우세하다. 그 연대에 대해서는 451년설을 대부분 지지하고 있으나 391년설도 제기 되고 있다.[2] 서봉총의 은합 명문이 391년에 제작된 것이라면 지금까지

---

1) 小泉顯夫, 1927,「慶州瑞鳳塚の發掘」『史學雜誌』38-1.
2) 崔秉鉉, 1990,『新羅古墳硏究』, 崇實大學校 大學院 博士學位請求論文, pp.365~
   366. 이 견해에서와 같이 신라 적석목곽분의 편년에 있어서 중요한 근거로 삼

확립되었던 신라 적석목곽분의 편년은 전면 재검토되어야 할 것이다.

　서봉총의 은합 명문에 대한 절대 연대의 설정은 신라 적석목곽묘의 편년과 직결되어 있다. 이러한 중요성에 비추어서 여기에서는 먼저 은합 명문에 대한 선학들의 견해를 일별해 보기로 하겠다. 다음으로 서봉총의 명문을 검토할 때 명문 자체를 상황 판단에 근거해 해석하지 않고 다른 금석문 자료와 비교, 검토하기로 하겠다.

Ⅱ. 지금까지의 연구

　우선 설명의 편의를 위해 서봉총의 十字鈕附銀盒에 새겨진 명문의 전체를 제시하면 다음과 같다.[3]

① △壽元年太歲在辛
② 三月△太王敎造合杅
③ 三斤

(銀盒 外底)

① 延壽元年太歲在卯三月中
② 太王敎造合杅用三斤六兩

(銀盒 蓋內)

지는 않았지만, 391년설은 박진욱·손영종·伊藤秋男 등에 의해 조심스럽게 제기된 적이 있었다. 또 古江亮仁, 1989,「慶州瑞鳳塚出土合杅の銘文についての二·三問題」『朝鮮學報』130, pp.77~81에서도 故國壤王 8年(391)설을 주장하고 있다. 여기에서는『三國史記』, 故國壤王 9年條의「三月 下敎 崇信佛法求福 命有司 立國社修宗廟」란 기사에 주목하여 延壽란 연호가 延命壽福을 기원하여 시행된 것으로 보고 있다. 이 견해 자체는 敎字의 판독이나 내용의 해석에서 기왕의 견해에 대한 충분한 검토가 미흡한 듯하다.
3) 이 명문의 판독에는 지금까지의 선학들의 견해와 국립중앙박물관에 진열된 실물 관찰에 근거하였다.

서봉총의 은합에 새겨진 명문이 발견된 것은 고분이 발굴 조사된 훨씬 뒤의 일이었다.[4] 이 延壽元年辛卯에 대해서는 1932년에 신라 고분 출토의 金冠을 논하면서 최초로 언급되었다.[5] 여기에서는 金冠塚·金鈴塚·瑞鳳塚의 세 고분과 日本의 近江水尾 고분의 연대를 논하면서 서봉총의 延壽元年을 訥祇王 35년(451)·智證王 12년(511) 가운데 511년으로 추정하였다. 이 견해에서는 뚜렷한 언급은 없으나 은합이 신라의 수도였던 경주에서 출토되었다는 점에 의해 延壽元年의 延壽를 신라의 연호로 본 것 같다. 또 511년이란 절대 연대는 5세기와 6세기의 분기점에 해당될 수 있기 때문에, 신라 적석목곽분의 연대를 5~6세기로 본 일인 학자의 가장 강력한 근거가 되었다.[6]

1946년 壺杅塚의 학술적인 발굴 조사가 국립중앙박물관 관계자에 의해 실시되었다.[7] 이 고분에서 출토된 靑銅壺杅의 器底에 「乙卯年國罡上廣開土境好太王壺杅十」이란 명문이 새겨져 있음이 학계에 알려지게 되었다. 이 명문에서 보면 호우총의 호우는 고구려제이고, 乙卯年은 長壽王 3년(415)이 된다. 이렇게 고구려 제품이 신라의 고분에서 출토된 점을 참고하면, 서봉총의 은합도 고구려제일 가능성이 있게 되고 나아가서 延壽元年辛卯의 연대를 신라 지증왕 12년(511)으로 한정지울 수만은 없게 된다.

그 뒤에 서봉총의 은합 명문에 대한 정밀 조사가 실시되었다.[8] 호우총의 乙卯年이 415년이란 점에 근거해서 서봉총의 延壽元年辛卯를 눌지왕 35년(451)일 가능성이 있다는 시안이 제시되었다. 451년 당시는 신라의 눌지마립간 때이다. 이 시기에는 麻立干이란 왕호를 사용했던 때

---

4) 梅原末治, 1932,『1924年度 古蹟調査報告』, 金鈴塚·飾履塚 發掘調査報告, pp.263
   ~264.
   浜田耕作, 1932,「新羅の寶冠」『寶雲』2; 1935,『考古學硏究』재수록, pp.354~355.
5) 浜田耕作, 1935,『앞의 책』, pp.354~355.
6) 적석목곽분의 5~6세기설은 현재까지도 거의 통용되고 있다.
7) 金載元, 1948,『壺杅塚과 銀鈴塚』
8) 李弘稙, 1954,「延壽在銘新羅銀合杅에 대한 一·二의 考察」『崔鉉培博士還甲
   紀念論文集』: 1973,『韓國古代史의 硏究』재수록, p.464.

이므로 延壽를 451년의 신라 연호로 보기 어렵다.[9]

1966년에 서봉총의 延壽元年의 延壽를 고구려 연호로 본 견해가 나왔다.[10] 여기에서는 먼저 『三國史記』, 新羅本紀, 法興王 23年(536)條에 「始稱年號 云建元元年」이라고 한 것에 근거하여, 신라에 있어서 536년 이전에는 연호가 없었다고 전제하였다. 다음으로 백제는 4세기 말에서 5세기 중엽까지는 신라와 적대국이었고, 511년에는 백제·신라가 대등한 입장이었으므로 신라가 백제의 연호를 사용치 않았다고 보았다. 결국 서봉총의 延壽는 고구려의 연호라고 볼 수밖에 없다고 주장하였다. 391년은 광개토왕의 永樂元年이고, 511년은 신라의 국력이 상당히 강성하여 고구려와 신라 관계가 악화되었다는 전제 아래 451년인 장수왕 39년으로 延壽元年辛卯를 추정하였다. 또 서봉총의 은합 명문은 주조 후에 쓴 글씨로 명문의 고졸한 점으로 볼 때 신라 제품일 가능성이 있으며, 명문의 太王이 신라의 눌지왕일 가능성에 대해서도 언급하였다.[11] 서봉총의 명문이 주조 후에 쓴 글씨로 명문의 고졸한 점으로만 신라 제품으로 추정할 수 없을 것이다. 예를 들면 延嘉七年銘金銅如來立像은 6세기의 고구려에서 제작되었으나 주조 후에 고졸한 글씨로 새기고 있다. 명문의 태왕이 눌지왕일 수 있다는 가능성에 대한 언급은 이 시기 신라 금석문에서 연호가 아닌 寐錦이란 왕호가 사용되고 있어서 따르기 어렵다.

고구려·백제·신라·왜에서 태왕의 성립을 논하면서 은합 명문의 延壽를 고구려 연호로 본 견해가 나왔다.[12] 451년에는 신라가 고구려의

---

9) 최근에 발견된 524년 작성의 蔚珍鳳坪新羅碑에서는 法興王이 牟卽智寐錦王이라고 기록되어 있다.
10) 손영종, 1966, 「금석문에 보이는 삼국 시기의 몇 개 연호에 대하여」『역사과학』 1966-4.
    물론 이보다 앞서서 延壽를 451년 고구려 연호로 본 견해는 1963년에 나왔다 (姜銓爕, 1963, 「吏讀의 新研究」, 忠南大學校 大學院 碩士學位論文, p.25).
11) 이 경우에 있어서 손영종은 延壽를 고구려 연호로 보고 있다.
12) 坂元義鍾, 1968, 「古代東アヅアの日本と朝鮮-「大王」の成立をぐつて-」『史林』 51-4; 1978, 『古代東アヅアの日本と朝鮮』 재수록, p.189.

지배 하에 있었고, 『三國史記』, 新羅本紀, 眞德王 2年條에 「太宗勅御使問新羅臣事大朝 何以別稱年號 怵許言 會是天朝未頒正朔 是故 先祖法興王以來 私有紀年……」이라 한 것과 太王이 고구려에서는 4세기 말기, 백제에서는 5세기 전기, 신라에서는 6세기 중엽에 각각 형성되었다는 결론과 함께 서봉총의 延壽元年을 고구려 장수왕 39년(451)으로 보았다. 태왕의 형성 시기에 대한 결론은 고구려와 신라의 경우, 자료의 새로운 해석[13]과 신 자료의 출현으로 수정이 불가피하게 되었다.

신라 고분을 연구하면서 고고학 쪽에서도 서봉총의 延壽元年에 대한 여러 각도에서의 접근이 시도되었다. 곧 1964년 신라 무덤의 편년을 가족묘→부곽이 있는 부부 무덤→부곽이 없는 부부 무덤→단곽묘의 순서로 정하면서 延壽元年을 391년으로 비정한 견해가 나왔다.[14] 그 뒤의 1970년대 신라 고분 연구자들은 대개 延壽元年을 호우총의 을묘년이 415년인 점에 근거해 451년인 눌지왕 35년으로 보았다.[15] 서봉총 출토의 유물들을 금관총과 비교하여 형식화된 점의 지적과 함께 은령총에서도 서봉총의 은합과 모양이 같은 십자뉴부청동합이 출토된 점 등에 근거하여 延壽元年을 지증왕 12년(511)을 본 견해도 있었다.[16]

1973년 中國 遼寧 馮素弗墓에서 414년이란 절대 연대가 확실한 고식 등자의 출토가 알려지게 되었다.[17] 지금까지 신라 적석목곽분의 상대 편년에서 가장 이른 시기로 편년되어 온 皇南洞 109號 3·4곽에서도 풍

---

13) 浜田耕策, 1986,「高句麗廣開土王陵墓比定論再檢討」『朝鮮學報』119·120.
14) 박진욱, 1964,「신라 무덤의 편년에 대하여」『고고민속』1964-4, p.58.
15) 金基雄, 1969,「新羅古墳의 編年에 관하여-積石木槨墳의 內部構造를 中心으로-」『漢坡李相玉博士回甲紀念論文集』, p.108.
   伊藤秋男, 1972,「耳飾の型式學的 研究に基づく韓國古新羅時代古墳の編年に關する 一試案」『朝鮮學報』64, p.61.
   尹世英, 1974,「古新羅·伽倻 古墳의 編年에 關하여-古墳 出土 冠帽를 中心으로-」『白山學報』17, p.102.
   由水常雄, 1976,「古新羅古墳出土のローマングラスについて」『朝鮮學報』80, p.66.
16) 穴澤和光, 1972,「慶州 金鈴塚考-古新羅王族墓の編年 序列-」『古代文化』24-12, p.358.
17) 黎瑤渤, 1973,「遼寧北票縣西官營子北燕馮素弗墓」『文物』1973-3.

소불묘에서와 같은 형식의 등자가 출토되었기 때문에 신라 적석목곽분의 상한 400년을 소급하지 못한다는 견해가 나왔다.[18] 이 견해는 당시의 신라·가야 지역에서 3세기 고총 고분의 존재를 근거없이 주장하던 일부 성급한 고분 연구자에게 하나의 경종이 되었고, 서봉총의 명문 연대를 451년 이전으로 볼 수 없는 하나의 걸림돌이 되었다.

그 뒤에 신라 토기의 형식 분류에 근거하여 적석목곽묘의 상대 편년을 제시하면서 서봉총의 명문에 대해서도 언급하였다.[19] 여기에서는 延壽元年을 451년과 511년 가운데에서 어느 것인지를 단정하지 않고, 451년에 은합이 제조되었다면 전세품이라고 주장하였다. 또 고구려와 백제·신라의 文物을 서로 비교하면서 서봉총의 은합에 대해 언급한 견해가 있다.[20] 여기에서는 帶方太守張撫夷墓塼과 黃海道 信川郡 干城里塼(345년)에서 年干支를 나눈 예가 서봉총의 명문과 같은 점, 고구려 무덤인 七星山 96號墓에서 十字鈕附銅盒이 출토된 점에 근거해 延壽元年을 장수왕 39년(451)으로 보았다.

신라 적석목곽묘의 방대한 자료 정리와 함께 서봉총의 명문을 전혀 다른 각도에서 해석한 견해가 나왔다.[21] 여기에서는 十字鈕銀板製鍛造盒은 서봉총보다 그 축조 연대가 앞서는 皇南大塚 南墳에서도 출토된 점, 황남대총 북분 출토의 은제 과대 단금구의 「夫人帶」명의 刻銘手法과 字體 등이 꼭 같은 점에 의해 서봉총 출토의 은합을 신라 제품으로 추정하였다. 또 延壽란 연호가 고구려의 연호일지라도 신라에서 이 고구려 연호를 사용했다고 보았다. 그래서 서봉총의 延壽元年을 451년으로 보고, 서봉총 자체를 5세기 중엽으로 편년하였다.

18) 穴澤和光·馬目順一, 1973, 「北燕·馮素弗墓の提起する問題－日本·朝鮮考古學との關聯性－」『考古學ヅァーナル』85.
19) 藤井和夫, 1979, 「慶州古新羅古墳編年試案－出土新羅土器を中心として－」『神奈川考古』, p.6.
20) 小田富士雄, 1979, 「集安高句麗積石墓遺物と·百濟·古新羅遺物」『古文化談叢』6, p.209.
21) 崔秉鉉, 1981, 「古新羅 積石木槨墳의 變遷과 編年」『韓國考古學報』10·11, pp.210~213.

신라 고분 연구자들의 서봉총 명문이 근거한 연대 설정은 자신의 고분에 대한 편년과 직결되는 경향이 강하다. 곧 적석목곽분의 상한을 4세기까지로 올려 보기 위해서는 서봉총의 延壽元年 연대를 올려다 잡아야 되고, 적석목곽분의 상한을 400년으로 볼 때에는 서봉총의 延壽元年 연대를 낮추어 잡거나 은합 자체를 전세품으로 보아야 된다. 고분 연구자들 가운데 은합 명문에 대한 연대 설정은 고고학적 방법에 근거하기보다는 다분히 상황 판단에 의존하는 경우가 많은 것 같다.

서봉총의 은합 명문 가운데 太王이란 용어에 주목하여 고구려·신라 금석문의 예와 비교한 견해가 나왔다.[22] 여기에서는 고구려의 경우 太王의 사용이 보편화된 것이 장수왕일 때란 점을 근거로 延壽元年을 장수왕 39년(451)으로 보았다.

최근에 들어와 신라 적석목곽묘에 대한 종합적인 검토와 함께 서봉총의 은합 연대를 391년으로 본 새로운 견해가 제시 되었다.[23] 이 391년은 신라 적석목곽묘의 편년 설정과 직결되는 중요한 문제이므로 장을 달리 하여 상세히 검토하고자 한다.

Ⅲ. 은합 명문의 검토

서봉총의 은합에 새겨진 延壽元年辛卯에 대해서 이미 살펴본 것처럼 다음의 <표 1>과 같은 견해들이 있다.

---

22) 金昌鎬, 1985, 「古新羅 瑞鳳塚의 年代問題(Ⅰ)」『伽倻通信』13·14合.
23) 崔秉鉉, 1985, 『앞의 책』, pp.365~366.
여기에서 제시된 적석목곽분의 편년관에는 다소의 문제점이 있는 듯하다. 가령 황남대총 북분을 4세기말~5세기초에 편년하고 있다. 이 고분에서는 龜甲文이 양각된 은제잔이 출토되었다. 龜甲文은 龜甲의 마디마디에 점이 있는 형식으로 523년의 절대 연대를 가진 무녕왕릉에서도 같은 형식의 龜甲文이 나온 바 있어서 그 연대는 475년을 소급하지 못한다. 따라서 황남대총 북분의 연대도 475~500년 사이에 편년해야 될 것이다.

<표 1> 延壽元年辛卯에 대한 여러 견해

연대 ＼ 나라	고구려	신라
391년	광개토대왕 1년	내물마립간 36년
451년	장 수 왕 39년	눌지마립간 35년
511년	문 자 왕 20년	지 증 왕 12년

위의 <표 1>에서 내물마립간 36년과 문자왕 20년에 대해서는 한번도
거론된 적이 없다. 광개토대왕 1년설은 광개토대왕 당시의 연호가 광개
토태왕릉비, 고구려 덕흥리 고분의 묵서명에서 永樂이란 연호가 391년에
사용되었기 때문에 성립할 수가 없다. 장수왕 39년설, 눌지마립간 35년
설, 지증왕 12년설 가운데 장수왕 39년설이 유력하고 서봉총의 은합 자
체도 고구려에서 제작되어 신라에 유입된 것으로 이해되어 오고 있다.

<표 1>의 여러 설과는 상관없이 은합의 연대를 391년으로 보는 새로
은 견해가 제시 되었다.[24] 여기에서는 먼저 延壽元年을 그 자신이 세운
신라 적석목곽묘의 편년과 비교할 때 511년은 고려의 대상이 될 수가
없고, 391년과 451년만이 그 대상이 될 수가 있다고 전제하였다. 위의
연대 가운데에서 延壽元年이 391년이라야 七星山 96號墓, 皇南大塚 南
墳의 年代와, 나아가서는 자신의 적석목곽묘 편년(제3기의 연대)[25]와 모
순이 없이 자연스럽다고 주장하였다. 391년이 고구려 광개토태왕 1년
즉 永樂元年이므로 延壽元年이 391년에 해당될 수 없다는 주장[26]에 대
한 반론을 제시 하였다. 391년은 고구려 고국양왕 末年이고 광개토태왕
元年인 바, 고국양왕은 391년 5월에 죽었고, 서봉총의 명문에서는 延壽
元年辛卯三月中이므로 延壽元年의 延壽가 고국양왕의 연호라고 추정하

---

24) 崔秉鉉, 1990, 『앞의 책』, pp.365~366.
25) 황남대총 북분, 황남동 82호분 서총 등이 소속된 제3기는 4세기말~5세기초로
    편년하고 있다.
26) 小田富士雄, 1979, 「앞의 논문」
    金昌鎬, 1987, 「古新羅 積石木槨墳의 400年 上限說에 대한 의문」 『嶺南考古學』
    4, pp.4~5.

였다. 곧 延壽란 연호는 고국양왕 末年인 391년 3월에 고구려의 연호 가운데에서 처음으로 제정되어 고국양왕이 죽고 그해 5월에 永樂으로 연호가 바뀌면서 逸年號가 되었다고 주장하였다. 서봉총의 축조 연대도 5세가 전반으로 훨씬 올려다 잡았다.

延壽元年辛卯의 연대를 『三國史記』, 高句麗本紀, 故國壤王 9年條의 「夏五月 王薨 葬於故國壤 號爲故國壤王」이란 구절과 은합 명문의 「延壽元年太歲在辛卯三月中……」이란 구절의 대비만으로 延壽元年을 391 년으로 추정한 점은 은합 명문 연구를 한걸음 진전시킨 것이라고 판단 된다. 故國壤王 9年에 와서 고구려 최초로 연호가 사용되었고, 그것이 逸年號가 되었다는 것은 너무나도 공교롭다. 故國壤王 9年 국왕이 죽기 불과 몇 개월에 연호를 고구려에서 최초로 만들어 사용한 점에서는 더욱 그러하다. 이러한 논리에 따른다면 오히려 서봉총의 延壽元年辛卯를 고구려 고국원왕 1년으로 보는 쪽이 타당할 것 같다. 고국원왕은 『三國史記』에 「一云國岡上王」이라고 기록되어 있는 바, 모두루묘지에 나오는 國罡上聖太王과 동일인으로 추정되기[27] 때문이다. 延壽元年을 331년 또 는 391년으로 보기는 쉽지만 그것은 어디까지나 신라 적석목곽묘의 편 년을 앞당기려는 하나의 희망 사항일 뿐, 반드시 타당성을 갖는다고 이 야기하기는 어렵다.

延壽元年辛卯에 대한 절대 연대 설정을 신라 적석목곽분의 편년과 관련하여 상황 판단을 근거로 하면, 331년, 391년 등으로 잡는 것은 적 석목곽분의 올바른 실체 규명에 도움이 되지 않는다. 한국 고고학계의 일부에서는 1970년을 전후하여 신라, 가야 지역에서 3세기의 고총 고분 의 존재를 아무런 근거 없이 주장하였던 적이 있었다. 그 당시의 고분 에 대한 연대 설정은 유물이나 유적에 대한 고고학적인 방법에 따른 것 이 아니라 고분 연구자들의 상황 판단에 따른 것이었다. 이와 같은 과 거의 잘못을 되풀이하지 않기 위해서는 지금까지 알려진 이용 가능한 자료와의 비교검토로 延壽元年의 연대 설정을 시도하여야 될 것이다.

---

27) 浜田耕策, 1986, 「앞의 논문」

서봉총 출토의 은합 명문 연대를 조사하기 위해서는 한 가지의 선행 작업이 필요할 것 같다. 곧 은합 명문이 고구려에서 새겨졌느냐, 아니면 신라에서 새겨졌느냐하는 점이다. 고구려에서 글씨가 쓰였다면 명문의 太王은 고구려의 왕을 가리키게 되고, 신라에서 글씨가 쓰여 졌다면 명문의 太王은 신라의 왕을 가리키게 된다. 신라에서 글자가 새겨졌을 가능성 여부부터 검토키 위해 신라 금석문 가운데 太王이 나온 예를 제시하면 다음과 같다.[28]

① 乙卯年 八月 四日 聖法興太王節
　　　　　　　　　(川前里書石 乙卯銘)
⑥ 北時共三來 男郎知太王妃 夫乞支妃
　　　　　　　　　(川前里書石 追銘)
① ……△興太王及臣等巡狩管境之時記
③ ……相戰之時新羅太王……(北漢山碑)
① ……眞興太王巡狩管境刊石銘記也
　　　　　　　　　(黃草嶺碑)
① 太昌元年歲次戊子……△興太王巡狩△△刊石銘
　　　　　　　　　(磨雲嶺碑)

천전리서석 乙卯年銘은 법흥왕 22년(535) 만들어졌고, 천전리서석 추명은 법흥왕 26년(539)에 만들어졌다. 북한산비는 561~568년 사이에 만들어졌다.[29] 황초령비와 마운령비는 똑같이 568년 8월 21일에 만들어졌

---

28) 浜田耕策, 1987, 「朝鮮 古代の「太王」と「大王」」『响沫集』5, p.391에서는 蔚州川前里書石 가운데 「甲寅太王寺 安藏 許作」에서 寺사를 時의 略이라고 풀이하고 있다. 이는 日本式 사고로 사실과는 먼 듯하다. 寺지는 절을 의미한다. 이에 대해서는 辛鍾遠, 1987, 「「道人」使用例를 통해 본 南朝佛教와 韓日關係」『韓國史研究』59 참조.
29) 북한산비의 정확한 작성 년대는 알 수 없지만 마운령비, 황초령비의 인명과 동일한 인명을 가진 관능명과 식닝으로 볼 때 568년일 깃으로 추정된다. 북한산

다. 위의 금석문 자료에서 보면 법흥왕 22년(535)에 처음 太王이란 용어가 신라에서 사용하였다. 최근에 발견된 蔚珍鳳坪新羅碑에서는 牟卽智寐錦王이라고 기록되어 있어서 봉평비의 작성 연대인 524년 이전에는 太王이란 용어가 사용되었다고 보기 힘들 것이다. 위의 자료들을 통해서 볼때, 391년은 물론 451년, 511년에 신라에서 太王이란 용어가 사용되었을 가능성은 거의 없다. 그렇다면 서봉총의 은합에 새겨진 글자는 호우총 출토의 호우와 마찬가지로 고구려에서 작성된 것으로 추정된다. 은합의 글자가 고구려에서 새겨졌다면 은합 자체의 제작지도 고구려임이 분명하다.

이렇게 서봉총의 은합이 고구려에서 제작되었고, 글자도 고구려에서 쓰여 졌을 때 은합에 새겨진 太王은 고구려의 왕을 가리키게 된다. 은합의 太王을 고구려의 왕으로 한정할 때에도, 太王이 고구려의 어느 왕인지가 궁금하다. 이 문제는 延壽元年辛卯가 어느 해인지에 따라 결정된다. 延壽元年辛卯는 391년, 451년, 511년 가운데 어느 해에 해당될 것이다. 延壽元年을 511년으로 보면, 은합의 太王은 문자왕을 가리키게 되지만 511년의 문자왕설은 한번도 학계에 제기된 적이 없다. 은합이 511년에 고구려에서 만들어졌다면 서봉총의 연대가 511년을 소급할 수 없게 된다. 은합이 고구려에서 신라에 올 때까지의 기간 등이 고려된다면 서봉총의 연대는 더욱 늦어지게 된다. 또 6세기 전반 고구려와 신라의 정치적인 상황으로 볼 때, 그 가능성은 더욱 적게 된다. 일단 은합이 511년에 제작되었을 가능성은 거의 없다고 판단된다.

이제 남은 것은 391년과 451년설이다. 이들 가운데 어느 것이 타당한지 여부를 가리기 위해 고구려의 금석문에 나타난 太王과 王의 사용 예를 제시하면 <표 2>[30]와 같다.

비의 건립 시기는 마운령비와 같거나 빠른 듯하다.
30) 이 표의 작성에는 浜田耕策, 1987, 「앞의 논문」을 참조하였다.

〈표 2〉 高句麗 金石文의 太王과 王의 사용 예

資料名		用 字 例		比 考
廣開土太王碑	太王	國罡上廣開土境 平安好太王	(1회)	廣開土王 지칭
		永樂太王	(1회)	
		國罡上廣開土境好太王	(3회)	
		太王	(3회)	
	王	鄒牟王	(3회)	鄒牟王 지칭
		王	(3회)	
		儒留王	(1회)	
		大朱留王	(1회)	
		王	(8회)	廣開土王 지칭
		王幢	(1회)	
		祖王 先王	(1회)	
		祖先王	(2회)	
	太王陵	願太王陵安如山固如岳	(1회)	
牟頭婁墓誌		鄒牟聖王	(1회)	鄒牟聖王 지칭
		聖王	(2회)	故國原王 지칭
		國罡上聖太王	(1회)	
		國罡上廣開土地好太聖王	(1회)	
壺杅塚		乙卯年國罡上廣開土地好太王 壺杅十	(1회)	
中原高句麗碑		五月中高麗太王……	(1회)	長壽王 지칭

廣開土太王碑는 414년에 건립된 것이다. 牟頭婁墓誌는 문자왕대에 작성된 것으로[31] 보아 왔으나 최근에 와서는 5세기 전반에 기록된 것으로 본 견해[32]가 유력하다. 모두루묘지의 연대는 묵서명을 종합적으로 검토하여야 그 정확한 연대를 잡을 수가 있다. 모두루묘지의 연대를 어느 때로 잡느냐에 따라 모두루총보다 형식상 앞서는 무용총과 각저총의 연대를 정확히 설정할 수가 있다. 무용총에서는 등자가 그려진 벽화가 있어서 신라 적석목곽분의 상한을 풍소불묘에 근거하여 400년으로 잡는 데에 대한 한 증거가 되고 있다. 모두루총의 연대는 명문의 내용으로 볼 때, 광개토태왕 당시에 北夫餘守事가 되었고, 모두루가 마지막으로 갖고 있었던 관등은 大使者였다. 당시의 광개토태왕비에 근거하면 고구

---

31) 池內宏, 1937, 「高句麗人牟頭婁の墓と墨書の墓誌」 『書苑』1-8(田中俊名, 1981, 「高句麗の金石文」 『朝鮮史研究會論文集』18, p.138에서 재인용).
32) 武田幸男, 1981, 「牟頭婁一族と高句麗王權」 『朝鮮學報』99・100合, p.170.

려에서는 시호제가 시행되었다. 모두루묘지에 장수왕의 王名이 나오지 않는 점에서 보면 그 작성 연대를 문자왕대로 볼 수가 없다. 모두루묘지에 광개토태왕의 시호가 나오는 점에서 보면, 그 작성의 연대의 상한은 광개토태왕의 죽은 해인 413년이다. 여기에서는 모두루묘지의 작성 연대를 420년 전후로 보아둔다.

太王陵에서는 「願太王陵安如山固如岳」이란 塼銘이 나온 바 있다. 太王陵의 주인공이 광개토왕이냐 아니면 장수왕이냐에 초점이 맞추어지고 있으나 아직까지 의견의 일치를 보지 못하고 있다.[33] 太王陵에서 나온 塼의 연대도 능의 주인공이 누구이냐에 따라 그 연대가 달라질 가능성이 클 것 같다. 太王陵에서 여러 가지 형식의 와당이 출토되고 있어서 太王陵이 최초로 축조될 때 이 전돌이 사용되었는지 여부가 궁금하다. 여기에서는 太王이란 용어에 王名이 붙지 않고 그대로 사용된 점에서 볼 때, 太王陵의 전돌이 광개토태왕비 이전으로 올라갈 수가 없다 (<표 2> 참조). 이 有銘塼의 연대는 集安 지역의 瓦當 편년이[34] 있으나

33) 太王陵의 주인공 문제에 대해서는 최근에 들어와 활발히 논의되고 있는데 지금까지 발표된 업적을 소개하면 다음과 같다.
田村晃一, 1984, 「高句麗の積石塚の年代と被葬者をめぐる問題について」『青山史學』8.
浜田耕策, 1986, 「앞의 논문」
永島暉臣愼, 1988, 「集安の高句麗遺跡」『好太王碑と集安の壁畵古墳』
方起東, 1988, 「千秋塚, 太王陵, 將軍塚」『好太王碑と高句麗遺跡』
지금까지 太王陵의 주인공 문제에 대해 문자 자료를 중요시하는 입장에서는 廣開土太王碑에서 광개토태왕을 「廣開土太王」 또는 「好太王」이라고 한 점을 근거해서 太王陵의 주인공을 광개토태왕으로 보아왔다. 太王陵의 有銘塼과 서봉총의 은합 명문은 王名이 없이 太王이라고 한 점이 꼭 같기 때문에 동일인일 가능성도 있는 듯하다. 391년의 경우 太王陵은 고국양왕의 사후에 만들어져서 유명전의 太王이 당시의 고구려 왕인 광개토태왕과 구분이 어렵다. 곧 죽은 고국양왕이 太王이고, 현재 즉위해 있던 광개토태왕도 國罡上廣開土地平安好太王이란 긴 王名이 없이 그냥 太王이라고 했으므로 명칭의 혼란이 야기된다. 太王陵의 주인공 문제에 대해서는 金昌鎬, 1991, 「高句麗 太王陵의 主人公 問題」『鄕土文化』6 참조.
34) 谷豊信, 1989, 「五世紀の瓦に關する若干の考察」『東養文化研究所 紀要』108. 고

연대 설정의 근거가 불명확하므로 앞으로의 고구려 연화문 와당의 확실한 편년이 나올 때까지 유보해 둔다.

壺杅塚의 壺杅는 명문 자체의 乙卯年으로 볼 때, 415년에 제작된 것이다. 중원고구려비의 건립 연대에 대해서는 여러 가지 견해가 있지만,[35] 장수왕의 太子인 古鄒大加助多가 죽은 직후로 추정되는 5세기로 보아야 될 것이다.[36]

지금까지 <표 2>에 나오는 각 자료의 작성 연대에 대해서 검토되었다. 고구려에서 太王이란 용어가 가장 먼저 사용된 예는 모두루묘지에서 故國原王(國岡上王)을 國罡上聖太王이라고 기록한 것이다. 고구려와 신라의 금석문에 있어서 초기의 太王이란 용어에는 반드시 王名이 앞에 붙어 있다. 모두루묘지의 國罡上聖太王이란 예에 근거해 은합 명문의 太王을 고국양왕이라고 단정할 수는 없다.[37] 광개토태왕비에서도 광개토왕을 나타낼 때, 太王이란 용어가 王이란 용어와 함께 사용되고 있어서 414년 당시에 조차도 王名이 붙지 않고 존재하는 太王을 광개토왕을 가리킨다고 말하기가 어렵다. 중원고구려비에서는 高麗太王이란 용어가 나오는 바, 이때의 太王은 王名이 없지만 장수왕을 가리키고 있다. 따라서 서봉총에서 王名이 없이 단독으로 나오는 太王을 고국양왕으로 보기 힘들고 장수왕으로 비정하는 쪽이 타당할 것이다. 그러면 서봉총의 延壽元年辛卯는 장수왕 39년(451)이 된다.

구려 연화문 와당의 절대 연대 설정의 문제점에 대해서는 金昌鎬, 1991, 「앞의 논문」 참조.

35) 檀國大學校 史學會, 1979, 『史學志-中原高句麗碑特輯號-』19.
   木下禮仁, 1981, 「中原高句麗碑-その建立年代心として-」『村上四男傳士和歌山大學退官記念朝鮮史論文集』
   金英夏・韓相俊, 1983, 「中原 高句麗碑의 建立 年代」『教育研究誌』25.
36) 金昌鎬, 1997, 「中原高句麗碑의 재검토」『韓國學報』47, pp.145~147.
37) 광대토태왕비의 예에 따르면 광개토대왕은 시호이고, 재위 시에는 永樂太王이라고 불렀다고 되어 있다. 고구려의 왕 가운데 太王의 앞에 연호나 왕명이 붙지 않고, 재위시의 왕을 太王으로 부를 수 있는 왕은 재위 기간이 긴 왕일 가능성이 크다. 은합 명문의 太王을 10년 미만에 재위했던 고국양왕으로 보기는 어려울 것이다.

Ⅳ. 맺음말

지금까지 서봉총 출토의 은합 명문에 대해서 간단히 검토하였다. 은합에 새겨진 명문 가운데에는 延壽元年辛卯란 절대 연대가 기록되어 있어서 신라 적석목곽분의 편년에 중요한 단서가 되어 왔다. 신라의 고분 연구자들은 명문 자체를 고구려·신라 금석문과의 비교 등을 통해서 연대를 잡는 것이 아니라 자신들의 고분 편년과 관련시켜서 연대를 추정해왔다. 지금까지는 지증왕 12년 설(511)과 장수왕 39년 설(451) 등이 있어 왔다.

최근에 들어와 延壽元年辛卯를 391년 곧 고구려 고국양왕 末年으로 추정한 신설이 나왔다. 여기에서의 391년이란 연대의 추정도 고구려·신라의 금석문과는 비교 검토도 없이, 은합 명문에서는 延壽元年三月中이고, 『三國史記』에서는 고국양왕이 391년 5월에 죽은 점에 근거하였다. 이러한 방법에 따른다면 延壽元年辛卯는 391년보다 이전에 271년 또는 331년으로 보아도 될 것이다.

여기에서는 은합 명문에서 王名이 없이 그냥 太王이라고 한 점에 주목하였다. 다음으로 太王의 용례를 고구려와 신라의 금석문 자료와 비교하였다. 391년, 451년, 511년의 어느 경우에도 신라의 금석문에서는 太王의 예가 없어서 은합 명문은 고구려에서 글자가 쓰여졌다고 보았다. 고구려에서 은합의 글자가 새겨졌다면 은합 자체의 제작지도 신라가 아닌 고구려로 볼 수밖에 없다. 그 다음으로 고구려 금석문에서의 太王과 王의 용례와 비교해서 은합의 太王을 장수왕으로 추정하였다. 은합 명문에서와 같이 王名이 없이 太王이라고 지칭한 것은 太王이란 용어가 보편적으로 사용된 광개토태왕비 이후로 그 연대를 잡을 수밖에 없다. 결국 延壽元年辛卯는 고구려 장수왕 39년(451)으로 결론지었다.

高句麗 金石文의 人名 表記
-官等名이 포함된 人名을 중심으로-

I. 머리말

한국 고대 금석문의 연구 가운데 중요한 몫을 차지하고 있는 것의
하나가 인명 표기이다. 고대 금석문에서의 인명 표기는 오늘날처럼 성
과 이름만을 기록하는 것이 아니라 인명과 함께 직명·출신지명·관등
명이 기록된다. 인명 표기에 나오는 부명·성촌명·직명·관등명 등은
한국 고대사 연구에 중요한 비중을 차지하고 있다. 이와 같은 중요성에
도 불구하고 인명 표기에 관한 연구성과는 그렇게 많지 않다.[1] 그나마
도 신라쪽에 집중되어 있고, 고구려나 백제는 금석문에 나오는 인명 표
기에 관한 연구는 거의 없다. 백제의 경우에는 칠지도, 무녕왕릉 출토
매지권 등 발견된 금석문 자료의 수가 적지만 고구려의 경우는 발견
된 당시의 문자 자료는 수나 양에 있어[2]서 신라의 것에 별로 뒤지지
않는다.

이와 같은 상황 속에서도 고구려 금석문의 인명 표기에 관한 연구가
아직까지 나온 바 없다. 연구성과가 별로 없는 까닭은 고구려의 인명

---

1) 金昌鎬, 1983,「新羅 中古 金石文의 人名表記(I)」『大丘史學』22.
   金昌鎬, 1983,「新羅 中古 金石文의 人名表記(II)」『歷史敎育論集』4.
2) 광개토대왕비의 전체 글자 수는 전체 글자 수는 1802자나 되고, 모두루묘지명
   도 800자가 되며, 덕흥리 고분의 경우는 묵서냉의 尖사가 내턴이 많다.

표기 자체에 어려운 면이 많이 포함되어 있기 때문이다. 연구상의 어려움을 극복하는 방법으로 관등명이 나오는 인명 표기 자료만을 검토의 대상으로 삼고자 한다. 관등명이 포함된 인명은 그렇지 못한 백성, 여자의 인명 보다는 훨씬 정형화되어 있어서 연구상의 애로점을 어느 정도 뛰어넘을 수가 있다고 판단했기 때문이다. 그러면 인명이 가장 많이 나오고 그 연대가 거의 확실한 중원고구려비부터 시작하여 고구려 금석문에 보이는 인명 표기를 전부 검토해 보고자 한다.

II. 中原高句麗碑

충북 중원군 가금면 용전리 입석 부락 입구에 일찍부터 오래된 비가 서있는 것을 인근의 주민들은 알고 있었으나 거의가 문자가 없는 백면비로 생각해 왔다. 1979년 2월 25일에 이르러 향토사연구단체인 예성동호회가 조사하여 문자가 있는 것을 확인하고 관계 전문가에게 통보하였다. 그 뒤에 상세한 조사 결과 고구려 시대의 비문임이 밝혀졌다.[3] 그 뒤에 이에 대한 많은 연구 성과가 나왔다. 우선 선학들의 판독[4]과 탁본의 대조와 현지 조사 등을 토대로 비의 전문을 제시하면 다음과 같다.

그러면 전면의 인명부터 검토해 보자. 확실한 인명은 전면 제①·③행에 나오는 「寐錦忌太子共前部太使者多于桓奴主簿△德」의 부분이다. 이 구절 가운데 「太子共前部太使者多于桓奴」만 인명으로 보기도 하였다.[5] 「前部太使者多于桓奴主簿道使鄕△」만을 끊어서 「前部太使者多于」·「桓奴主簿道使鄕△」로 인명 분석을 하여 桓奴라는 고구려의 部名을 새로 찾는 의욕적인 견해도 나왔다.[6] 가장 뒷사람의 인명 표기와 관련

3) 鄭永鎬, 1979, 「中原高句麗碑의 發見調査와 硏究展望」, 『史學志』13.
4) 檀國大學校 史學會, 1979, 『史學志-中原高句麗碑 特輯 特輯號-』13 등 참조.
5) 邊太燮, 1979, 「中原高句麗碑의 內容과 年代에 대한 檢討」, 『史學志』13, p.43.
6) 李鍾旭, 1982, 「高句麗 初期의 地方統治 制度」, 『歷史學報』94·95, p.86.

된 「主簿」는 관직명7) 또는 관등명8)으로 보아 왔다. 인명 분석에 있어서 主簿에 관한 견해의 차이는 이 비의 인명 표기 연구에 큰 장애가 되었다. 主簿 부분의 의견 차이는 전적으로 중원비의 판독 잘못 때문에 빚어진 것이다. 지금까지 확고부동하게 관직명으로 보아온 전면 제③행의 「4·5」번째 글자인 道使는 뒤의 使자가 德자임이 밝혀졌다.9)

⑥	⑤	#	⑦	⑥	⑤	④	③	②	①	#	⑩	⑨	⑧	⑦	⑥	⑤	④	③	②	①	#
		1	伐							1	△	△	夷	大	夷	用	尚	奴	上	五	1
壬	公	2	城							2	△	△	寐	位	寐	者	△	主	下	月	2
子		3								3	奴	△	錦	諸	錦	賜	上	簿	相	中	3
		4								4	△	境	上	位	邏	之	共	△	和	高	4
		5								5	△	△	下	上	還	隨	看	德	守	麗	5
伐		6	古							6	△	募	至	下	來	者	卽	△	天	太	6
	衆	7	牟	方						7	△	人	于	衣	節	△	賜	△	東	王	7
	殘	8	婁							8	盖	三	伐	服	教	△	太	△	△	相	8
		9	城			年			城	9	盧	百	城	兼	賜	△	翟	△	△	王	9
		10	守		上			功	不	10	共	新	教	受	寐	奴	鄒	△	寐	公	10
		11	事	沙	有					11	△	羅	來	教	錦	客	△	△	錦	△	11
		12	下							12	募	土	前	跪	土	人	△	去	忌	新	12
		13	部	斯			十		村	13	人	內	部	官	內	△	太	△	太	羅	13
		14	大	色					舍	14	新	幢	太	之	諸	教	△	△	子	寐	14
		15	兄							15	羅	主	使	十	衆	諸	賜	到	共	錦	15
		16	耶							16	土	下	者	二	人	位	寐	至	前	世	16
		17	△	古						17	內	部	多	月	△	賜	錦	跪	部	世	17
	不	18	鄒							18	衆	跋	于	廿	△	上	之	官	太	爲	18
		19	加	東		太		節		19	人	位	桓	三	△	下	衣	△	使	願	19
		20	共	夷		王				20	△	使	奴	日	△	衣	服	太	者	如	20
	使	21	軍	寐		國			沙	21	動	者	主	甲	△	服	建	子	多	兄	21
		22	至	錦		土				22	△	補	薄	寅	國	教	立	共	亏	如	22
		23	于	土						23	△	奴	△	東	土	東	處	△	桓	第	23
面	側		面	側												面				前	

7) 申瀅植, 1979, 「中原高句麗碑에 대한 考察」『史學志』13, p.68.
8) 李鍾旭, 1982, 「앞의 논문」, p.86.
9) 伏見冲敬編, 1984, 『書道大字典』上, p.801의 漢 楊淮表記 등의 예에 따름.

이렇게 되면 이 부분의 인명은 달라지게 된다. 전면 제②·③행 중 맨 나중의 인명에 있어서 主簿가 관등명, △德이 인명이며, 출신지명인 部名은 앞사람과 같아서 생략된 것이 된다.

이제 전면 제②·③행의 나머지 부분인 「寐錦忌太子共前部太使者多于桓奴」의 인명을 분석할 차례가 되었다. 가장 뒤인 「前部太使者多于桓奴」가 한 사람의 인명이다. 前部가 부명, 太使者는 관등명, 多于桓奴는 인명이다. 그 앞에 있어서 「太子共」이 한 사람의 인명이다. 太子는 관등명은 아니나 관등명류에 해당되는 것이고, 共은 인명이다. 이제 나머지 부분인 「寐錦忌」는 그 뒤에 나오는 「太子共」과 구조적으로 대비된다. 곧 寐錦은 관등명류에 해당되고, 忌는 당연히 인명이다. 전면 ⑧·⑨행에 「前部太使者多于桓奴主簿△(德)」이 다시 나오지만 앞에서 검토한 제②·③행의 뒷부분과 같은 인명들이다.

다음의 인명은 전면 제⑨·⑩행의 「新羅土內幢主下部拔位使者補奴△△奴△△△△盖盧」란 부분이다. 이 구절 가운데 盖盧는 백제왕 盖鹵와 연결시켜 왔다.[10] 이는 발음상 꼭 같으나 선학들의 지적과 같이 검토의 여지가 있는 듯하다.[11] 중원비 자체에서 盖盧란 말에 뒤이어 共자가 나오고 있어 補奴 한 사람의 인명이라기보다는 두 사람의 인명일 가능성이 크다. 이렇게 보면 盖盧는 고구려 관료의 인명일 뿐, 백제의 개로왕과는 전혀 관계가 없게 된다. 위의 구절 중 「新羅土內幢主下部拔位使者補奴」가 한사람의 인명 표기이다. 新羅土內幢主는 직명, 下部는 부명, 拔位使者는 관등명, 補奴는 인명이다. 이 구절 중 뒷부분의 인명은 어려워 후고를 기다리기로 한다.

좌측면의 인명 분석을 시도해 보기로 하자. 제⑥행의 「古鄒加共」에서 古鄒加는 관등명류이고, 共은 인명이다. 이 「古鄒加共」은 전면의 「太子共」과 동일인이다.[12] 제⑦행의 「古牟婁城守事下部大兄耶△」가 한 사

10) 李丙燾, 1979, 「中原高句麗碑에 대하여」『史學志』13, p.23.
11) 任昌淳, 1979, 「中原高句麗碑의 몇 가지 問題點」『史學誌』13, p.89.
12) 金英夏·韓相俊, 1983, 「中原高句麗碑의 建碑 年代」『教育研究誌』25, p.41.

람의 인명이다. 古牟婁城守事는 직명, 下部는 부명, 大兄은 관등명, 耶△는 인명이다. 지금까지 인명 분석을 토대로 중원고구려비의 인명 표기를 제시하면 다음의 <표 1>과 같다.

<표 1> 중원고구려비의 인명 표기

직 명	부 명	관 등 명	인 명
		(寐 錦)	忌
		(太 子)	共
	前 部	太 使 者	多于桓奴
	(〃)	主 簿	△ 德
新羅土內幢主	下 部	拔位使者	補 奴
		(古 鄒 加)	共
古牟婁城守事	下 部	大 兄	耶 △

위와 같은 인명 분석을 토대로 하여 중원고구려비의 건립 연대를 조사해 보자. 먼저 전면에 나오는 太子共과 좌측면에 나오는 古鄒加共은 동일인이므로 이 비는 장수왕대에 건립된 것이다. 왜냐하면 太子共=古鄒加共은 『三國史記』에 나오는 장수왕의 아들인 古鄒大加助多와 동일인으로 추정되기 때문이다.[13] 또 전면 제①·②·④·⑥·⑧행과 좌측면의 제⑤행에 각각 나오는 7번의 寐錦이 중요하다. 일곱 번이나 나오는 寐錦은 전면 제②행에 寐錦忌라고 인명이 한번밖에 표기되어 있지 않다. 만약에 두 사람 이상이라면 그에 해당되는 만큼의 인명 표기가 있어야 한다. 寐錦忌는 『三國史記』에 근거할 때 訥紙王이다.[14] 그리고 전면의 十月二三日甲寅을 『三正綜覽』 등에서 찾으면 449년이다. 위의 세 가지를 공통적으로 충족시킬 수 있는 것은 449년 이후의 머지않은 시기이다. 따라서 중원고구려비의 건립 연대는 이에 준하여 설정하고자 한다.

---

13) 金英夏·韓相俊, 1983, 「앞의 논문」, pp.41~42.
14) 金昌鎬, 1988, 「古新羅 積石木槨墳의 400年 上限說에 대한 의문」 『嶺南考古學』4, p.8.

Ⅲ. 德興里古墳의 墨書銘

덕흥리고분은 1976년 12월 8일에 평남 강서군 덕흥리의 무학산의 산록에 배수구 공사 중 우연히 발견되었다. 여기에는 풍부한 벽화와 600여자의 묵서가 기록되어 있다. 묵서 자체는 피장자의 묘지에 해당되는 것으로 전실 정면의 중앙 상부에 있다. 묵서명 가운데 인명과 관계되는 부분만을 적기해서 제시하면 다음과 같다.

⑦	⑥	⑤	④	③	②	①	
太	年	節	龍	位	釋	△	1
歲	七	東	讓	建	加	△	2
在	十	夷	將	威	文	郡	3
戊	七	校	軍	將	佛	信	4
申	薨	尉	遼	軍	弟	都	5
十	焉	幽	東	△	子	縣	6
二	以	州	太	小	△	都	7
月	永	刺	守	大	△	鄉	8
辛	樂	史	使	兄	氏	△	9
酉	十	鎭	持	左	鎭	甘	10
朔	八			將	仕	里	11
廿	年			軍			12
五							13
日							14

먼저 이 묵서명의 절대 연대는 제⑥·⑦행의 永樂十八年太歲在戊申에 의해 광개토태왕 18년(408년)임을 쉽게 알 수가 있다. 이 묵서명에서 인명 표기에 관련되는 부분은 제②·③·④·⑤행의 「△△氏鎭仕位建威將軍△小大兄左將軍龍讓將軍遼東太守使持節東夷校尉幽州刺史鎭」 부분이다. 이 인명 표기 자체는 앞에서 살펴본 중원고구려비의 것과 많은 차이가 있어서 그 분석에 어려움이 있다. 앞의 「△△氏鎭」의 경우는 복

성인 △△와 인명인 鎭으로 되어있다. 그 다음의 인명 분석은 어렵다. 직명이 너무 많이 나온다. 직명 중 幽州刺史의 幽州는 현재의 중국 北京 부근을 가리키는 것으로 鎭의 출신 국적 문제와 함께 많은 논의의 대상이 되어 왔다.[15] 이 고분의 주인공은 복성의 사용, 幽州刺史란 직명, 幽州刺史 鎭의 앞에 그려진 유주 관할의 13개 군의 관리상과 묵서로 된 직명 등으로 보면 원래부터 고구려인은 아니었다고 판단된다. 그래서 左將軍龍讓將軍~幽州刺史란 중국의 직명들이 고구려의 인명 표기에 삽입되어 있는 것 같다. 곧 「建威將軍△小大兄左將軍龍讓將軍遼東太守使持節東夷校尉幽州刺史鎭」에서 중간에 들어있는 중국의 직명들인 「左將軍~幽州刺史」를 빼고 나면 「建威將軍△小大兄鎭」만 남는다. 이 「建威將軍△小大兄鎭」은 앞에서 살펴본 중원고구려비의 인명 표기와 같다. 建威將軍△는 직명,[16] 小大兄은 관등명,[17] 鎭은 인명이다.

VI. 籠吾里山城의 磨崖石刻

1957년 가을 태천 고급중학교에서 향토사 연구를 목적으로 농오리산성을 조사하던 중 자연 암벽에서 글자를 발견하고 신의주 역사박물관에 보고하였다. 이에 동 박물관에서는 1958년 초에 마애석각을 조사하여 학계에 알려지게 되었다. 우선 설명의 편의를 위해 전문을 제시하면 다음과 같다.

---

15) 孔錫龜, 1991, 「高句麗의 領域擴張에 대한 硏究」『韓國上古史學報』6, pp.226~233 참조.
16) 鄭燦永, 1986, 「德興里壁畵古墳の文字について」『德興里高句麗壁畵古墳』, p.115에서는 장군직이 우리나라 삼국시대에 일부 존재한 점을 들어서 고구려의 군호로 보고 있다.
17) 孔錫龜, 1991, 「앞의 논문」, p.232에서는 △小大兄으로 끊어서 이를 고구려의 관직으로 보고 있나.

③	②	①	
城	小	乙	1
六	大	亥	2
百	使	年	3
八	者	八	4
十	於	月	5
四	九	前	6
間	婁	部	7
	治		8

이 명문에서 인명은 제①·②행의 「前部小大使者於九婁」이다. 前部는 출신부명, 小大使者는 관등명, 於九婁는 인명이다. 인명 표기에 대한 분석은 간단하지만 乙亥年이란 연대가 언제인지가 문제이다.

乙亥年이란 연대를 추정할 수 있는 문헌 자료나 다른 금석문 자료가 없어서 그 연대의 추정은 상당한 모험이 따를 수밖에 없다. 乙亥年을 고구려 유리왕 34년(15년)으로 추정한 견해가 있다.[18] 여기에서의 중요한 근거는 다음과 같다. 농오리산성이 소재한 대령강 이북이 고구려의 영토가 되고 대령강 일대가 고구려의 남쪽 경계로 되었던 시기는 고구려가 남쪽으로 영토를 적극 확대하여 나가던 때에 찾아야 할 것으로 보면서 태조왕 4년(56년)에 고구려의 영역이 남쪽으로 청천강에 이르렀기 때문에 대령강 일대의 소유는 이보다는 앞서리라는 점이다.

乙亥年을 고구려 양원왕 11년(555년)으로 본 견해가 있다.[19] 여기에서는 평양성 석각의 丙戌年이 556년인 점과 중원고구려비의 건립 연대가 449~519년 사이인 점을 근거로 乙亥年을 문자왕 4년(495년)과 영원왕 11년(555년)으로 범위로 좁혔다. 문자왕 4년은 고구려가 남쪽으로 죽령과 계립현까지 영토를 확장한 전성기이며, 양원왕 11년은 동왕 7년(551년)에 서북쪽으로 돌궐의 침입을 받고 남쪽으로 백제와 신라의 공격을 받아 한강 유역을 상실하고 임진강선으로 후퇴했던 직후로써 고구

---

18) 손량구, 1987, 「태천군 롱오리산성을 쌓은 년대에 대하여」 『조선고고연구』, p.20.
19) 閔德植, 1990, 「高句麗 籠吾里山城 磨崖石刻의 「乙亥年」에 대하여」 『韓國上古史學報』3, p.110.

려는 방어 체제를 재정비할 필요가 있기 때문에 乙亥年을 555년으로 보았다.

乙亥年의 연대 문제를 여기에서는 小大使者란 관등명에 의해 접근해보고 싶다. 小大使者를 小使者의 별칭으로 볼 수도 있지만 小大使者는 大使者와 小使者로 관등명이 분화되기 이전의 것으로 해석된다. 그렇다면 乙亥年은 大使者(太使者)가 나오는 중원고구려비보다 이른 시기로 판단되어 375년이나 435년이 좋을 것 같다. 이 같은 관등명에서의 추정은 大兄이나 小兄에 앞서는 관등명인 小大兄이 앞에서 살펴 본 덕흥리 고분의 묵서명에 나와서 더욱 그러하다.

V. 牟頭婁墓誌

모두루총은 중국 길림성 집안의 동북 곧 평북 만포의 대안인 下羊魚頭에 있다. 이 고분에 묵서명이 있는 것은 1935년 10월에 확인하였고, 그 뒤에 학술보고서가 나와서 세상에 널리 알려지게 되었다.[20] 전체의 글자수가 10자×81(행)인지, 10자×83(행)인지 아직 불분명하다.[21] 인명표기에 관계가 큰 부분만을 적기해 제시하면 다음과 같다.

제①행에서 「大使者牟頭婁」는 이 묘지명의 주인공으로 大使者는 관등명, 牟頭婁는 인명이다.

제㉕·㉖행에서 「大兄冉牟」가 한 사람의 인명 표기이다. 大兄은 관등명, 冉牟가 인명이다. 이 인명에서 「大兄冉牟」앞의 北夫餘가 인명 표기에 속하는 출신지명인가하는 의문이 생긴다. 만약에 北夫餘가 출신지명이라면 외위명이 없었던 고구려에서 지방민의 인명을 새로 찾은 셈이

---

20) 池內宏, 1938, 『通溝』上.

20) 池內宏, 1938, 『通溝』上.
21) 田中俊明, 1981, 「高句麗の金石文」『韓國史研究會論文集』, pp.115~116 참조.
　　武田幸男, 1989, 『高句麗史とアジア』의 pp.317~322에는 10자씩을 77행까지만 표시해 놓고, 행의 수는 84행으로 판독하고 있다.

된다. 이 묘지명의 주인공인 「大使者牟頭婁」란 인명 표기가 제①행에 나오지만 출신지명의 표시가 없어서 北夫餘를 인명 표기의 일부로 보기가 어렵다.

제㊴행에서 「大兄冉牟」가 한 사람의 인명이다. 이는 제㉕·㉖행에 이미 나온 사람이다. 제㊶행의 「大兄△△」도 한 사람의 인명이다. 大兄은 관등명, △△는 인명이다.

제㊻행에 「奴客牟頭婁」가 한 사람의 인명이다. 奴客은 중원고구려비의 太子나 古鄒加처럼 관등류이고, 牟頭婁가 인명이다.

㊻	㊶	㊵	㊴	㉖	㉕	㉔	①	
恭	△	△	△	牟	之	河	大	1
恩	△	△	△	地	泊	使		2
教	△	於	△	來	之	者		3
奴	兄	彼	祖	△	△	孫	牟	4
客	△	喪	大	△	北	日	頭	5
牟	△	亡	兄	△	夫	月	婁	6
頭	大	△	冉	彡	餘	之		7
婁	兄	△	牟	△	大	子		8
△	△	祖	壽	△	兄	所		9
△	△	父	盡	△	冉	生		10

이제 모두루묘지명의 연구에 있어서 중요한 묘지명의 작성 연대에 대해 검토해 보자. 묘지명자체에는 아직까지 年干支가 발견되지 않아서 정확한 연대를 찾기는 어렵다. 제㊺·㊻행의 「好太聖王緣祖父△爾思敎奴客牟頭婁」란 구절에 의해 모두루의 祖父가 광개토태왕과 동일 시기이므로 모두루는 장수왕 내지 문자왕대의 사람으로 보았다.[22] 그 뒤에 위의 구절을 好太王때 祖父의 緣에 의해 奴客牟頭婁에게 敎가 내린 뜻으로 해석해 모두루가 광개토태왕때의 사람임이 확실하다는 견해가 나왔다.[23]

모두루묘지명의 작성 연대에 중요한 것은 제㊹·제㊺행에 「國罡上

22) 田中俊明, 1981, 「앞의 논문」, p.118 참조.
23) 佐伯有淸, 1977, 「高句麗牟頭婁塚墓誌の再檢討」『史朋』7.

廣開土地好太聖王」이란 광개토왕의 諡號가[24) 나오는 점이다. 광개토태왕비 제Ⅰ면 제⑤행의 「二九登祚號爲 永樂太王」이란 구절에 따르면 광개토태왕 생존시에는 永樂太王이라고 불렸고 사후에 「國羅上廣開土地好太聖王」이란 시호가 마련된 것이다. 그러면 모두루묘지명이 작성 연대는 413년을 소급할 수가 없다. 모두루묘지명은 장수왕의 초인 413년에서 그 후에 그리 멀지 않은 시기에 작성된 듯하다.

Ⅵ. 平壤城 城壁石刻

18세기부터 알려진 평양성석각에 대해서 많은 연구 성과가 있다. 여기에서는 발견 순서에 따라 관등명이 확실한 4개의 예만을 검토하기로 한다. 우선 설명의 편의를 위해 관계 전문을 제시하면 다음과 같다.

⑫	⑪	⑩	⑨	⑧	⑦	⑥	⑤	④	③	②	①	
造	倅	夫	兄	里	十	西	始	八	月	年	己	1
作	利	若	相	小	一	向	役	日	廿	五	丑	2	가

				⑦	⑥	⑤	④	③	②	①	
				作	俳	物	東	自	(三)	己	1
				節	須	苟	十	此	月	酉	2
				矣	百	小	二	下	廿一	年	3
					頭	兄	里	向	日		4	나

			⑧	⑦	⑥	⑤	④	③	②	①	
			涉	西	節	兄	後	漢	二	丙	1
			之	北	自	文	部	城	月	戌	2
			行	北	達	小	下	中			3	다

---

24) 고구려에서 시호제에 대한 이해의 부족으로 金昌鎬, 1990, 「黃海道 坪井里 壁畵古墳의 묵서명」『鄕土文化』5, p.9에서 △巳年을 465년으로 보았다. 이는 잘못된 것이고 △巳年은 상수왕의 사후인 525년(乙巳年) 등이 그 대상이 된다

						⑤	④	③	②	①		
						尺	里	此	兄	卦	1	
						治	皿	東	加	婁	2	
								廻	群	盖	3	
							上	自	切 小		4	라

　먼저 ㉮의 인명을 분석해 보기로 한다. 인명 표기와 관련된 부분을 제⑧~⑪행의 「小兄相夫若伴利」이다. 이를 두 사람의 인명으로 보는 견해[25]와 한 사람의 인명으로 보는 견해[26]가 있다. 지금까지 신라나 고구려의 금석문에서 관등명이 하나인데도 두 사람의 인명인 예가 없어서 한 사람의 인명으로 보아야 될 것이다. 이 때 앞의 小兄은 관등명임이 쉽게 밝혀지나 뒤의 相夫若伴利 부분이 문제가 된다. 相夫를 무엇인가의 직명으로 보아서 인명 분석을 한 예가 있다.[27] 相夫를 직명으로 보면, 중원고구려비에서 고구려 금석문의 인명 표기의 기재 순서인 직명+부명+관등명+인명과는 서로 차이가 생기게 된다. 이 인명에서 小兄인 관등명 다음에는 인명이 와야 된다. 相夫若伴利를 합쳐서 인명으로 보고자한다. 相夫若伴利는 중원고구려비의 多于桓奴란 인명과 비교할 때 인명의 길이 자체는 큰 문제가 되지 않는다.

　㉯에 대한 인명 분석을 할 차례이나 맨 뒤로 미루고 ㉰에 대한 인명부터 분석해 보기로 한다. 여기에서 인명과 관련된 부분은 제③~⑤행의 「漢城下後部小兄文達」이다. 앞의 漢城下後部는 출신부명이지만 그 해석은 어렵다.[28] 漢城이란 지명이 고구려 3경 가운데 하나인 載寧인지 아니면 平壤인지 불분명하다. 여기에서는 漢城下後部를 합쳐서 출신부명으로 보아두고자 한다. 뒤의 小兄은 관등명이고, 그 뒤의 文達은 인명이다.

---

25) 鮎貝房之進, 1934, 「高句麗城壁石刻文」『雜攷』6輯 上篇, p.372.
26) 洪起文, 1957, 『리두연구』, pp.207~208.
27) 鬼頭淸明, 1984, 「高句麗の國家形成と東アジア」『朝鮮史硏究會論文集』21, p.37.
28) 이 부분의 다양한 제설에 대해서는 田中俊明, 1985, 「高句麗長安城城壁石刻の 基礎的硏究」『史林』68-4, pp.135~136 참조.

㉕에 대한 인명을 검토할 차례가 되었다. 여기에서 인명과 관련된 부분은 제①·②행의 「卦婁盖切小兄加群」이다. 이 인명의 분석은 참 어렵다. 뒤의 小兄은 관등명, 加群은 인명으로 쉽게 풀이가 되지만 앞의 卦婁盖切이 문제이다. 卦婁盖切에서 卦婁는 고구려 5부 가운데 하나인 卦婁部로 쉽게 해석되지만 뒤의 盖切이 문제이다. 盖切을 인명으로 보면 部名 다음에 곧바로 관등명이 없이 인명이 오고, 뒤의 小兄加群과 인명 표기의 방식이 전혀 다르게 된다. 盖切을 직명으로 보면 이 인명 표기는 부명+직명+관등명+인명이 되어 중원고구려비의 인명 표기 순서와 차이가 생기게 된다. 이제 남은 하나의 방법은 중원고구려비 기록된 인명 표기의 순서에 따라 卦婁盖切 전체를 출신지명으로 보는 것이다. 卦婁盖切을 출신지명으로 보면 卦婁는 부명, 盖切의 해석이 문제이다. 盖切은 卦婁部내의 행정 구역일 가능성이 있다. 이러한 예를 고구려에는 찾을 수가 없지만 신라에는 있다. 곧 남산신성비 제3비의 제②·③행의 나오는 喙部主刀里가 그것이다. 盖切도 남산신성비의 主刀里에 준하여 해석하면 별 다른 문제가 생기지 않는다.

이제 미루어 온 ㉖의 인명을 분석할 차례가 되었다. 여기에서 인명 표기와 관련된 부분은 제⑤·⑥행의 「物苟小兄俳須百頭」이다. 앞의 物苟를 物省으로 읽어서 官廳名으로 본 견해가 있다.[29]

物苟(物省)이 관청명이라면 삼국 시대의 금석문에서 관청명이 나오는 유일한 예가 되는 점이나 苟자는 省자로 잘못 읽은 점에서 보면 따르기 어려운 견해이다. 物苟를 인명으로 본 견해도 있다.[30] 그렇게 되면 俳須百頭의 처리가 어렵게 된다. 이에 비해 物苟을 출신 조직과 관련시킨 견해가 있다.[31] 곧 당시 고구려의 수도였던 평양성에 근거한 五族이나 五部출신이 아니고 지방 출신으로 보고 있다. 物苟 자체를 출신 조

29) 鮎貝房之進, 1934, 「앞의 논문」, pp.371~372.
   洪起文, 1957, 『앞의 책』, p.296.
30) 冊中俊明, 1985, 「앞의 논문」, p.135.
31) 鬼頭淸明, 1984, 「앞의 논문」, pp.36~37.

직과 관련시킨 점은 연구를 한 걸음 진전시킨 것이다. 物荀는 지방의 성촌명과 관련되는 것이[32] 아니라 ㉣에서 卦婁盖切의 盖切과 같은 5부 가운데 하나인 部에 소속된 하부행정 구역이라고 판단된다.

이 인명 표기에서 物荀가 출신지명이라고 해석해도 나머지 부분의 풀이에서도 어려움은 여전히 남는다. 「物荀小兄俳須百頭」에서 物荀 뒤의 小兄은 관등명이나 俳須百頭의 처리가 어렵다. 俳須百頭 중 뒤의 百頭부분은 의미상 대개 직명으로 보아왔다.[33] 그러나 중원고구려비의 인명 표기 순서를 따를 때 百頭가 직명이 될 수가 없다. 여기에서 俳須百頭를 합쳐서 인명으로 보고자 한다. 그러면 이 인명은 출신지명+관등명+인명의 순서가 되어 전형적인 고구려 금석문의 인명 표기와 같게 된다. 지금까지 분석한 평양성 석각의 인명 분석을 도시하면 다음의 <표 2>와 같다.

〈표 2〉 平壤城 石刻의 人名表記

자료명	직명	출신지명	관등명	인명
㉮			小兄	相夫若倅利
㉯		物荀	小兄	俳須百頭
㉰		漢城下後部	小兄	文達
㉱		卦婁盖切	小兄	加群

이제 평양성 석각의 연대 문제에 대해 간단히 검토해 보기로 하자. 명문중의 己丑年이란 연간지에 대해 449년설 · 569년설 · 629년설이 있다.[34] 丙戌年이란 연간지에 대해서는 446년설 · 506년설 · 566년설이 있다.[35] 위의 여러 견해 가운데 평양의 장안성이 『三國史記』에 근거할 때 552년에 축성을 시작해 593년에 완성했다는 결론에 따라 己丑年을 569년, 丙戌年을 566년으로 보는 견해가 유력하다.[36] 평양성의 석각 연대

---

32) 田中俊明, 1985, 「앞의 논문」, p.135.
33) 鬼頭淸明, 1984, 「앞의 논문」에서는 百頭를 百人의 長을 의미하는 직명으로 해석하고 있다.
34) 田中俊明, 1985, 「앞의 논문」, pp.139~140 참조.
35) 田中俊明, 1985, 「앞의 논문」, pp.140~141 참조.

를 566년과 569년으로 보는 것은 신라의 남산신성비가 591년이므로 아무런 문제가 없었다. 그런데 신라에서 551년에 작성된 명활산성작성비가 출토되었고,[37] 이에 나타난 축성의 역역 체제는 남산신성비에 나타난 것과 거의 꼭 같았다.[38] 그렇다면 축성의 역역 체제만을 비교할 때 신라가 고구려 보다 앞선 모습을 하고 있어서 문제가 된다. 평양성 석각의 정확한 연대는 현재까지의 자료로는 전혀 그 윤곽조차도 잡기가 어려워 문제 제기만 하고, 단정은 유보해 두고자 한다.

Ⅶ. 맺음말

지금까지 간단히 고구려 금석문에 나타난 인명 표기에 대해 살펴 보았다. 종래에는 고구려의 인명을 평양성 석각 등에서 그 기재 순서에 일정한 기준도 마련하지 않고 단어의 의미에 따라 여러 가지로 분석해 왔다. 중원고구려비·덕흥리고분의 묵서명·농오리산성의 마애석각·모두루묘지명·평양성석각에 나타난 인명 표기는 모두 직명·출신지명·관등명·인명의 순서로 기재됨을 알게 되었다.

이러한 인명 분석을 바탕으로 고구려 관등제의 성립 과정이나 5부의 내부 구조 등에도 보다 심도 있게 다루어야 될 것이나 미처 언급하지 못했다. 고구려의 불상명 등에 새겨진 관등명이 없는 인명 표기에 대해

---

36) 田中俊明, 1985, 「앞의 논문」, p.141 참조.
37) 朴方龍, 1988, 「明活山城作城碑의 檢討」, 『美術資料』41.
38) 이에 대해서는 金昌鎬, 1991, 「金石文 자료로 본 古新羅의 力役體制」, 『新羅文化祭論文集』13 참조. 平壤城 石刻의 연대를 566년(丙戌年), 569(己亥年), 589(己酉年)으로 보면, 571년에 만들어진 景四年銘金銅三尊佛과 서로 모순이 생긴다. 평양성 석각에서는 고구려의 평원왕 때 연호를 사용치 않았지만, 景四年銘金銅三尊佛에 따르면 568년에는 景 또는 日京이란 연호가 새로 제정되어 사용되었다고 해석되기 때문이다. 이 문제에 대해서는 곧 발표될 「百濟와 高句麗·新羅 金石文의 비교-인명 표기를 중심으로-」에서도 언급될 예정이지만 필자는 평양성 석각의 6세기 후반설에 의문을 갖고 있다.

서도 전혀 다루지 못하고 말았다. 여기에서의 미진한 부분들은 먼 후일의 과제로 삼고자 한다.

百濟 七支刀 銘文의 재검토

Ⅰ. 머리말

百濟 七支刀에 새겨진 글자가 발견된 지 100여 년이 지났다. 그동안
한국·북한·일본 등에서 많은 연구 논문들이 발표되었다.[1] 七支刀에
대해 일본의 연구자들이 가장 깊은 관심을 기울였다. 그들은 일본의 고
대사에 있어서 3세기는『三國志』, 倭人傳, 5세기는『宋書』 등에 근거하
여『日本書紀』를 비판하여 왔다. 4세기에 해당되는 일본의 역사에 대한
중국측 기록이 없기 때문에 廣開土太王陵碑와 七支刀가 이 시기의 일본
고대사 복원에 중요한 근거가 되어 왔다.[2] 4세기의 일본 역사에 있어서
가장 관심을 기울인 부분은 이른바 任那日本府의 설치 문제이다.[3] 일본

---

1) 한국과 일본에 있어서 七支刀 연구 성과에 대해서는 다음과 같은 중요한 논문
들이 있다.
福山敏男, 1968, 「石上神宮七支刀の銘文」『日本建築史研究』
神保公子, 1973, 「七支刀研究の歩み」『日本歷史』301.
伊藤興治, 1974, 「七支刀研究の略史」『日本美術工藝』434.
金瑛二, 1985, 「韓國·北韓における七支刀研究の概要」『朝鮮史研究會會報』80.
2) 가령 井上光貞은 ‘百濟記てよった『日本書紀』の記事が信用できることは, この
七支刀の存在によって確'かめられ'라고 주장하고 있다(泊勝美, 1975, 『任那日
本府はなかった』, p.68 참조).
3) 우리 학계에서도 은연중에 일본학계의 이른바 任那日本府式 관념이 침투되고,
그것이 고분 편년이나 고대사의 시기 설정에 응용되고 있다. 이에 대해서는 신
라·가야의 고분 편년 문제와 함께 倭의 五王, 江田船山古墳의 鐵刀銘, 稻荷
山古墳의 鐵劍銘 등에 대해서도 따로이 필자의 견해를 밝힐 예정이나. 필사는

학계에서는 369년경에 倭軍이 한반도 남부 지방에 대대적인 출병을 하여 임나일본부가 설치되었는데, 그 직접적인 증거의 하나가 七支刀라고 주장하고 있다.[4] 그래서 七支刀의 제작연대를 369년으로 보고, 이른바 百濟獻上說을 주장해 왔던 것이다.

지금까지의 수많은 연구 성과에도 불구하고, 七支刀 명문에 대한 일본학계의 연구에는 몇 가지 문제점이 있는 것 같다. 첫째로 연대 설정을 위한 자료 선정에 있어서 공개된 모든 자료에 의하지 않고, 유리한 자료만 선별하여 검토한 점이다.[5] 둘째로 七支刀 명문 자체가 분명히 百濟에서 쓰여진 것임에도 불구하고 중국의 사료와 일본의 사료만을 치밀하게 조사하였을 뿐, 백제·고구려·신라의 금석문 자료를 소홀히 다룬 점이다.[6] 셋째로 1945년 이후의 일본학계에도 여전히 국수주의적인 관점이 강하게 남아 있는 점이다.[7]

위와 같은 일본학계의 七支刀 연구 성과를 극복하기 위해서 다음과 같은 점에 유의하여 본 명문을 검토하겠다. 첫째로 지금까지 알려진 고구려·백제·신라의 금석문 자료를 최대한으로 이용하겠다. 둘째로 일

1989年 11月 2日부터 11月 9日까지 大阪의 '古代を考える會'의 초청으로 日本 關西쪽 古墳 遺跡·遺物을 實見할 기회가 있었는데, 그 정도의 遺物로써는 4세기의 韓半島 進出은 不可能하다는 확신을 얻게 되었다.

4) 일본학계의 이른바 任那日本府설의 가장 큰 증거는 廣開土太王陵碑 辛卯年條 (이에 대해서는 金昌鎬, 1989, 「廣開土太王陵碑 辛卯年條의 재검토」 『考古研究』2 참조)와 七支刀 명문이다.

5) 특히 日干支와 曆과의 일치 문제이다. 이에 대해서는 뒤에서 상론하겠다.

6) 가령 神保公子, 1973, 「앞의 논문」, p.62에서는 '現在までのとこる, 百濟の私年號の開始は六世紀にはいってからと思われる'라고 주장하면서, 그 근거로 岡崎敬, 1976, 「三世紀より七世紀の大陸における國際關係と日本」 『日本の 考古學』 IV, p.631의 '建興五年と讀み, これは百濟の私年號で, 丙辰を聖王六年(536)か威德王三年(596)にあてる方が自然である'를 들고 있다. 위의 建興五年銘金銅如來象의 光背에 나오는 建興이란 연호는 현재 고구려의 逸年號說이 우세하다(田中俊明, 1981, 「高句麗の金石文-研究の現狀と課題-」 『朝鮮史研究會論文集』18, pp1.30~131 참조).

7) 가령 일본학계에서는 한국학계의 견해를 국수주의적이라고 매도하고 있다(宮崎市定, 1983, 『謎の七支刀』, p.100 참조).

본학계의 연대 설정의 근거가 된 中國 紀年銘鏡의 모든 기재 방식을 재검토하겠다. 셋째로 백제 금석문에 근거한 인명 분석을 하겠다. 넷째로 七支刀 명문을 해석함에 있어서 구조적인 분석을 시도하겠다.

Ⅱ. 지금까지의 연구

100년 이상이나 연구되어 온 七支刀 명문의 연구 성과를 간단히 정리하기란 여간 힘든 일이 아니다. 여기에서는 그 연구사를 4시기로 나누어 간략히 소개하기로 한다.

七支刀 명문 연구의 획기는 다음과 같이 나눌 수 있다.[8] 제 1기는 명문의 발견부터 福山敏男[9]·榧本杜人[10]의 연구 성과가 나오기 직전까지이다. 제 2기는 福山敏男·榧本杜人의 연구 성과가 발표된 이후 金錫亨에 의해 分國論[11]이 발표되기 직전까지이다. 제 3기는 分國論이 나온 이후 栗原朋信의 견해[12]가 나오기 직전까지이다. 제 4기는 栗原朋信의 東晉下賜說[13]이 나온 이후 현재까지로 나눌 수가 있다.

제 1기는 주로 8·15 광복 이전에 해당된다. 이때에는 연호의 판독에 주력하였을 뿐, 명문 전체에 대한 판독은 엄두조차 못 냈다. 대부분 七支刀의 첫머리에 나오는 연호가 泰始인지 泰初인지 여부에 관심을 가졌다. 또 七支刀 자체의 명칭도 六叉刀(鉾)→七枝刀→七支刀의 순서로 바뀌었다.[14] 『日本書紀』, 神功紀 52年條에 나오는 七枝刀 관련 기사에 근

---

8) 七支刀 연구사의 획기는 神保公子, 1973, 「앞의 논문」 등을 참조하였다.
9) 神山敏男, 1968, 「앞의 논문」
10) 榧本杜人, 1947, 「石上神宮の七支刀とその銘文」『朝鮮學報』13.
　　榧本杜人, 1968, 「七支刀銘文再考」『朝鮮學報』49.
11) 金錫亨, 1974, 「三韓三韓の日本列島內分國について」『古代日本と朝鮮の基本問題』(이 논문은 북한에서 1963年에 발표되었다).
12) 栗原朋信, 1966, 「七支刀銘文についての一解釋」『日本歷史』216.
13) 이 용어의 사용은 神保公子, 1973, 「앞의 논문」에 의거하였다.
14) 宮崎市定, 1983, 『앞의 책』, pp.26~27 능.

거하여 七支刀를 백제가 왜에 헌상한 것으로 보았다.

제 2기는 七支刀 명문 연구의 발전기로 볼 수 있다. 福山敏男·梅本杜人에 의해 七支刀 연구의 기반이 마련되었다.[15] 이들의 연구 결과로 표면 34자, 이면 27자, 합계 61자의 글자 총수가 비로소 확정되었다. 이 시기 七支刀 연구의 가장 큰 특징은 명문의 연호를 泰和로 읽어 東晉 年號로 해석하고, 泰和四年을 369년으로 보았다. 그 결과 七支刀를 백제에서 왜에 바쳤다는 이른바 百濟獻上說이 일본학계의 통설이 되었고, 『日本書紀』, 神功紀의 신빙성을 높이는 역할을 하였다.

제 3기는 1963년 이른바 分國論이란 가설의 발표[16]와 더불어 시작되었다. 여기에서의 중요한 결론은 다음과 같다. 첫째로 泰和란 年號는 백제의 逸年號이다. 둘째로 七支刀 표면의 候王은 이면의 倭王과 동일인이다. 셋째로 「元嘉三年五月丙午日造此△官刀長四尺=△△△宜後王大吉羊」이란 명문이 새겨진 後漢의 元嘉刀의 예에 비추어 보면, 七支刀는 황제의 위치에 있던 백제왕이 候王의 위치에 있던 倭王에게 하사한 것이다. 위의 3가지 관점에 근거하며 百濟下賜說을 주장하였다. 後王에 관한 지적을 포함한 백제 하사설은 그 뒤에 일본학계의 지지를 받기도 했다.[17]

제 4기에 와서는 泰和四年을 東晉 泰和四年(369)으로 보고, 「寄生聖晉」의 聖晉을 聖漢·聖唐·聖宋의 예에[18] 따라 東晉을 가리키는 것으로 보았다. 世子란 용어도 남북조시대에는 중국의 册封을 받은 경우에 사용된다고 주장하였다.[19] 이 견해는 東晉下賜說이라고도 부르고 있는

---

15) 福山敏男, 1968, 「앞의 논문」
　　梅本杜人, 1947, 「앞의 논문」
16) 金錫亨, 1974, 「앞의 논문」
17) 坂元義種, 1968, 「古代東アジアの日本と朝鮮-「大王」の成立をめぐって-」『史林』5-4.
　　上田正昭, 1971, 「石上神宮七支刀」『日本のなかの朝鮮文化』9.
18) 栗原朋信, 1966, 「七支刀銘文についての一解釋」『日本歷史』265, p.22.
19) 栗原朋信, 1965, 「「七支刀」の銘文よりみた日本と百濟·東晉の關係」『歷史敎育』18-4.

데, 百濟와 倭사이에 東晋을 넣으면 결국 百濟와 倭의 관계는 대등하게 된다. 「寄生聖晋」의 晋자가 音으로 밝혀져서[20] 설득력을 잃어버린 견해 이지만 사고 상으로는 일본학계의 많은 지지를 받고 있다.[21] 곧 七支刀 가 원래 東晋에서 만들어졌는데, 백제에 건너와 글자를 새겨서 다시 왜에 주었다는 주장이 그 대표적인 예이다.[22]

앞으로의 설명 편의를 위해 七支刀에 새겨진 全文을 제시하면 다음과 같다.[23]

이면	표면		이면	표면		이면	표면		이면	표면	
先	泰	1	濟	丙	10	爲	支	19		後	28
世	△	2	王	午	11	倭	刀	20		王	29
以	四	3	世	正	12	王	△	21		△	30
來	年	4	子	陽	13	旨	辟	22		△	31
未	△	5	奇	造	14	造	百	23		△	32
有	月	6	生	百	15	△	兵	24		△	33
此	十	7	聖	練	16	△	宜	25		作	34
刀	六	8	音	鍒	17	△	復	26			
百	日	9	故	七	18	世	供	27			

그런데 『三國遺事』, 靺鞨·渤海條에 「開元七年己未 祚榮死 諡爲高王 世子襲立」이란 예가 있어서 栗原朋信의 논리도 재고의 여지가 있는 듯하다.

20) 村上正雄, 1979,「「七支刀」銘字一考－榧本論文批判を中心として－」『朝鮮歷史論集』上.

21) 현재 일본학계의 대부분 연구자들은 七支刀의 해석에 항상 관념상으로는 東晋을 염두에 두고 있다.

22) 山尾幸久, 1983, 『日本古代王權形成史論』, pp.257~283.
그러나 지금까지 東晋시대는 물론 전시기의 중국에서 七支刀가 발견된 예가 없어서 따르기 어렵다.

23) 본 명문의 판독 제시는 지금까지 발표된 선학들의 논문과 石上神宮, 1986, 『石上神宮の社寶』에 실린 글자 사진과 奈良國立博物館, 1989, 『發掘された古代の在銘遺寶』, pp.36~37의 사진 등을 참고하였다.

Ⅲ. 인명의 분석

七支刀 명문에 있어서 인명으로 주목되어 온 부분은 이면의 「百濟王世子寄生聖音故爲倭王旨」이다. 이에 대해서는 여러 가지의 견해가 발표된 바 있다.[24] 예를 들면 寄生을 百濟王世子의 인명으로 보아 貴須(近仇首)와 연결시키고, 旨를 倭王의 인명으로 보아 倭의 五王 가운데 하나인 賛과 연결시키고 있다.[25] 이 경우에도 「聖音」과 「故爲」 부분의 해석에 어색한 점이 있다. 가령 旨자를 誉자로 보기 위해 고전에서 그 유례가 거의 없으므로 현대 중국의 白話文 예까지 들고 있다.[26] 七支刀 명문에 있어서 이 부분이 과연 인명인지 여부를 가리기 위해서는 백제 금석문에 나오는 인명표기와 비교가 불가피할 것 같다. 우선 백제 금석문가운데 砂宅智積碑부터 검토해 보자. 설명의 편의를 위해 비의 전문을제시하면 다음과 같다.

①	甲	寅	年	正	月	九	日	奈	祇	城	砂	宅	智	積
②	慷	身	日	之	易	往	慨	體	月	之	難	還	穿	金
③	以	建	珍	堂	鑿	玉	以	立	寶	塔	巍	巍	慈	容
④	吐	神	光	以	送	雲	峩	峩	悲	懇	含	聖	明	以

위의 명문과 『日本書紀』, 皇極紀六年(642, 의자왕 2년) 秋七月條의 「乙亥饗百濟使人大佐平智積等朝」란 구절을 비교하여 「砂宅智積」과 「智積」은 동일인이고, 사택지적비의 甲寅年을 백제 의자왕 14년(654)으로 비정하였다.[27] 의자왕 2년(642)에 大佐平으로 倭國에 사신을 갔던 砂宅智積

---

24) 이에 대한 체계적인 정리는 神保公子, 1973, 「앞의 논문」을 참조.
25) 三品彰英, 1961, 「石上神宮七支刀」『日本書紀朝鮮關係記事考證』上, p.194.
26) 宮崎市定, 1983, 『앞의 책』, pp.110~112.
27) 洪思俊, 1954, 「百濟 砂宅智積碑에 對하여」『歷史學報』6.
　　藤沢一夫, 1972, 「百濟砂宅智積建堂塔記碑考－貴族道寺事情徵證史料－」『アツ

은 그 뒤에 관직에서 물러나 의자왕 14년(654)에는 奈祇城에 은거한 것으로 추정하였다. 奈祇城은 忠南 扶餘에서 서쪽으로 30리쯤 떨어진 恩山面 內地里로 추정되고 있다.[28] 奈祇城은 百濟의 部名이 아니고 城名이다. 이 시기의 신라·고구려 금석문의 인명 표기에 근거하면, 砂宅智積의 앞에 奈祇城이라는 城名이 와서 砂宅智積은 지방민일 가능성이 크게 된다. 砂宅智積이 지방민이라면 그가 大佐平에 까지 승급되었다고는 도저히 생각조차 할 수 없다.

砂宅智積이 비록 관직에서 물러났다고 하더라도 720년 만들어진 甘山寺 阿彌陀如來造像記의 「…重阿湌金志全…任執事侍郎 年六十七 懸車致仕…亡考仁章一吉湌…」에 근거하면 적어도 大佐平이란 관등명은 기록되어야 할 것이다. 砂宅智積의 경우에는 관등명과 관직명이 없이 다만 部名이 아닌 奈祇城이란 城名만 나오고 있다. 고구려·신라의 이 시기 금석문의 예에 근거하면 최소한 「大佐平砂宅智積」으로는 기록되어야 할 것이다. 관등명 조차도 없이 奈祇城砂宅智積으로 인명이 표기된 이유는 무엇일까? 『日本書紀』에 근거하여 (砂宅)智積 등이 641년 11월에서 642년 1월까지에 걸쳐서 내란을 일으키다가 실패한 것으로 추정한 견해가 있다.[29] 이에 따르면 砂宅智積은 642년 이후 관직을 빼앗기고 奈祇城에 귀양을 가서 인명을 적었기에 「大佐平」이란 관등명이 적히지 못한 것으로 추정된다.

다음은 昌寧 校洞 11號墳 출토의 大刀에 기록된 명문에 대해 조사해 보자. 아직까지 학계에 정식으로 보고되지 않아서 상세한 것은 알 수가

ア文化』8-3.
28) 洪思俊, 1954, 「앞의 논문」, p.256.
扶餘郡誌編纂委員會, 1987, 『扶餘郡誌』, p.935.
盧重國, 1988, 『百濟政治史研究』, p.186.
29) 浜田耕策, 1984, 「大化改新と朝鮮三國」『歷史讀本』29-17, pp.86~87.
그러나 盧重國, 1988, 『앞의 책』, p.186, p.209, p.211에서는 종래와 같이 砂宅智積이 奈祇城으로 은퇴한 것으로 이해하고 있다. 砂宅智積이 奈祇城으로 은퇴하였더라도 그의 인명 표기에는 部名과 관등명이 와야 하기 때문에 砂宅智積의 奈祇城 은퇴설은 따를 수가 없다.

없으나 다음과 같은 전문이 알려져 있다.[30]

乙亥年△扞率△

「扞率」은 백제 관등명 가운데 하나(백제의 16관등 가운데 5등급)이다. 이 명문 자체는 백제 인명 표기일 가능성이 크게 된다. 국립전주박물관·국립중앙박물관에 보관된 X선 필름에서는 乙亥年이란 판독은 확인이 불가능하였다. 이 자료에 관한 정식 보고가 하루 빨리 이루어지기를 바랄 뿐이다.

그 다음으로 백제시대에 만들어진 금석문은 아니나, 백제 인명 표기에 있어서 중요한 것으로 673년(신라 문무왕 13)에 만들어진 癸酉銘阿彌陀三尊四面石像을 들 수 있다. 우선 인명 관계의 부분부터 적기하면 다음과 같다.[31]

△△癸酉年月日十△ △

爲國王大臣
及七世父母含靈發願敬造寺知識名記
達率身次願
眞武吞

上次乃末

---

30) 田中俊明, 1987, 「象嵌銘刀劍」『アサヒグラフ』3369, p.168. 이에 대한 상세한 것은 金昌鎬, 1989, 「伽倻 지역에서 발견된 金石文 자료」『鄕土史硏究』1 참조.
31) 명문의 판독에는 아래의 자료를 주로 참조하였다.
郭東錫, 1984,『新羅佛碑像의 硏究』, 精神文化硏究院大學院碩士學位請求論文. 이 자료의 ?자는 正倉院 공납문서(日本의 佐波理加盤付屬文書)에도 나오고 있다(鈴木靖民, 1985,『古代對外關係史の硏究』, p.334). 이 공납문서의 연대를 鈴木靖民은 8세기 중엽으로 보고 있으나 필자는 7세기 후반으로 보고 있다. 그러나 이 문서의 판독 자체에 문제점이 많은 것 같아 사진을 구득하는 대로 다시 검토하고 싶다.

三久知乃末

위의 자료 가운데 인명에 대해 분석해 보자. 「眞武奓」에서 眞武는 인명이고, 奓(大舍)는 관등명이다. 「上次乃末」에서 上次는 인명이고, 乃末은 관등명이다. 「三久知乃末」에서 三久知는 인명이고, 乃末은 관등명이다. 그런데 「達率身次」의 경우는 관등명이 인명의 앞에 오고 있다. 達率은 백제의 관등명이고, 身次는 인명이다.[32] 이 자료를 통해 볼 때 백제 금석문의 인명 표기에 있어서 관등명이 인명의 앞에 오는 것을 알 수 있다. 곧 관등명+인명의 순서로 기재되는 백제 금석문의 인명 표기는 인명+관등명의 순서로 기재되는 신라 금석문의 인명 표기와는 다르고, 고구려 금석문에서와 꼭 같음을 알 수가 있다.

위의 백제 금석문에서 추출해 낸 결과를 七支刀 명문의 인명 분석에 적용해 보기로 하자.

七支刀 명문에 있어서 인명과 관련되어 온 부분은 「百濟王世子寄生聖音故爲倭王旨」란 구절이다. 앞의 「百濟王世子」를 百濟王과 世子로 나누기도 한다.[33] 그냥 「百濟王世子寄生聖音」까지를 끊어서 百濟王世子가 관등명류, 寄生을 인명, 聖音을 인명에 붙는 존칭어로 보기도 한다.[34] 聖音을 불교[35] 또는 도교와 관련시키는 견해도[36] 있으며, 聖音을 聖晋으로 읽어 「寄生聖音」을 '聖晋(東晋)에 生을 寄하여'라고 해석한 견해도 있다.[37] 뒤의 「倭王旨」의 경우는 旨를 『宋書』·『南齊書』에 나오는 倭의 五王 가운데 하나인 替와 연결시킨 견해도 있다.[38] 倭의 五王에 대해 六王說을 새로 만들어 『宋書』 등에 나오지 않는 倭王에 비정한 견해도

32) 郭東錫, 1984, 『앞의 책』, p.81.
33) 神保公子, 1973, 「앞의 논문」, p.53 참조.
34) 三品彰英, 1961, 「앞의 논문」, p.194.
35) 村上正雄, 1979, 「앞의 논문」
   金貞培, 1980, 「七支刀 硏究의 새로운 方向」 『東洋學』10.
36) 山尾幸久, 1983, 『앞의 책』, p.273.
37) 栗原朋信, 1966, 「앞의 논문」, p.22.
38) 西田長男, 1957, 「石上神宮の七支刀の銘文」 『日本古典の史的硏究』, pp.22~36.

있다.39) 百濟 獻上說에 맞추기 위해 인명으로 보지 않고, 倭王旨를 倭王의 上旨로 해석한 견해도 있다.40)

「百濟王世子寄生聖音故爲倭王旨」에 대해서 검토해 보자. 백제의 인명 표기는 관등명이 인명의 앞에 온다. 우선 인명으로 볼 수 있는 부분이 「倭王旨」이다. 倭王旨에서 倭王은 관등명류, 旨는 인명이다. 倭王旨와 구조적으로 대응될 수 있는 것으로 「百濟王世子奇」가 있다. 百濟王世子奇를 百濟王과 世子로 나누어서 분석한 견해도 있다.41) 이에 대해서는 『晋書』, 孝武帝紀 太元 11年(386)조의 「百濟王世子余暉」를 근거로 한 반론이 있다.42) 곧 百濟王世子余暉에서 百濟王과 世子余暉로 나눌 수가 없고, 百濟王의 世子인 余暉로 보아야 된다는 것이다. 蔚州 川前里書石 追銘(539년)의 「其王妃只沒尸兮妃」를 「其王」과 「妃只沒尸兮妃」로 나눌 수가 없고,43) 其王妃인 只沒尸兮妃인 점에서 보면44) 위의 반론이 타당하다고 생각된다. 百濟王世子奇는 百濟王의 世子인 奇로 이해된다.

다음의 문제는 百濟王世子의 인명이 奇자만인가 아니면 寄生까지 또는 그 이하까지인가 하는 점이다. 百濟王世子寄生・百濟王世子寄生聖・百濟王世子寄生聖音의 어느 쪽으로 보아도 故자의 처리에 문제가 생긴다. 「百濟王世子寄生聖音故爲倭王旨」에서 聖音을 당시의 불교적인 용어로 본 견해가 있다.45) 聖音은 불교 또는 불교와 관련이 있는 말로, 佛陀

39) 栗原朋信, 1966, 「앞의 논문」, p.23.
40) 神保公子, 1973, 「앞의 논문」, p.51 참조.
41) 神保公子, 1973, 「앞의 논문」, p.51 참조.
42) 鈴木靖民, 1983, 「石上神宮七支刀銘についての一試論」『坂本太郎頌壽記念日本史學論集』上 p.203.
43) 가령 田中俊明, 1985, 「新羅の金石文－蔚州川前里書石・己未年追銘(二)－」『韓國文化』7-1, p.34에서는 '모즉知太王妃夫乞支妃'를 무즉知太王妃인 夫乞支妃가 아니고, 무즉知太王과 妃인 夫乞支妃라고 주장하고 있다. 이러한 분석을 적용하면 其王과 妃인 只沒尸兮妃가 된다.
44) 金昌鎬, 1988, 「新羅 中古 金石文에 보이는 部名」『歷史教育』43, pp.77~80.
최근에 들어와 川前里書石과 鳳坪碑에 나오는 沙喙部徙夫智葛文王을 문헌의 立宗葛文王과 동일인으로 보는 견해들이 다시 나오고 있으나 이에 대해서는 따로 구체적으로 검토할 기회를 갖고자 한다.

의 소리·釋迦의 가르침·釋迦의 恩澤 또는 加護일 가능성이 클 것이다. 그러면 生聖音을 '聖音이 생기어'라고 해석할 수가 있다. 「百濟王世子奇生聖音故爲倭王旨造」는 '百濟王世子奇가 聖音(釋迦의 加護 또는 神威)이 생기어 倭王旨를 위해 만들었다'로 해석이 가능하다.

이렇게 인명을 분석하고 나면 남은 문제는 百濟王世子奇와 倭王旨가 누구인지이다. 먼저 百濟王世子奇에 대해 검토해 보자. 백제의 전 시기에 걸쳐서 왕명이나 왕자명에 奇자와 유사한 예를 찾아보자.[46] 쉽게 눈에 띄는 것이 昆支王子이다. 昆支가 누구의 왕자였는지는 정확히 알 수가 없다.[47] 昆支의 支자는 「百濟王世子奇」의 奇자와 통한다. 여기에서 문제가 되는 것은 금석문에서 인명 가운데 뒷글자만 따로 떼어서 지칭한 예가 있는지 여부이다. 중원고구려비에서 신라 訥知(王)를 (新羅)寐錦忌라고 지칭한 예가 있고,[48] 문헌에서는 사람의 이름을 부를 때 뒷글자만 떼어서 지칭하는 경우도 많이 보인다.[49] 그러므로 昆支는 百濟王世子일 가능성이 높다. 昆支王子의 계보에 대해서는 문헌에 文周王子說, 蓋鹵王說, 毗有王子說 등이 있다.[50] 이 가운데 昆支를 毗有王子로 보는 견해[51]가 우세한 듯하다.

다음 倭王旨의 경우는 쉽게 『宋書』, 倭人傳에 나오는 이른바 倭의 五王과 비교할 때 齊가 그 대상이 된다. 旨자와 齊자의 고대 한자음은 거의 같다.[52] 따라서 倭王旨=齊가 되고, 七支刀의 제작 연대도 450년 전

---

45) 村上正雄, 1979, 「앞의 논문」, pp.135~158.
46) 백제의 王名에 대해서는 都守熙, 1986, 「百濟의 言語資料」『百濟研究』17, p.150을 참조하였다.
47) 山尾幸久, 1983, 『앞의 책』, pp.194~195.
48) 金昌鎬, 1987, 「中原高句麗碑의 재검토」『韓國學報』47, pp.140~141.
49) 金昌鎬, 1987, 「古新羅 積石木槨墳의 400年 上限說에 대한 의문」『嶺南考古學』4, p.8.
50) 山尾幸久, 1983, 『앞의 책』, pp.194~195.
51) 古川政司, 1977, 「百濟王統譜의一考察」『日本史論叢』7, p.59.
　李道學, 1984, 「漢城末 熊津時代 百濟王系의 檢討」『韓國史研究』45, p.18.
52) B. Kargren, 1966, Analylic Dictionary of Chinese and Sino-Japanese, p.302 및 p.345.

후로 볼 수 있다.

Ⅳ. 명문의 해석

七支刀 명문 가운데 중요한 구절의 해석에 대해서는 연구자에 따라 많은 의견의 차이가 있다. 여기에서는 구절을 나누어서 명문의 해석을 시도해 보기로 하겠다.

· 泰△四年△月十六日丙午正陽

이 구절에 대해서는 뒤의 七支刀 제작 연대 부분에서 상론하기로 한다.

· 造百練鋳七支刀

「百練」이란 말은 중국·일본의 거울명에 「百涑……」이라고 자주 나오고,[53] 日本의 東大寺山古墳出土 中平紀年大刀銘에 「百練」의 예가 있고, 日本의 江田船山古墳大刀銘에 「八十練」의 예가 있다. 「百練」을 흔히 鍛造와 관련되는 것으로 이해하여 왔다. 그런데 실제로 七支刀의 模造品을 만들 때, 七支刀의 본체와 날이 있는 가지 사이가 너무 좁아서 鍛造가 불가능하였다고 한다. 七支刀를 鑄造로 만든 것이 아닌가 하는 새로운 견해도 있다.[54] 「百練」이란 말은 七支刀의 수식어로 「造百練七

---

53) 宮崎市定, 1983, 『앞의 책』, p.86 참조.
54) 宮崎市定, 1983, 『앞의 책』, p.86 참조. 그러나 七支刀는 鍛造가 타당할 듯하다. 왜냐하면 鍛造鐵은 층을 지어서 녹이 일어나지만, 鑄造鐵은 군데군데 불규칙하게 녹이 일어난다. 七支刀 가지의 몸체 연결 부분을 보면 鍛造가 타당할 듯하다(이 점에 대해서는 1989년 11월 5일에 大阪古市古墳 견학 시 野上丈助의 敎示를 받았다).

支刀」를 해석하면, '百練의 銕七支刀를 만들었다'가 된다.

· △辟百兵

여기의 兵자는 兵隊의 兵자가 아니고, 兵器의 兵자라고 한다.[55]「辟
兵」의 용례는 鈴范銘·帶鉤銘 등에 보인다.[56] 百兵이란 五月에 두꺼비
를 죽여서 그 즙을 武器에 바르고 戰場에 나가면 兵害를 입지 않는다는
중국의 풍습에서 유래한다는 견해가 있다.[57]「△辟百兵」은 '百兵을 辟
하여……' 정도로 해석될 것이다.

· 宜復供侯王

종래에는 復供의 復자를 供자로 읽어서 供供을 동사로 보아 왔다. 신
라 奉德寺鍾銘에 나오는「恭恭孝嗣」의 恭恭과 供供을 동일한 뜻으로 보
아서 형용사로 해석한 견해도 있다.[58] 그런데 供供에서 앞의 供자는 復
자일 가능성이 크다.[59] 또 이 시기의 금석문에서 동일한 글자가 중복될
때에는「ᄼ」의 표기를 한 점에서 보면 復자의 판독이 타당하다고 판단
된다.

뒤의「後王」부분은 百濟下賜說의 가장 큰 근거가 되어 왔다. 곧 後
王을 王侯 제도의 신분적 질서 표현으로 당시 백제 임금의 신하가 倭王
이라는 것이다. 이에 대해서 鏡銘·洗銘·博銘 등의 수많은 예에 근거
해 吉祥句라는 견해가 있다.[60] 德興里 고분의 묵서명에 나오는 後王에

55) 宮崎市定, 1983,『앞의 책』, p.88.
56) 波邊公子, 1981,「七支刀銘文の解釋をめぐって」『東アジア世界における日本古
代史講座』3, p.161.
57) 佐伯有淸, 1977,『七支刀と廣開土王碑』, pp.20~21.
58) 佐伯有淸, 1977,『앞의 책』, pp.22~26.
59) 村上正雄, 1979,「「七支刀」銘字調査の一端」『三上次男頌壽記念東洋史·考古學
論集』, pp.369~370.
60) 神保公子, 1975,「七支刀の解釋をめぐて」『史學雜誌』84-11, pp.44~50.

근거해 吉相句說을 보충하기도 한다.[61] 위의 鏡銘·洗銘·博銘 등의 예나 德興里 묵서명에서는 後王 앞뒤의 구절들이 모두 吉相句이다. 그런데 七支刀 명문에서는 後王의 앞에 나오는 七支刀와 뒤에 나오는 此刀의 此자가 七支刀를 가리키므로 서로 연결되고 있어서[62] 위의 비판 자체에도 문제가 있는 듯하다.

이 後王 문제를 삼국의 인명 표기 측면에서 살펴보기로 하자. 後王이 백제 王侯 제도를 뜻하기 위해서는 後王 다음에 이름인 旨자가 나와야 된다. 七支刀 명문 자체에서는 이 부분이 旨자인지 여부를 글자의 상태가 나빠서 따질 수가 없다. 만약에 後王旨라고 추독된다면 後王旨=倭王旨가 되어 後王이 王侯 제도 하의 신분 표시인 것은 분명하다. 後王 다음에 旨자가 없어도 後王이 王侯 제도와 관련될 가능성도 있다. 가령 중원 고구려비의 경우 「寐錦忌」란 인명 표기가 나오기 이전에 「新羅寐錦」이라고만 적힌 예가 있기 때문이다. 그러면 한 자료에서 後王과 倭王으로 각각 달리 부를 수가 있을까 하는 의문이 생길 수가 있다. 이것도 중원고구려비에 동일인이 「太子共」·「古鄒加共」으로 각각 달리 표현된 예가 있다.[63] 後王이 백제의 王侯 제도와 관련될 가능성도 조금은 있다고 판단된다. 이 「宜復供後王」 부분을 해석하면 '또 공손한 後王(△)에게 좋다' 정도가 될 것이다.

- (△)△△△作

이 부분은 대개 七支刀의 제작자 이름 또는 제작지로 보아 왔다.[64] 한국이나 일본의 고대 刀劍에 제작지를 표시한 예가 없어서 제작자의

---

61) 鈴木靖民, 1983, 「앞의 논문」, pp.201~202.
62) 村上正雄, 1979, 「앞의 논문」, p.147.
　　金貞培, 1980, 「앞의 논문」, p.101.
63) 金英夏·韓相俊, 1983, 「中原 高句麗碑의 建碑 年代」『敎育硏究誌』25, pp.40~42.
64) 波邊公子, 1981, 「앞의 논문」, p.163.

인명으로 본 견해는 당시의 인명 표기에 근거할 때 문제가 있는 듯하다.[65] 맨 앞의 (△) 부분은 後王의 인명인 旨자일 가능성도 있다. 「△△△△」 부분에 부명+관등명+인명이 들어갈 수가 없어서 이 부분을 인명으로 보기가 힘들다.

· 先世以來未有此刀

이 부분은 판독이나 해석에 별다른 문제가 없는 부분이다. 「先世以來未有此刀」는 '先世以來로 이와 같은 칼은 없었다'로 해석된다.

· 百濟王世子奇生聖音故爲倭王旨造

이 부분은 앞에서 설명한 바와 같이 '百濟王世子奇가 聖音이 생기어 倭王旨를 위해 만들었다'로 해석된다.

· △△△世

이 부분은 판독이 불가능하여 구체적인 해석은 곤란하다.[66]

V. 제작 연대

지금까지 七支刀의 제작 연대에 대한 많은 견해가 나왔다(<표 1> 참조). 268년, 369년, 372년, 408년, 468년, 480년 등의 여러 견해 가운데 일본학계에서는 중국 연호설을 주장하고, 한국학계에서는 백제 연호설

---

65) 삼국 시대의 확실한 제작자의 인명 표기의 예가 없으나 신라 화엄사경이나 奉德寺鍾銘의 예에서 보면 직명+부명+인명+관등명이었을 것으로 추측된다.
66) 여기에 대해서는 여러 가지의 추독으로 해석이 시도되고 있다(波邊公子, 1981, 「앞의 논문」, pp.167~169 참조).

을 주장하고 있다. 중국 연호설의 대표적인 견해인 369년설은 七支刀 명문 자체의 분석이라기보다는 『日本書紀』에 근거한 선입견이 작용된 듯하다. 이에 비해 백제 연호설은 백제 자체에서 사용한 확실한 연호가 발견된 예가 없다는 약점이 있다.

여기에서는 일본학계의 七支刀 제작 연대의 설정에 근간을 이루어 왔던 「泰△四年△月十六日丙午」 부분을 중심으로 검토해 보기로 하자.

〈표 1〉 七支刀 제작연대에 대한 여러 견해

判 讀	年代比定	主 張 者
泰始四年	西晋 268	菅政友, 高橋建自
泰初四年	西晋 268	喜田貞吉, 大場磐雄
泰和四年	東晋 369	神山敏男, 榧本杜人, 西田長男, 三品彰英, 栗原朋信, 山尾幸久, 鈴木靖民
泰△四年	百濟 372	李丙燾, 朴鍾大
泰和四年	百濟 408	孫永鍾
泰始四年	宋 468	宮崎市定
泰和四年	北魏 480	李進熙
泰初四年	百濟5세기	金錫亨

이 구절에 대해 『三正綜覽』·『二十史朔閏表』를 이용하여 찾는 방법에 대한 비판이 있었다.[67] 이러한 견해에 따르면, 「丙午」란 日干支와 관계없이 그냥 상투적으로 붙는 구절이라고 주장하고, 「丙午」란 구절이 많이 나오는 『源三韓六朝紀年鏡圖說』[68]을 그 직접적인 증거로 삼고 있다. 이 책에는 漢·魏·吳·六朝의 紀年鏡 133예 가량이 소개되어 있다. 곧 漢의 기년경 39예, 魏의 기년경 8예, 吳의 기년경 62예, 六朝의 기년경 24예이다. 이들 가운데 丙午가 적혀 있는 기년경은 총 20예로, 漢鏡 13예, 吳鏡 6예, 六朝鏡 1예이다. 우선 133예 가운데 20예는 15%에 해당된다. 전체 거울 133예 가운데 漢鏡 13예는 9.8%, 吳鏡 6예는 4.5%, 六朝鏡 1예는 0.8%에 해당되어서 위의 견해는 방법론 자체에 문제가 있는

---

67) 神山敏男, 1968, 「앞의 논문」, pp.522~524.
68) 梅原末治, 1942, 『源三韓六朝紀年鏡圖說』

듯하다. 일본학계에서는 이들 20예를 전부 소개하지 않고 부분적인 조작을 포함하여 유리한 몇 예만을 그 증거로 삼고 있다. 다소의 번거로움이 있겠으나 20예를 전부 검토하기 위해 관계 자료를 제시하면 <표 2>와 같다.

〈표 2〉『漢三國六朝紀年鏡圖說』에 보이는 日干支 丙午의 예

鏡 銘 文	時 代	日干支의 일치 여부		인용 여부
1. 元興元年五月丙午日	漢	105年	×	○
2. △加(永嘉)元年五月丙午	〃	145年 5月 16日	○	×
3. 永嘉二年 正月 丙午	〃	156年 1月 18日	○	×
4. 延喜二年 五月 丙午日	〃	159年 5月 7日	○	×
5. 延熹七年 五月 十五日 丙△	〃	164年 5月 15日 丙午	○	○
6. 延熹九年 正月 丙午日	〃	166年 1月 16日	○	×
7. 永康元年 正月 丙午日	〃	167年 1月 22日	○	×
8. 永康元年 正月 丙午日	〃	167年 1月 22日	○	×
9. 建寧二年 正月 卄七丙午	〃	169年 1月 27日		○
10. 熹平二年 丙午	〃	173年	×	○
11. 熹平三年 正月 丙午	〃	174年	×	○
12. 中平六年 正月 丙午日	〃	189年 1月 29日		×
13. 建安卄四年 正月 丁巳朔卅日丙午	〃	219年 5月 丁巳朔卅日丙戌	○	○
14. 黃武元年 五月 丙五 △△日	吳	222年		○
15. 黃武七年 七月 丙午 朔七日 甲子	〃	228年 7月 戊午 朔七日 甲子	○	○
16. △(赤)烏七年 在△△丙午	〃	244年		×
17. 建興二年歲在……五月丙午時加日中	〃	253年	×	○
18. △(太)平元年歲在太陽五月丙午	〃	256年	×	○
19. 寶鼎三年歲次太陽五月丙午時加日中	〃	268年	×	○
20. △(太)和元年五月丙午時茄日中	六朝(?)	366年(?)	×	×

위의 <표 2>에서 보면, 日干支가 『三正綜覽』 등과 일치되지 않는 경우는 9예가 있다. 그 가운데에서 延熹七年五月五日丙△의 △부분은 『卄卄史朔閏表』에 근거하면 戌자가 틀림없지만 午자를 넣어서 自說을 유리하게 이끌고 있다.[69] 建寧年二五月卄七丙午의 경우는 『魏書』, 天象志의 예에 근거할 때, 曆을 잘못 보아서 1년의 잎의 朔을 본 것이다.[70] 곧

建寧二年의 正月朔은 甲辰이나 建寧一年의 正月朔인 庚辰을 보고서 계산하여 27日의 日干支를 丙午로 보았다. 熹平二年丙午의 경우는 『漢三國六朝紀年鏡圖說』에 正月이 없는 데에도 불구하고 熹平二年五月丙午로 바꾸었다.[71] 建安卄四年五月丁巳朔卄日丙午의 丙午는 丙戌의 잘못이다. 黃武七年七月丙午朔七日甲子의 丙午朔은 戊午朔의 잘못이다. 이 자료는 금석문의 글자가 잘못 기록될 수 있다는 한 증거가 될 것이다. 永興二年五月丙午는 『漢三國六朝紀年鏡圖說』에는 나오지 않고 있다. 天紀四季正月卄五日丙午는 『漢三國六朝紀年鏡圖說』에 天紀四季正月卄五日中午로 되어 있다. 또 인용에 있어서도 20예 가운데 11예만 사용하고 있다.

위의 검토에서 보면 七支刀의 제작 연대와 가까운 시기에 있어서 丙午란 日干支가 실제의 역과 불일치하는 예는 △(太)和元年五月丙午時茄月中밖에 없으나, 이 거울의 연대가 東晋의 것인지 여부는 보고자 자신도 의문을 갖고 있다.[72] 六朝시대의 거울 기년명에서 丙午日이란 日干支가 실제 역법상의 日干支와 불일치하는 것은 『漢三國六朝紀年鏡圖說』에는 단 1예도 없다. 백제 七支刀의 제작 연대가 중국 六朝 시대 이전으로는 소급 될 수 없으므로 『三正綜覽』·『二十史朔閏表』 등을 사용하여 日干支로 찾는 방법에 대한 부정론은 성립될 수가 없다. 이 시기의 중국·한국·일본 금석문에 있어서 丙午란 日干支가 실제의 역과 차이가 나는 예는 거의 없기 때문이다.

그러면 『三正綜覽』·『卄十史朔閏表』에 근거한 「泰△四年△月十六日丙午」를 찾아보기로 하자. 七支刀에 글자를 상감할 수 있는 것은 고고학상으로 근초고왕 이전은 어려운 듯하다. 또 600년 이후인 7세기에 七支刀를 만들었다는 기왕의 견해는 없다. 日干支가 丙午인 正月十六日·五月十六日·六月十六日의 연대를 찾아서 제시하면 다음의 <표 3>과

69) 福山敏男, 1968, 「앞의 논문」, p.523.
70) 이에 대해서는 金英夏·韓相俊, 1983, 「앞의 논문」, pp.36~38 참조.
71) 福山敏男, 1968, 「앞의 논문」, p.523.
72) 梅原末治, 1942, 『앞의 책』, p.118.

같다.

아래의 <표 3>에서 七支刀에 적힌 연호가 泰△四年이므로 백제왕 가운데 즉위한지 4년 미만인 해가 되는 393년, 455년, 476년은 일단 제외된다.

〈표 3〉

正月十六日丙午	352 (近肖古王 7)	383 (近仇首王 9)	445 (毗有王 19)	476 (文周王 2)	569 (威德王 16)
五月十六日丙午	362 (近仇首王 17)	455 (蓋鹵王 1)	486 (東成王 8)	548 (聖王 26)	579 (威德王 26)
六月十六日丙午	367 (近仇首王 22)	393 (阿莘王 2)	460 (蓋鹵王 6)	517 (武寧王 17)	584 (威德王 31)

위의 <표 3>과 百濟王世子奇=昆支인 점과 倭王旨=齊인 점을 비교해서 七支刀의 제작 연대를 검토해 보자. 昆支가 毗有王子일 때에는[73] 비유왕의 재위 기간이 427~455년이다. 昆支가 蓋鹵王子일 경우에는[74] 개로왕의 재위 기간이 455~475년이다. 昆支가 文周王子일 때에는[75] 문주왕의 재위 기간은 475~477년이다. 또 倭王 齊의 재위 기간을 443~459년(?)으로 보는 설과 438~460년(?)으로 보는 설이 있다.[76] 昆支의 왕자 시절과 倭王齊의 재위 시기를 비교할 때 일단 昆支의 문주왕자설은 성립될 수가 없다.

昆支의 王子 시절과 倭王 齊의 재위 시기를 <표 3>과 비교할 때 그 대상이 될 수 있는 것은 445년과 460년밖에 없다. 445년일 때에 昆支는 毗有王子일 가능성이 있고, 460년일 경우에는 昆支는 蓋鹵王子일 가능성이 크다. 七支刀의 제작 연대는 445년 또는 460년으로 좁혀질 수가 있다. 두 연대 가운데 어느 쪽이 타당한지에 대한 단정은[77] 당시 백제

---

73) 『新撰姓氏錄』, 河內諸蕃 飛鳥戶造條.
74) 『日本書紀』, 雄略五年條.
75) 『三國史記』, 百濟本紀, 文周王 3年條.
76) 藤間生大, 1968, 『倭の五王』, pp.201~202.
77) 지금까지 백제 왕계보에 대한 연구(古川政司, 1977, '앞의 논문」 및 李道學, 1984,

사와 일본사에 대한 식견 부족으로 유보하는 바이다.

Ⅵ. 맺음말

지금까지 간단히 七支刀 명문에 대해 검토하였다. 七支刀 명문의 연대에 대해 일본학계에서는 중국과 일본의 자료만 집중적으로 검토하여 369년 제작설을 주장해왔다. 369년설은 곧 任那日本府의 설치 연대와 직결되므로 任那日本府를 역사적 사실로 증명하는 강력한 근거로 삼아왔다. 그러나 七支刀 연대의 설정에는 선택적인 자료 인용과 부분적인 자료 조작 등이 있어서 전혀 신빙성이 없었다.

七支刀 명문에 나오는 百濟王世子奇와 倭王旨는 각각 百濟王子 昆支와 倭王 齊에 비정된다. 이를 근거로 할 때, 七支刀의 제작 연대는 445년 또는 460년일 가능성이 있다. 또 七支刀 명문 자체에 근거할 때, 百濟 獻上說, 東晋 下賜說은 전혀 성립될 수가 없고, 百濟의 王子인 昆支가 불교적인 마음으로 倭王旨(齊)에게 下賜한 것으로 오히려 百濟下賜說이 타당할듯하다.[78]

「앞의 논문」)에 따르면 昆支는 毗有王子라 한다. 이에 따르면 445년설이 타당할 것이나. 앞의 두 견해 사이에도 왕계보상의 차이가 있어서 확정은 불가능하다.

그런데 山尾幸久, 1977, 『日本國家の形成』, p.14에서는 「四五五年に卽位した百濟の蓋鹵大王, 大, 四六一年に弟の昆支を倭王のもとに派遣してきた」라고 해서 『日本書紀』를 신봉하고 있으나 七支刀 명문의 결과 이러한 해석은 따르기 어렵다.

78) 武田幸男, 1986, 「廣開土王碑の百濟と倭」, 『百濟研究』17, p.184에서는 七支刀銘을 東晋 年號라 단정하고 그 작성자를 樂浪・帶方郡의 멸망 후 百濟領內에 잔존・유입한 東晋系中國人으로 보고 있다. 이는 任那日本府說에 입각한 식민지적 잔재를 간직한 官學派의 견해이다.

앞으로 七支刀銘文의 정확한 판독과 해석을 위해서 日本學界에서는 東晋 云云해 가면서 369년설을 주장할 것이 아니라 자료의 공개와 X선 撮影 등이 선행되어야 할 것이다.

百濟와 高句麗·新羅 金石文의 比較
－人名 表記를 中心으로－

Ⅰ. 머리말

우리나라에서 언제부터 중국의 한자를 가져다가 우리의 말을 기록하기 시작했는지 그 정확한 시기를 알 수가 없다. 고구려·백제·신라가 정립되었던 삼국시대에는 중국의 한자를 도입해서 우리의 말들을 기록하였다. 한자의 도입 초기에 있어서 여러 가지 종류의 금석문이 남아 있지만 그 가운데에서 가장 많이 남아 있는 자료가 당시 사람들의 이름을 기록한 인명표기이다. 삼국시대의 금석문에 집중적으로 나오는 인명표기는 당시의 관등제, 외위제, 부제, 역역체제, 중앙제도, 지방제도 등의 연구에도 중요한 몫을 차지하고 있어서 최근에 들어와 이들에 대한 많은 연구 성과가 나오고 있다.1)

여기에서는 백제와 고구려·신라 금석문의 인명 표기를 중심으로 비교하기 위해 몇 가지 기초적인 작업을 시도해 보고자 한다. 먼저 고구려·백제·신라의 금석문에 나오는 인명 표기의 기재 방식을 살펴보겠다. 다음으로 백제와 신라 금석문 등의 비교로 백제 지방민의 인명 표기 문제를 검토하겠다. 그 다음으로 지금까지 고구려의 제작으로 보아 온 建興五年銘光背 문제를 고구려 금석문 자료 등과의 비교로 백제에서

---

1) 근자에 발견된 울주천전리 서석, 적성비, 봉평비, 냉수리비 등의 발견과 함께 인명표기에 관한 많은 연구 성과가 나오고 있나.

제작되었을 가능성도 있다는 의문을 제기해 보고자 한다.

Ⅱ. 삼국 금석문의 인명 표기

삼국 가운데 인명 표기의 예가 가장 많이 알려진 신라의 것부터 살펴보기로 하자. 신라 금석문의 인명 표기는 직명·출신지명·인명·관등명의 차례로 적힌다.[2] 이러한 인명 표기를 적는 순서에서 보면 크게 다음과 같이 3가지로 나누어진다.

첫째로, 남산신성비 제3비의 예와 같이 직명·출신지명·인명·관등명 순서로 적되, 출신지명과 직명이 동일하면 생략되는 경우이다. 출신지명이 한 비의 구성원 전부가 동일하기 때문에 인명 표기 앞에 출신지명인 喙部가 단 한번만 나오는 경우이다.[3] 직명도 동일하면 생략되고 있다.

〈표 1〉 南山新城碑 제3비의 인명 표기

職 名	部 名	人 名	官 等 名
部監等	喙 部	△ △	大舍
〃	〃	仇 生 次	大舍
文尺	〃	仇△	小舍
里作上人	〃	只冬	大舍
〃	〃	文知	小舍
文尺	〃	久匠	吉士
面石捉人	〃	△ △ △	△
〃	〃	△△者△	大烏
△石捉人	〃	俊 下 次	△
小 石 捉 上 人	〃	利△	小烏

---

2) 金昌鎬, 1983,「新羅 中古 金石文의 人名表記(Ⅰ)」『大邱史學』22.
　　金昌鎬, 1983,「新羅 中古 金石文의 人名表記(Ⅱ)」『歷史敎育論集』4.
3) 이 점에 대한 최초의 착안은 李文基, 1981,「金石文 資料를 통하여 본 新羅의 六部」『歷史敎育論集』2이다.

둘째로, 창녕비의 예처럼 인명 표기는 직명·출신지명·인명·관등명으로 기재되나 직명만이 동일한 경우에 한하여 생략된다.

〈표 2〉 昌寧碑의 인명 표기

職 名		部名	人名	官 等 名
四方軍主	比子伐軍主	沙喙	登 △ △ 智	沙 尺 干
	漢城軍主	喙	竹夫智	沙 尺 干
	碑利城軍主	喙	福登智	沙 尺 干
	甘文軍主	沙喙	心麥夫干	及 尺 干
上州行使大等		沙喙	宿欣智	及 尺 干
〃		喙	次叱智	奈末
下州行使大等		沙喙	春夫智	大 奈 末
〃		喙	就舜智	大舍
于抽悉直河西阿郡使大等		沙喙	比尸智	大 奈 末
〃		喙	湨兵夫智	奈末
旨爲人		喙	德文兄	奈末
比子伐停助人		喙	覓薩智	大 奈 末
書人		沙喙	導智	大舍

셋째로, 적성비의 예처럼 인명표기는 직명·출신지명·인명·관등명의 순서로 기재된다. 그 가운데에서 먼저 직명은 동일한 경우에 생략되고, 다음으로 출신지명은 동일한 직명 안에서만 생략되고 있다.[4]

〈표 3〉 赤城碑의 인명 표기

職 名	部名	人名	官 等 名
大衆等	喙部	伊史夫智	伊干[支]
〃	[沙喙部]	豆弥智	彼珎干支
〃	喙部	西夫叱智	大 阿 干[支]
〃	〃	(居杖)夫智	大 阿 干[支]
〃	〃	內禮夫智	大 阿 干支
高頭林[城在]△主等	喙部	比次夫智	阿干支
〃	沙喙部	武力智	[阿干支]
鄒文村幢主	沙喙部	導設智	及干支
勿思伐[城幢主]	喙部	助墨部智	及干支

---

4) 이 점에 대한 정확한 기재 방식의 미착안으로 말미암아 高頭林을 人名으로 보는 잘못을 저질렀다. 적성비에서 이러한 인명 표기를 알았다면 高頭林을 인명으로 보는 우는 범하지 않았을 것이다.

고구려 금석문의 인명 표기는 그 정확한 실체의 파악이 어려웠으나 근래에 발견된 중원고구려비에 의해 그 개요가 알려지게 되었다. 5세기 중엽에 건립된 것으로[5] 추정되는 중원고구려비의 인명 표기 부분을 제시하면 다음의 <표 4>와 같다.[6]

<표 4> 中原高句麗碑의 인명 표기

職 名	部 名	官等名	人名
新羅 土 內 幢 主	前 部 (〃) 下 部	(寐 錦) (太 子) 太使者 主薄 拔位使者 (古鄒 加)	忌 共 多于桓奴 △德 補奴 共
古 牟 婁 城 守 事	下 部	大 兄	耶△

위의 <표 4>에서 보면 신라 금석문의 인명 표기에서와 같이 인명이 집중적으로 나열되어 있지 않아서 그 규칙성을 찾기가 어렵다. <표 4>에 따르면 고구려 금석문의 인명 표기는 직명·부명·관등명·인명의 순서로 기재됨을 분명히 알 수가 있다. 전면에서 인명 표기가 계속해서 나열되어 있는 「寐錦忌」·「太子共」·「前部太使者多于桓奴」·「主薄△德」[7]의 경우에 있어 「寐錦忌」나 「太子共」의 경우에는 부명이 없어도 그들의 신분이 部를 초월한 존재로 이해하면 쉽게 납득이 되지만, 「主薄△德」의 경우는 그 설명이 어렵다. 「主薄△德」의 경우는 오히려 앞의 「前部太使者多于桓奴」와 함께 연이어 기록된 점에서 보면 오히려 출신 부명도 같은 것이 아닐까 추정된다. 이렇게 중원고구려비의 인명 표기들을 해석하고 나면, 그 인명 표기 자체는 신라 금석문의 인명 표기 방식 가운데 적성비식과 비슷함이 간파된다. 하지만 고구려와 신라의 금석문에 있어서 인명 표기에 관등명과 인명의 기재 순서에 차이가 있다. 고구려의 경우는 관등명이 인명의 앞에 적히나 신라의 경우는 인명이

---

5) 金昌鎬, 1987, 「中原高句麗碑의 재검토」『韓國學報』47, pp.146~147.
6) 金昌鎬, 1987, 「앞의 논문」, p.142에서 전제하였다.
7) 이 부분의 판독 문제에 대해서는 金昌鎬, 1987, 「앞의 논문」, p.140 참조.

관등명의 앞에 적히어서 그 순서가 서로 바뀌어 있다.

이제 백제 금석문의 인명 표기에 대해 검토할 차례가 되었다. 지금까지 백제 금석문에 있어서 백제 시대의 관등명이 포함된 인명 표기는 단한 예도 발견되지 않고 있다. 백제 당시에 만들어진 금석문은 아니지만 백제의 멸망 직후인 673년에 백제 유민들에 의해 만들어진 것으로 해석되는 癸酉銘阿彌陀三尊佛碑像의 명문에 백제인의 인명 표기가 나오고 있으므로 관계 자료를 제시부터 하면 <표 5>와 같다.[8]

〈표 5〉癸酉銘阿彌陀三尊佛碑像의 인명표기

비면의 표시		인 명	관등명	비 고
향 좌 측 면	1	△△	彌△次	及伐車(及干)?
	2	△△正	乃末	
	3	牟氏毛	△△	乃末로 복원
	4	身次	達率	백제 관등명
	5	日△	△	杳로 복원
	6	眞武	杳	
	7	木△	杳	
배 면	8	與次	乃末	
	9	三久知	乃末	
	10	豆兎	杳	
	11	△△	△	杳로 복원
	12	△△	△△	△師로 복원
	13	△△	杳	
	14	夫△	杳	
	15	上△	△	杳로 복원
	16	△△	△	〃
	17	△△	△師	
	18	△△	杳	
	19	△△	杳	
	20	△力	△	杳로 복원
	21	△久	杳	
	22	△惠	信師	
	23	△夫	乃末	
	24	林許	乃末	
	25	惠明	法師	
	26	△△	道師	
	27	晋△	△△	△師로 복원
향 우 측 면	28	△△	△	杳로 복원
	29	△△	杳	
	30	使三	杳	
	31	道作公		公이 관등명류인지도 모름
정 면	32	△氏	△△	인명인지 여부 불확실
	33	述況	△△	〃

---

8) 이 명문에 대한 상세한 것은 金昌鎬, 1991, 「癸酉銘阿彌陀三尊佛碑像의 銘文」『新羅文化』8 참조.

<표 5>에서 향좌측면의 1~3의 인명9)을 제외한 모든 사람들은 전부 백제계 유민들로 추정된다. <표 5>에 나오는 대부분의 사람들은 乃末・大舍 등의 신라 관등명을 갖고 있지만, 유독 「達率身次」만은 백제의 관등명을 갖고 있다. 그리고 인명 표기의 기재 방식도 인명+관등명의 신라식이 아니라 관등명+인명의 독특한 순서로 되어 있다. 이 자료에 따르면 백제 금석문의 인명 표기에서 관등명과 인명의 기재 순서는 고구려 금석문에서와 같이 관등명+인명으로 기록됨을 알 수가 있다. 출신지명에 해당되는 부명의 문제는 673년 당시에 이미 신라에서는 인명표기에서 부명 자체가 사라진 시기이므로10) 백제 금석문의 인명 표기를 직명+부명+관등명+인명의 순서로 기재되는 것으로 복원할 수가 있다.

Ⅲ. 백제 지방민의 인명표기

신라 금석문에 있어서 지방민의 경우는 6부인(왕경인)이 직명+부명+인명+경위명의 순서로 인명 표기가 기록되는데 대해 직명+성촌명+인명+외위명의 순서로 인명 표기가 기재되고 있다. 이들 지방민의 인명 표기는 창녕비・적성비・봉평비 등 당대의 고급 관료와 함께 기재되기도 하지만, 남산신성비・명활산성작성비・대구무술명오작비 등에서와 같이 그 인명의 수에 있어서도 6부인을 능가하는 경우도 있다. 이들 지방민의 인명이 기록된 금석문들은 신라의 지방제도, 역역체제, 외위제 등의 해명에 중요한 실마리가 되어 왔다.

백제사에 있어서 신라와 마찬가지로 외위제가 존재했다는 점은 한번도 거론된 적이 없지만 주변의 소국을 정복하는 과정에서 지방민에 대

---

9) <표 5>의 1~3의 인명은 신라인으로 추정된다. 왜냐하면 1의 彌△次는 及伐車와 동일한 관등명이라면 673년 당시 백제인으로서는 받을 수가 없는 신라 관등명이기 때문이다.
10) 金昌鎬, 1992, 「二聖山城 출토의 木簡 年代 問題」『上古史學報』10 참조.

한 여러 가지의 우대책이 나왔을 가능성도 있다. 여기에서 백제 지방민의 인명표기 문제를 한번 검토해 보고자 한다. 신라 금석문의 경우 지방민의 인명 표기에는 출신지명으로 성촌명이 기록되는 점에 근거할때 그 가능성이 있는 자료로 砂宅智積碑를 들 수가 있다. 설명의 편의를 위해 우선 관계 전문을 제시하면 다음과 같다.

〈표 6〉 砂宅智積碑

	1	2	3	4	5	6	7	8	9	10	11	12	13	14
①	甲	寅	年	正	月	九	日	奈	祇	城	砂	宅	智	積
②	慷	身	日	之	易	往	慨	體	月	之	難	還	穿	金
③	以	建	珍	堂	鑿	玉	以	立	寶	塔	巍	巍	慈	容
④	吐	神	光	以	送	雲	峩	峩	悲	懇	含	聖	明	以

위의 명문의 「砂宅智積」과 『日本書紀』皇極紀 元年(642, 의자왕 2년) 秋七月條의 「乙亥饗百濟使人大佐平智積等朝」란 구절을 비교해 「砂宅智積」과 「智積」은 동일인이라고 보아서, 사택지적비의 甲寅年을 백제 의자왕 14년(654)으로 비정하였다.[11] 의자왕 2년(642)에 大佐平의 관등명을 지니고 왜국에 사신을 갔던 砂宅智積은 그 뒤에 관직에서 물러나 의자왕 14년(654)에는 奈祇城으로 은거한 것으로 추정하였다. 奈祇城은 忠南 夫餘에서 서쪽으로 30리쯤 떨어진 恩山面 內地里로 추정되고 있다.[12]

---

11) 洪思俊, 1954,「百濟 砂宅智積碑에 對하여」『歷史學報』6.
   藤澤一夫, 1972,「百濟砂宅智積建堂塔記碑考－貴族道寺事情微證史料－」『アジア文化』8-3.
   關 晃, 1989,「百濟砂宅智積造寺碑について」『玉藻』24.
12) 洪思俊, 1954,「앞의 논문」, p.256.
   盧重國, 1988,『百濟政治史研究』, p.186.
   그런데 內地里는 1914년의 행정구역 개편 시 內垈里와 地境元의 머리 글자를 따서 조합한 里名이다(한글학회, 1974,『한국지명총람』4, 충남편(상), p.480). 이에 따라 李道學, 1991,「方位名 夫餘國의 성립에 관한 檢討」『白山學報』38, p.16은 奈祇城의 內地里 비정에 반대하고 있다.

사택지적비에는 「奈祇城砂宅智積」이라고 표기되어 있다. 奈祇城은 백제의 部名이 아니고 지방명이기 때문에 위의 해석에는 문제점이 포함되어 있다. 「奈祇城砂宅智積」에서 砂宅智積이 大佐平이란 최고의 관등명을 가졌던 사람이 어떻게 출신지명이 올 자리에 부명이 오지 않고 城名이 왔는지가 궁금하다. 「奈祇城砂宅智積」을 신라의 남산신성비 제1비에서 외위를 갖지 못한 인명 표기와 비교할 때에는 관등조차도 받지 못한 신분 곧 奈祇城 출신의 지방민으로 해석할 수밖에 없다.

그런데 실제로 사택지적비 자체의 對句的 표현이나 도교적인 요소로 볼 때13) 「奈祇城砂宅智積」을 지방민으로 단정하기도 힘들다. 砂宅智積이 大佐平까지 승급한 사람이라면 그의 출신은 분명히 백제의 중앙 5부 가운데 하나일 것이다. 또 642년에 갖고 있었던 大佐平이란 관등명이 654년에는 「大佐平砂宅智積」이라고 표기되지 않은 숨은 이유가 궁금하다. 720년에 작성된 甘山寺阿彌陀如來造像記에 「……重阿湌金志全…… 任報事侍郎 年六十七懸車致仕……亡考仁章一吉湌……」이라고 기록된 예가 있어서 위의 의문은 더욱 커진다.

사택지적비에서 砂宅智積은 관직명이나 관등명이 없이 部名이 아닌 奈祇城이란 城名만이 나오고 있다. 이 당시의 고구려·신라 금석문의 예들에 근거하면 최소한 「大佐平砂宅智積」이라고 기록되어야 할 것이다. 관등명 조차 없이 「奈祇城砂宅智積」이라고 인명이 표기된 까닭은 무엇일까? 『日本書紀』에 근거하여 砂宅智積 등이 641년 11월에서 642년 1월 사이에 걸쳐서 내란을 일으키다가 실패한 것으로 추정한 견해가 있다.14) 이에 따르면 砂宅智積은 642년의 반란 이후 관직과 관등명을 빼

---

13) 高橋工, 1991, 「桑津遺跡から日本最古のきじない礼」『葦火』35, pp.2~3에 7세기 전반의 목간이 소개되고 있다. 여기에서는 도교계의 부적이 그려져 있다. 사택지적비의 내용이 도교적이란 선학들의 견해는 보다 확실한 근거를 갖게 되었다.

14) 浜田耕策, 1984, 「大化改新と朝鮮三國」『歷史讀本』29-17. 그 뒤에 沙宅智積은 643년 1월 이후 다시 倭에 간 적이 있다고 한다(鈴木笑夫, 1990, 「大化改新直前の倭國と百濟」『續日本記研究』272等). 이에 대해서는 장차의 과제로 삼고자

앗기고 奈祇城에 귀양을 가서 인명을 적었기 때문에 「大佐平」이란 관등명이 적히지 못한 것으로 추정된다.

이렇게 사택지적비의 奈祇城 부분을 해결하고 나면 백제나 고구려 금석문에서 지방민의 인명 표기 방법이 궁금하게 된다. 아직까지 그러한 예가 고구려나 백제의 금석문에서 한 번도 나온 적이 없지만, 고구려와 백제 금석문의 지방민 인명 표기는 신라 금석문의 예에 근거해 직명+성촌명+인명의 순서로 기재되는 것으로 추정해 두고자 한다.

Ⅳ. 建興五年銘光背의 제작국 문제

이 광배는 1913년 2월 忠北 中原郡 老隱面의 산중에서 발견되었다.[15] 발견 당시에 이미 석가상은 결실되어 없고, 광배만 남아 있었다. 1915년에 관계 전문가에 알려 졌고,[16] 현재에는 국립청주박물관에 소장되어 있다. 높이는 12.35cm, 너비는 8.7cm의 이른바 舟形光背로 뒷면에 다음과 같은 명문이 있다.

〈표 7〉 建興五年銘光背

	1	2	3	4	5	6	7	8
①	建	興	五	年	歲	在	丙	辰
②	佛	弟	子	淸	信	女	上	部
③	△	庵	造	釋	迦	文	像	
④	願	生	生	世	世	値	佛	聞
⑤	法	一	切	衆	生	同	比	願

위의 명문 가운데에서 「建興五年歲在丙辰」은 그 제작 연대를 아는데 중요하다. 建興에 대해서는 백제 일년호설과 고구려 일년호설로 나누어한다.

15) 이에 대해서 『朝鮮金石總覽』上, p.105 참조.
16) 黑板勝美, 1925, 「三國時代朝鮮に於ける唯一の金銅佛」『考古學雜誌』15-6.

져 있다.[17] 丙辰은 백제 성왕 14년(536)으로 보는 견해와[18] 백제 위덕왕 43년(596)으로 보는 견해가[19] 있어 왔다. 이와는 달리 建興을 고구려의 일년호로 보는 견해가 나왔다.[20] 여기에서는 5~7세기의 丙辰年을 백제와 고구려에 걸쳐서 검토해 고구려 안원왕 6년(536)으로 보았다.

그 중요한 근거로 이 광배의 발견 지점인 충주 지방이 백제의 영토가 아닌 점을 들고 있다. 곧 476년에는 충주가 고구려의 땅일 가능성이 있고, 536년에는 충주가 확실히 고구려의 땅이고, 595년에는 충주가 신라의 영토라고 보았다. 여기에서는 「延嘉七年」조차도 479년으로 비정하였기 때문에[21] 문제점이 여전히 남아 있다. 그 뒤에 미술사가에 의해 불상 조각 양식과 수법에서 볼 때 백제보다는 고구려에 가깝다는 결론이 제시된바 있다.[22]

사실 이 시기의 금동불에 명문이 새겨진 것은 신라에서는 그러한 예가 알려진 바가 없고, 고구려와 백제가 그 대상이 된다. 고구려와 백제 중에서 建興五年銘光背의 제작지를 선택하기는 대단히 어렵다.

지금까지 대개 백제의 불상으로 보아온 鄭智遠銘佛像의 경우를 예로 들어 보자. 이에 대해서는 일찍이 鄭·趙의 姓이 사용된 점에서 중국 불상일 가능성을 제시한 견해가 있었으나[23] 미술사가들은 이를 간과하였다. 최근에 中國 山東省 諸城縣 林家村에서 東魏시대에 제작된 유사한 형태의 불상이 출토되어서[24] 鄭智遠銘佛像의 제작지 문제가 다시

17) 田中俊明, 1981, 「高句麗の 金石文」『朝鮮史硏究會論文集』18, pp.130~131 참조.
18) 中吉功, 1971, 『新羅·高麗の佛像』, pp.20~21.
19) 關野 貞, 1932, 『朝鮮美術史』, p.68.
20) 孫永鍾, 1966, 「금석문에 보이는 삼국 시기의 몇 개 년호에 대하여」『역사과학』 1966-4, pp.18~19.
21) 延嘉 七年은 현재 한국미술사학계의 여러 사람의 견해에 따르면 539년을 소급할 수가 없다.
22) 黃壽永의 견해로 1975년 10월의 공주사범대학에서 개최된 百濟熊津遷都 1,500 주년기념 학술회의에서 발표되었다(李丙燾, 1979, 「中原高句麗碑에 대하여」『史學志』13, p.23 참조).
23) 洪思俊, 1954, 「앞의 논문」, pp.254~255.
24) 松原三郎, 1991, 「山東省出土の佛像」『古美術』99, p.74<圖1>

한번 검토되어야 할 단계에 이르게 되었다. 만약에 이 불상 자체가 고구려나 백제에서 제작되었다면 鄭·趙 등의 姓은 낙랑 후예들과의 관련도[25] 고려되어야 할 것이다.

建興五年銘佛像도 발견된 장소에 근거해서 그 제작지를 구하는 것은 상당한 위험이 뒤따른다고 판단된다. 가령 延嘉七年銘金銅佛立像은 慶南 宣寧郡 大義面 下村里 山40番地에서 발견되었지만 명문의 내용에 따라[26] 고구려의 불상임이 분명하기 때문이다. 延嘉七年銘金銅佛立像 자체에 고구려[高麗]에서 제작되었다는 기록이 없을 때 539년에 만들어진 고구려제라는 결론을 내리기는 쉽지가 않을 것이다.

마찬가지 논리로 발견지 자체는 불상의 제작국 문제의 결정적인 근거는 되지가 못한다. 建興五年銘光背의 제작국을 찾기 위해 불상의 명문 자료를 통해 검토해 보기로 하자. 먼저 지금까지 발견된 중요한 명문이 있는 불상 자료를 제시하면 <표 8>과 같다.

〈표 8〉有銘 高句麗 佛像

年代	佛像名
539	延嘉七年銘金銅佛立像
563	癸未銘金銅三尊佛
571	景四年銘金銅三尊佛
594	甲寅年銘金銅光背
596	建興五年銘金銅光背

建興五年銘光背는 延嘉七年銘金銅佛立像이 539년이므로 536년으로 보는 것보다는 596년으로 보는 쪽이 타당할 것이다. <표 8>에서 建興五年銘光背를 596년의 고구려 불상으로 보면 594년으로 추정되는 甲寅年銘金銅光背와 문제가 생긴다. 같은 고구려 불상이라면 建興五年銘光背에 기준할 때 甲寅年銘金銅光背의 甲寅年은 建興三年에 해당된다. 왜 甲寅年銘金銅光背에서 「建興三年歲在甲寅」식으로 그 연호 자체를 새기

---

25) 고구려와 백제의 역사에서 이들의 활약상에 대한 연구가 요망된다.
26) 광배 뒤의 명문에 『高句麗樂浪東寺』라는 구설이 나오고 있다.

지 않았는지 하는 의문이 생긴다.

고구려에 있어서 연호의 사용에 대한 정확한 연구가 없다. 곧 어떤 왕의 재위 시기에는 어떤 연호가 사용되었고 어떤 왕 때에는 연호가 사용되지 않았다는 등의 연구 성과가 없기 때문에 일연호가 나오면 무조건 연간지에 해당되는 고구려 왕의 것으로 해석해 왔다. 가령 광개토대왕비와 덕흥리 고분의 묵서명에[27) 근거할 때 광개토대왕의 재위시기에는 永樂이라는 연호가 사용되었다. 그런데 그 다음의 임금인 장수왕 초기에는 연호가 사용되었다는 확정이 없다. 415년(장수왕 3년)에 만들어 호우총 출토의 호우에 「乙卯年……」이라고 연간지만 기록되어 있기 때문이다. 그렇다면 지금까지 建興五年銘光背를 포함해서 보든 有銘佛像들은 고구려에서 제작된 것으로 해석하는 데에는 다소의 문제가 있는 듯하다.

가령 고구려 평양성석각의 연대에 대해서는 여러 가지 견해가 있지만[28) 최근에 와서는 병술년을 566년(평원왕 8년), 기축년을 569년(평원왕 11년), 기유년을 589년(평원왕 31년)으로 각각 비정한 견해가[29) 학계의 많은 지지를 받는 듯하다. 평양석각의 연대와 <표 8>에서 景四年銘金銅三尊佛의 571년이란 연대 비정은 서로 부딪치게 된다. 왜냐하면 평양석각에 따르면 고구려의 평원왕 때에는 연호가 없었다고 해석되나 景四年銘金銅三尊佛의 예에 따르면 고구려 평원왕 10년(568)에 경 또는 일경이란 연호가 사용되었음이 분명하기 때문이다. 景四年銘金銅三尊佛의 571년이란 연대와 고구려 제품이란 결론은 거의 의심의 여지가 없으므로 평양성 석각의 연대에 대해 수정이 불가피할 것이다.[30) 반대로 평양성석각의 연대가 정확하다면 景四年銘金銅三尊佛의 제작지가 고구려가 아닌 백제가 되어야 할 것이다.[31)

---

27) 덕흥리 고분의 연도 서벽에 「太歲在己酉二日二日 辛酉……」라는 명문에는 永樂이라는 연호가 사용되지 않고 있다.
28) 田中俊明, 1981, 「앞의 논문」『史林』, pp.126~127.
29) 田中俊明, 1985, 「高句麗長安城城壁石刻の基礎的研究」『史林』68-4.
30) 필자는 田中俊明의 평양석각의 연대에 대한 결론에 의문을 갖고 있다.

이제 <표 8>의 興五年銘光背의 제작지 문제로 되돌아가서 이 문제에 대해 매듭을 짓기로 하자. <표 8>에서 고구려 제작품으로 보아 온 모든 有銘佛像들의 銘文에는 부명이 나오지 않고 있다. 建興五年銘光背의 명문에서만 上部란 부명이 나오고 있다. 上部란 부명이 나온 유일한 예인 점에서만 보면 建興五年銘光背의 제작지를 고구려로 단정하기도 어렵다. 지금까지 建興五年銘光背의 제작지 문제를 출토지와 직결시키는 데에 대해 의문을 제기해 보았다. 앞으로 불상조각사, 금석문, 문헌 등의 종합적인 측면에서 문제 재검토의 필요성만을 강조해 두며, 建興五年銘光背의 제작지 문제에 대해서는 후고를 기다리기로 한다.

V. 맺음말

지금까지 간단히 살펴본 바를 요약하여 결론에 대신하고자 한다.

우리나라 삼국시대의 금석문에는 인명을 기재하는 독특한 기재 방식이 있는 바, 이를 인명 표기라 부르고 있다. 고구려·백제·신라 금석문에서 모두 직명·출신지명·인명·관등명의 4가지가 기재된다. 인명과 관등명의 순서는 고구려와 백제 금석문에서는 관등명이 인명의 앞에 오지만 신라 금석문에서는 관등명이 인명의 뒤에 간다. 신라 금석문의 경우는 인명 표기의 기재 방식이 크게 3가지가 있으나, 고구려와 백제 금석문의 경우는 그 구체적인 인명 표기의 사례가 부족해 인명의 정확한 기재방식을 알 수 없다.

위의 인명 표기 방식을 기초로 백제 금석문에 있어서 지방민의 인명 표기 문제를 살펴보았다. 그 대상이 될 수 있는 자료로 사택지적비가 있다. 여기에는 「奈祇城砂宅智積」이란 인명 표기가 나와서 지방민의 가능성이 있다. 명문의 내용과 문헌 사료에 의해 砂宅智積은 大佐平의 관

---

31) 景四年銘金銅三尊佛의 제작 연대가 571년이라는 점은 거의 의견의 일치를 보고 있다(文明大, 1980, 『韓國彫刻史』, p.112).

등명을 가진 중앙 5부 출신의 귀족으로 보았다. 사택지적비에 부명이나 大佐平이란 관등명이 없는 것은 문헌에 나오는 642년 경의 반란과 관련되어 관등과 관직 등을 빼앗겼기 때문이라고 해석하였다. 그리고 백제 금석문의 지방민 인명 표기를 직명+성촌명+인명의 순서로 기재될 가능성을 신라 금석문 자료 등을 참조해 제시하였다.

마지막으로 고구려 제작품 또는 백제 제작품으로 양분되어 있는 建興五年銘光背의 제작지 문제에 대해 살펴보았다. 지금까지는 대개 이 광배의 발견지가 충주지방인 점에 근거해서 제작지 문제를 해결해 왔다. 延嘉七年銘金銅佛立像이 경남 의령군에서 발견되었지만 고구려의 제작품인 점과 고구려 有銘佛像 자체의 연대 비정상의 문제점과 광배명 자체에 上部란 부명이 유일하게 나오는 점 등에 근거해 建興五年銘光背가 백제 제작품일 가능성도 있다는 의문을 제기해 두고자 한다.

蔚珍鳳坪新羅鹽祭儀碑의 재검토

Ⅰ. 머리말

1988년 4월에 발견된 봉평비에 관한 종합적인 검토가 동년 7월 22일과 23일에 걸쳐서 대구의 계명대학교에서 열렸다. 이 학술회의를 주관한 한국고대사연구회에서는 면밀한 사전 계획을 수립하여 8개 부분으로 논제를 나누었다. 각 논제마다 사계의 전문가에 의한 충분한 사전 준비를 통해 의욕적인 글들이 발표되었다.[1] 각 발표자의 내용에 있어서 비문의 성격 부분에 다소 중복되고 집중되는 경향도 있었다. 이러한 점도 봉평비가 신라사 내지 한국 고대사에 차지하는 비중에 비하면 전혀 비판의 대상이 될 수가 없다. 다양한 각도에서 비의 성격 규명을 위한 노력, 진지한 판독 자세, 선입견의 배격이란 관점 등은 앞으로 한국 고대 금석문 연구에 있어서 하나의 좋은 본보기가 될 것이다.

위와 같은 알찬 성과에도 불구하고, 비의 성격 규명에 의견의 차이를 좁히지 못한 점은 전적으로 비문을 보는 시각의 차이에서 기인되는 것 같다. 직접 비문을 조사한 발표자 사이에 있어서도 지난날 발표한 자신의 논문과 봉평비의 성격 규명에 연관을 가지고 있다. 예컨대 律令에 관한 논문을 쓴 발표자는[2] 봉평비를 율령비라고 불렀고,[3] 神宮에 관한

---

1) 한국고대사연구회, 1988, 『蔚珍 鳳坪 新羅碑의 綜合的 檢討』(發表 要旨)
2) 朱甫暾, 1984, 「新羅時代 의 連坐制」『大丘史學』25, pp.11~23.
3) 朱甫暾, 1988, 「蔚珍 鳳坪 新羅碑와 法興王代 律令」『蔚珍 鳳坪 新羅碑의 綜

논문을 쓴 발표자는[4] 봉평비의 「所敎事」·「博士」 등을 신궁과 관련시켜서 해석하였고,[5] 신라 6부에 관한 논문을 쓴 발표자는[6] 봉평비의 성격을 6부와 奴人 사이의 의무 강제 준수 규정으로 보았다.[7]

위의 사실에서 보면 봉평비의 성격을 규명하는 데에 중요한 것은 비문을 바라보는 시각이다. 글자의 판독도 비문을 바라보는 시각에 따라 달라지고, 비문의 해석에도 차이가 생기게 된다. 신라 금석문 연구의 시각은 비석의 발견 순서와 짝을 이루어 발전되어 왔다. 북한산비, 창녕비, 황초령비, 마운령비 등이 일찍이 발견됨에 따라 신라의 변경 지방에서 나온 비석은 무조건 순수비 또는 척경비로 보는 잠재의식이 연구자들의 가슴에 싹트게 되었다.

그래서 단양 적성비를 신라의 赤城지방 공략과 관련되는 것으로 단정하였다.[8] 적성비에는 伊史夫 등 당시의 신라 일급 관료 이름이 나타

合的 檢討』, p.56에서는 봉평비의 핵심 부분인 「人備土鹽」을 「△△△△」로 하여 판독하지 않고 있다. 사실 봉평비의 제④, ⑤행이 전혀 판독이 안되고, 「奴人法」·「杖六十」·「杖百」만 있다면 律令碑說은 설득력을 갖게 될 수도 있다.

4) 崔光植, 1983, 「新羅의 神官設置에 대한 新考察」『韓國史研究』43. 이 견해에 대한 비판은 金昌鎬, 1986, 「文武王陵碑에 보이는 新羅人의 祖上認識－太祖星漢의 添補－」『韓國史研究』53, p.28.

5) 崔光植, 1988, 「蔚珍 鳳坪 新羅碑의 構文과 構造」『蔚珍 鳳坪 新羅碑의 綜合的 檢討』 이 논문 자체에는 판독과 해석에 있어서 기본적인 문제점이 많은 것 같다. 가령 p.47에서 봉평비의 제⑤행을 「又悔土貶王」으로 끊어서 '그리고 (悉支軍)主를 얕보고, (法興)王을 깎아 내리고 헐뜯었으므로……'라고 해석하고 있다. 봉평비의 뒷부분에 나오는 悉支軍主를 앞에서 「主」자 하나로 대신한 해석은 중고 금석문에서 그 유례가 없는 독특한 해석 방법이다. 신라인이 작성한 비에 軍主를 얕보고 法興王을 깎아내리고 헐뜯었다는 사실은 적을 수가 없다. 이 정도로 이야기를 할 수 있는 居伐牟羅 사람은 新羅 法興王과 대등한 입장이란 전제 아래에서만 가능하다.

6) 李文基, 1981, 「金石文資料를 통하여 본 新羅의 六部」『歷史敎育論集』2.

7) 李文基, 1988, 「蔚珍 鳳坪 新羅碑의 中古期의 六部 問題」『蔚珍 鳳坪 新羅碑의 綜合的 檢討』 여기에서는 지금까지 매 번의 논문마다 新羅 中古 王室의 소속부는 沙喙部라고 주장하다가 단 1줄의 注도 없이 中古 王室의 소속부는 喙部라고 바꾼 점이 문제가 된다. pp.72~73에서 之자가 종결사(후술함)인 점을 모르고 봉평비의 핵심 부분인 제④·⑤행을 해석한 것은 재고의 여지가 있다.

나 있고, 적성이 당시 신라의 변경 지방인 점에서 위의 결론은 당연한 것으로 학계에서 인정하였다. 적성비에는 신라 율령과 관련된다고 보아온 赤城佃舍法 등이 나오고 있어서 봉평비를 바라보는 시각에 미친 영향도 무시할 수가 없다. 봉평비에는「奴人法」「杖六十」등의 구절이 있어서 졸속하게 율령비로 볼 수도 있다. 곧 봉평비의 성격을 신라의 영토 확장이란 관점(척경비 또는 순수비)의 연장선상에서 율령적인 요소를 더한 시각에서 보는 것이 보다 공감대를 형성할 수가 있다. 그러나 선입견을 버리고 비문 전체를 구조적으로 분석하고, 古式吏讀에 유의하여 비문을 분석해보니 전혀 다른 성격이 있음을 알게 되었다.

이제 앞의 잘못된 시각을 바로 잡고, 봉평비와 적성비의 올바른 성격 규명을 위해 두 금석문을 재검토할 필요성을 절감하게 되었다. 여기에서는 우선 봉평비에 대한 것부터 검토해 보기로 하겠다.

II. 명문의 판독

비에 대한 최초의 판독은 울진 지방의 한 서예가에 의해 시도되어 『매일신문』에 공포되었다.[9] 4월 16일 현장에 도착한 대구의 한국고대사연구회 소속의 회원들도 판독 초고를 공포하였다.[10] 16일 저녁 탁본을 통한 원로 한문학자의 판독문이 17일에 보도 자료로 공개되어 몇몇 신문에 게재되었다.[11] 이어 한국고대사연구회 소속의 회원들도 다양한 판독문을 제시하였다. 문화재연구소에서『蔚珍鳳坪新羅碑調査報告書』를 발간하면서 관계 전문가에 의한 판독문이 제시되었다.[12] 위와 같은 판독

---

8) 대표적인 견해가 武田幸男, 1979,「眞興王代における新羅の赤城經營」『朝鮮學報』93이다. 이 적성비에 대해서는 따로 필자의 견해를 발표할 예정이다.
9) 尹賢洙의 판독문은『매일신문』에 1988년 4월 15일자에 게재되었다.
10) 4월 16일에 현지 조사를 통한 盧重國 등의 공동판독문이다.
11) 1988년 4월 16일 저녁에 동해관광호텔(백암온천)에서 탁본을 가지고 任昌淳先生, 金英夏先生, 李廷燮 문화재위원, 필자 등이 판독하였다.

문중 상당수는 원 비문에 근거한 것이 아니라는 약점이 있다.[13] 원 비문이 공개되어 보다 면밀한 조사와 판독 결과에 따라 판독문에 대한 의견 차이는 상당히 좁혀 질 수 있을 것이다.

비석의 재질은 화강변성암으로 울진 일대에서는 흔히 보이는 돌이라 한다.[14] 비석은 길이 204cm, 너비 54.5cm(글씨가 있는 면)로, 대체적인 모습은 긴 4면체이다.[15] 글씨가 있는 면만 정면 하였을 뿐, 그 외의 면은 정면이 되어 있지 않았다.[16] 글씨는 1면에만 새기고 있다. 글씨체는 隸書體라 한다.[17] 글씨는 가로, 세로로 각각 줄을 맞추어 쓰고 있으며, 모두 10행으로, 1행당 45자 전후로 총계 399자이다.

제①행은 모두 33자이다. 「34」번째에는 글자가 없는 것으로 본 견해도 있다.[18] 이는 비석 자체의 판독과는 다소 거리가 있는 것 같다. 비석 자체에서 볼 때 「34」번째 글자는 새로 발견된 비편과 본체 쪽의 연결 부분에 해당된다. 따라서 「34」번째에도 글자가 있었다고 판단된다.

제②행은 모두 42자이다. 「6」번째 글자는 異자[19] 또는 美자로[20] 보고 있으나 글자 자체는 후자에 가깝다. 「29」번째 글자는 「毒」자[21] 또는 「羞」자로 보고 있다.[22] 후자의 판독은 毒자란 나쁜 의미의 글자가 과연 인명에 쓰일 수 있을까하는 의문에서 출발한 것일 뿐, 글자 자체에 근

---

12) 문화재관리국, 1988,『蔚珍鳳坪 新羅碑 調査報告書』
13) 한국고대사연구회 회원들도 비석을 實見했음을 강조하고 있으나 1988년 5월 5일의 현지 조사 시에는 탁본만 했고, 비석 자체 조사는 별로 하지 못했다.
14) 1988년 4월 16일자『매일신문』참조.
15) 李明植, 1988,「앞의 논문」, p.10.
16) 1988년 11월 19일 현지 조사에서 필자가 직접 확인하였다.
17) 任昌淳, 1988,「蔚珍鳳坪 新羅碑 調査研究」『蔚珍鳳坪 新羅碑 調査報告書』, p.30.
18) 崔光植, 1988,「앞의 논문」등.
19) 崔光植, 1988,「앞의 논문」, p.41.
20) 任世權, 1988,「蔚珍鳳坪 新羅碑에 대한 金石學的 考察」『蔚珍鳳坪 新羅碑의 綜合的 檢討』, p.37.
21) 金昌鎬, 1988,『蔚珍鳳坪 新羅碑의 檢討』제31회 전국역사학대회발표요지(油印物), p.6.
22) 崔光植, 1988,「앞의 논문」, p.40.

거한 판독은 아니다.

제③행은 모두 41자로, 판독에 별다른 이견이 없다.

제④행은 모두 42자이다. 먼저 「3」번째 글자(글자①)는 종래에 모두 슈자로 판독해 왔다.[23] 남산신성비의 슈자(글자②)와는 차이가 있고, 봉평비의 쑥자 밑의 수자나(글자③) 적성비의 수(글자④)과 꼭 같아 수자가 분명하다. 「15」번째 글자는 雖자로 보아 왔다(글자⑤). 이 雖자는 적성비의 雅자(글자⑥)와 차이가 크다. 이 글자(글자⑤)의 왼쪽 변은 兄자가 아니고 足의 異體(글자⑮)처럼 되어 있어서 雅자일 가능성도 있으나 여기에서는 모르는 글자로 한다. 「38」번째 글자(글자⑦)는 到·林·致·滅 등으로 읽는 견해가 있다. 비석 자체에서 보면 滅자가 확실하다.[24]

제⑤행은 모두 25자이다. 「3」번째 글자를 巡자로 읽는 견해도 있으나[25] 이것은 자설을 주장하기 위한 한 방편일 뿐, 비문 자체에 의한 판독은 아니다. 또 마운령비의 巡자와도 너무나 큰 차이가 있다. 여기에서는 비문 자체에 따라 爲자로 본다. 「6」번째 글자를 侮자로 읽는 견해도 있으나[26] 최초의 판독대로 備자가 타당하다.[27] 「7」번째 글자는 王·主·土 등으로 읽고 있으나 비문 자체의 관찰에 근거할 때[28] 土자가

---

23) 南豊鉉, 1988, 「蔚珍鳳坪 新羅碑에 대한 語學的 考察」『蔚珍鳳坪 新羅碑의 綜合的 檢討』, p.26에서는 字形上으로는 수자가 분명하나 문맥상 문제가 있어서 令자로 보며, 오각이나 탈획으로 돌리고 있다. 봉평비의 판독에 異體字 云云하면서 지나치게 적극적으로 판독한 崔光植, 1988, 「앞의 논문」에서의 「巡」·「處」·「儉」·「迷」 등은 전혀 따를 수가 없다. 예컨대 봉평비의 居伐牟羅의 伐자가 代자로 된 곳도 있다. 그러나 代자가 伐의 이체자도 된다(小野勝年, 1967, 「六朝의 異體文字について」『書道全集』6, p.51). 또 休見沖敬編, 1984, 『書道大字典』上, p.629에 의하면 「尺」자가 空海 急就章 등에서 人자처럼 되어 있다. 이 자료에 근거하면 봉평비의 人자를 전부 尺자로 보아야 될 것이다.

24) 1988년 5월 5일 현지 조사 시에 필자가 직접 확인하였다. 자형은 陳智 永千字文 寶墨軒本의 滅자와 비슷한 㓕처럼 되어 있었다.

25) 崔光植, 1988, 「앞의 논문」, p.42.

26) 崔光植, 1988, 「앞의 논문」, p.42.

27) 尹賢洙, 1988, 『매일신문』, 4월 15일자 1면의 판독문.

28) 5월 5일 현지 조사 시에 확인하였다.

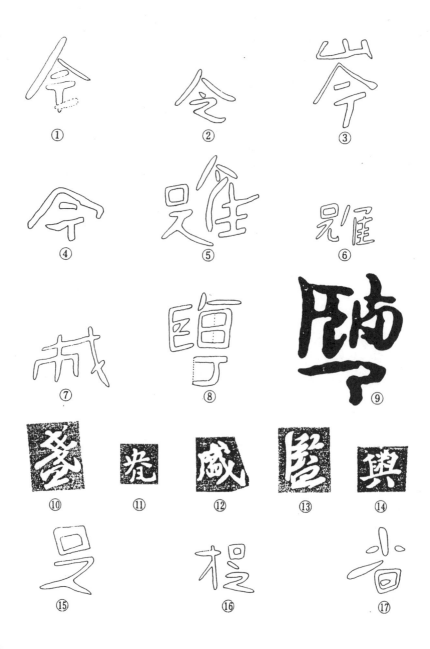

① ② ③

④ ⑤ ⑥

⑦ ⑧ ⑨

⑩ ⑪ ⑫ ⑬ ⑭

⑮ ⑯ ⑰

틀림없다. 「13」번째 글자를 貪·貧·負·質자로 읽고 있으나 質자설은[29] 전혀 글자 자체와는 동떨어진 판독이다. 여기에서는 모르는 글자로 한다.

제⑤행의 「8」번째 글자(글자⑧)에 대해서는 다양한 견해가 나와 있다. 이는 본 비의 성격 규명에 대단히 중요하므로 이 글자의 판독을 다시 시도해 보겠다. 먼저 聘, 尊, 專, 鹽자라는 견해가 있다.[30] 塩자의 경우 어떤 異體字를 보더라도 皿이 생략되어 있는 경우는 없기 때문에 專자로 보는데, 이는 貶자의 古字이다 라고 주장한 견해가 있다.[31] 글자⑨에 따르면[32] 분명히 鹽자의 경우도 血의 부분이 봉평비의 監의 해당 부분(글자⑧)처럼 써 있어서 앞의 비판은 전혀 설득력이 없다. 血자가 받침으로 쓰인 예에 대해 좀 더 검토해 보자. 盍자의 경우 皿이 口에 가깝게 된 예(글자⑩)가 있고,[33] 盆자의 경우 血이 月로 표기된 예(글자⑪)도 있고,[34] 盛자의 경우 皿이 灬에 가깝게 표기된 예(글자⑫)도 있고,[35] 監자의 경우 皿이 口에 가깝게 표기된 예(글자⑬)가 있고,[36] 鹽자의 경우 皿이 六처럼 표기된 예(글자⑭)도 있다.[37] 이상에서 보면 皿자는 얼마든지 丁이나 口에 가깝게 표기될 수 가 있다. 따라서 鹽으로 읽는 글자의 밑받침은 '口'이나 '寸'이 될 수가 있다. 口는 寸이 될 수 있으나 皿은 되지 않는다는 비판이 있다.[38] 이러한 비판도 역시 서체에 대한

---

29) 李基白, 1988, 「蔚珍鳳坪 新羅碑에 대한 考察」, 『蔚珍鳳坪 新羅碑 調査報告書』, p.46. 이 논문은 새롭게 주장된 신 견해가 별로 없고, 지금까지의 여러 견해를 종합한 것인 듯하다. 금석문의 판독이나 분석에는 기본적인 면에서 문제점이 많은 것 같다. 이에 대해서는 해당부분에서 언급하기로 하겠다.

30) 崔光植, 1988, 「앞의 논문」, p.42.

31) 崔光植, 1988, 「앞의 논문」, p.42. 이 글자를 貶자의 古字로 본 것은 자기설의 합리화를 위한 한 수단일 뿐, 본 글자 자체의 자형과는 전혀 관련이 없다.

32) 美術文化院編(原來는 赤井淸美編), 1983, 『書體字典』, p.1903에서 전제한 것이다.

33) 宋蘇軾의 三希堂法帖.

34) 吳皇象 急就章.

35) 北魏 高貞碑.

36) 宋蘇軾의 三希堂法帖.

37) 北魏 李淑眞基誌.

의견의 차이에서 비롯된 것일 뿐, 앞에서 살펴 본 것처럼 정곡을 찌른 반론은 아니다. 여기에서는 이 글자는 鹽자일 가능성이 크다고 거듭 주장하는 바이다.

제⑥행은 모두 46자이다. 「9」번째 글자를 「處」자로 읽는 견해가 있으나[39] 글자 자체에 근거한 판독은 아니다. 「31」・「39」번째 글자를 是자로 본 견해가 있다.[40] 이 글자(글자⑮)는 남산신성비의 捉(글자⑥)의 足과 비교해 볼 때 足자가 틀림없다. 이 견해에서는 是智로 끊어 읽어서 舍智로 보았다. 그래서 是智가 후일 大舍에 비정할 수 있다고 주장하였다. 이러한 주장이야말로 단 하나의 예외가 될 것이며, 봉평비보다 1년 뒤진 525년의 蔚州川前里書石 原銘에 「大舍帝智」란 관등명이 나오고 있어서, 위의 비판은 재고의 여지가 없다. 「30」・「38」번째 글자를 那자로 읽는 견해도 있다.[41] 실제로 중고 금석문에서 那자와 邪자의 구별은 대단히 어렵다. 이 부분은 관등명이므로 邪자가 틀림없다.

제⑦행은 모두 45자이다. 「30」번째 글자는 智자로 본 견해가 많으나[42] 단정할 수는 없다. 「41」번째 글자는 「尺」자로 본 견해도 있으나 남산신성비 제2비와 비교할 때 大자가 확실하다.

제⑧행은 모두 43자이다. 「4」・「27・28」・「34」번째의 글자는 杖자로 읽는 것이 옳다.[43] 「25」번째 글자는 翼자로 읽는 견해가 옳을 것 같다.[44] 「9」번째 글자인 條자는 이 시기의 금석문에서 유례를 찾기 어려우나 고구려 장군총에서의 예가 있다.[45]

제⑨행은 모두 40자이다. 「20」번째 글자는 刺자로 읽는 견해도 있으

---

38) 李基白, 1988, 「앞의 논문」, p.46. 앞으로 글자 판독에 대한 비판에 있어서 보다 확실한 근거가 제시되기를 희망한다.
39) 崔光植, 1988, 「앞의 논문」, p.42.
40) 李基白, 1988, 「앞의 논문」, p.49.
41) 任昌淳, 1988, 「앞의 논문」, 碑文試釋表 등.
42) 崔光植, 1988, 「앞의 논문」, p.41.
43) 金昌鎬, 1988, 「앞의 논문」(油印物)의 판독은 잘못된 것이므로 철회한다.
44) 崔光植, 1988, 「앞의 논문」, p.41.
45) 方起東, 1988, 「千秋墓, 太王陵, 將軍塚」『好太王碑と高句麗遺蹟』, p.237.

나[46] 이는 책상 위에서의 이야기일 뿐 비석 자체에서는 新자가 확실하다.

제⑩행은 모두 42자이다. 「16」번째 글자(글자⑰)는 者자로 읽는 견해가 많으나,[47] 省자의 경우도 漢 劉熊碑 등에서 「省」으로 적힌 예가 있어서 여기에서는 省자로 읽는다. 「19」・「20」번째 글자는 「於天」으로 본다. 「41」번째 글자는 「一千」・「千」・「子」・「字」 등으로 읽혀지고 있으나 여기에서는 모르는 글자로 본다. 이상의 판독 결과를 제시하면 별지와 같다.

Ⅲ. 단락의 구분

지금까지 봉평비의 단락에 대한 많은 견해가 나왔다. 이들의 공통된 특징은 비문을 해석하고 나서 비문을 나눈 점이다. 대표적인 예가 제①행이다. 제①행의 끝부분에 많은 공란이 있어도 전혀 이상하게 생각하지 않고 제②행과 연결시켜서 동일 단락으로 보는 것은 과연 정확한 단락 구분일까 하는 의문이 생기지 않을 수 없다.

봉평비의 제②행 첫머리에서는 「干支岑」이란 구절이 나온다. 이 가운데 干支를 제①행의 마지막 인명에 붙는 관등명의 일부로 보고, 그 다음을 岑喙部와 연결시켜서 牟梁部로 본 견해가 있다.[48] 이렇게 보면 비석 자체에서 2가지의 문제가 생긴다. 첫째로 제①행의 끝부분에 9~11자 가량의 글자를 새길 공간을 비워두고 관등명의 일부인 干支만 따로 떼어서 제②행의 첫 부분에 쓴 점이다. 둘째로 제①・②・③행을 계속 연결된 단락으로 보면 법흥왕 자신도 敎事를 받는 모순이 생긴다.

위의 첫 번째 의문점에서 대해 다음과 같은 반론이 있다.[49] 이 비석

46) 李基白, 1988, 「앞의 논문」, p.52.
47) 李基白, 1988, 「앞의 논문」, p.39.
48) 李基白, 1988, 「앞의 논문」, p.44 삼소.

은 원래 글자를 써 넣을 上部와 이를 세우는데 필요한 埋立部인 下部와 구분해서 돌을 다듬었다고 보는 것이다. 下部에 옆으로 튀어 나온 돌출부가 있는 부분이 바로 땅속에 묻혀야 할 埋立部라는 것이다. 그러므로 書人은 제①행을 쓸 때에 埋立部로 예정된 부분을 제외하고, 그 윗부분에만 글을 썼던 것이다. 그런데 글을 쓰다 보니, 그렇게 해서는 碑文 전체를 예정된 上部의 碑面에 소화해 내기가 힘들다는 것을 알게 되었다. 그래서 당초의 방침을 바꾸어서 제②행부터는 埋立部로 예정되었던 下部에도 글을 써 넣게 되었다. 제⑥행부터는 碑文이 더 下部로 내려가고 있는 것도 이와 마찬가지 이유에서였다고 주장하였다. 또 다른 한 문단의 마지막을 제⑧행의 제34자로 잡건 혹은 제⑨행의 제1자로 잡건 간에 일단 문단이 끝나는 데에도 불구하고, 거기서 행을 달리하지 않는 이유도 같다고 주장하였다.

위와 같은 반론 자체에는 모순점이 여전히 남아 있다.

먼저 비문의 작성에 있어서 더 아래로 글자를 써 내려 갈 수 있다는 전제는 당시에는 우선 먹으로 비석에 쓰고 나서 다시 끌 등으로 글자를 새긴 것이 아니라 곧 바로 끌로 글자를 새겼다는 전제 아래에서만 가능하다. 봉평비문은 方筆法에 隸書의 筆意을 함유한 것이라 하므로[50] 위의 반론은 기본적인 면에서 문제가 있다.

다음으로 제①행의 끝까지가 원래의 매립부였다고 한다면 제②행~제⑩행은 원래의 매립부보다 11자 정도 더 내려가서 매립부가 봉평비에는 없는 것이 된다. 위의 반론을 봉평비의 현재 모양에 적용해 보면, 너무 아래에까지 글자를 새겨서 세울 수도 없는 비석을 만들었을까하는 의문이 생긴다. 봉평비에는 제⑩행에 「立石碑人」이란 직명이 나오고 있다. 이는 봉평비를 세운 것이 틀림없다는 방증이 되므로 위의 의문은 더욱 커진다.

그 다음으로 제⑥행부터 下部로 한 글자씩 더 내려간 것과 제⑨행의

---

49) 李基白, 1988, 「앞의 논문」, p.40.
50) 任昌淳, 1988, 「앞의 논문」, p.30.

첫 글자에서 문단이 일단 끝나는 데에도 행을 달리하지 않은 점에 대해서 검토해 보자. 위의 반론과51) 같이 생각하는 것은 문단이 끝나면 행을 달리하는 이유에 대한 견해의 차이에서 비롯되었다. 봉평비의 제②행을 달리하기도 하고 그렇지 않은 경우도 있다. 행을 바꾸는 것은 계속해서 글자를 쓸 때에는 비문을 읽는 사람이 어디에서 문단이 끊어지는지를 구분하기 힘들 경우에 한정한다고 판단된다.52) 가령 제⑥행의 「新羅六部~」부분을 제⑤행에 계속 연결시킬 경우에는 비문을 읽는 사람에게 혼란을 줄 수가 있다. 곧 제⑥행의 「新羅六部~」부분도 제④·⑤행에 계속 연결되는 내용으로 볼 수가 있다.

위와 같은 논리는 문단이 끝나지 않은 곳에서도 행을 바꾼 제⑩행의 「立石碑人~」부분에서도 찾을 수가 있다. 만약에 반론의 논리에 따르면53) 제⑩행의 「立石碑人喙部博士」는 계속 연결되는 인명 표기이다. 문단이 끝나지 않았는데도 「立石碑人 喙部博士」부분은 행을 바꾸고 제⑩행의 첫 부분의 글자까지 1자 띄워서 그 다음에 새기고 있다. 비문을 새길 공간의 확보란 측면에서 보면 제⑨행의 下部에 「立石碑人喙部」의 6자가 들어가게 되고, 제⑩행의 첫글자는 비석 자체에 새길 공간이 넉넉하지 않기 때문에 1자 띄우고 「2」번째 글자부터 「博士丁時敎之」로 쓰게 된다. 이렇게 되면 博士란 단어는 「立石碑人喙部博士」에 관계되는 인명 표기의 한 부분이라기보다는 「博士丁時敎之…」로 끊어서 전혀 다르게 해석될 수가 있다.

또 제③행의 所敎事를 성급하게 능동의 표현으로 보아서 '命한 것'으로 해석한 견해도 있다.54) '~等敎事'나 '~等所敎事'는 의미가 꼭 같다고 전제하고서 전자를 '~ 등이 命하였다'로,55) 후자를 '~ 등이 命한 것'으

51) 李基白, 1988, 「앞의 논문」, p.40.
52) 최근에 발견된 明活山城作城碑에서도 띄어쓰기가 나타나 있다(경주박물관의 박방룡의 교시)는 것도 이에 대한 간접적인 증거가 될 것이다.
53) 李基白, 1988, 「앞의 논문」, p.40.
54) 李基白, 1988, 「앞의 논문」, p.40.
55) 盧泰敦, 1988, '蔚珍鳳坪 新羅碑와 官等制成立」『蔚珍鳳坪 新羅碑의 綜合的

로 해석하기도 한다. 이러한 견해들은 敎事내지 事를 命令한 뜻과 敍述의 뜻으로 나눈 것을[56] 확대 해석한 것일 뿐, 等敎事를 敎事와 같다고 할 수는 없다. 敎事의 경우는 적성비에서 비문의 文頭에 나오고, 等敎事는 봉평비에서 비문의 文尾에 나오고 있어서 각각 능동과 피동으로 볼 수가 있다.[57]

위의 문제점들을 해결하기 위해서는 제②행의 첫 부분을 「干支岑」으로 끊어서 직명으로 볼 수 밖에 없다. 干支岑에서 '干支'란『光州 千字文』에 나오는 임금왕(王)의 訓인 '귀츳'와 통한다. 이 '귀츳'란『宋書』, 百濟傳에 나오는 鞬吉支의 '吉支'나 신라 왕호중 居西干의 '居西'와 통한다.[58] 봉평비와 비문 구성이 유사한 적성비에 있어서, 봉평비의 '干支岑'과 '大衆等'은 대비가 되므로 비교해 보자. '干'의 音과 '大'의 訓은 같고, '支'는 '杖'과 같으므로[59] 支(杖)는 '衆'과 音相似이고, '岑'(잠→둠)은 '等'과 音相似이다. 따라서 干支岑=大衆等이고, 干支岑은 직명이 된다.

이상의 검토에서 제①행만으로 제1단락이 끝남은 분명하게 되었다.

제2단락은 제②행과 제③행이고, 제3단락은 제④행과 제⑤행인 점은

檢討』, p.81. 단 이 논문에서 관등제의 성립 문제를 다루면서 필자가 제기한 先京位後外位說에 대해서 전혀 반응이 없고, 영천 청제비 병진명에 대해서도 전혀 언급이 없다(병진명은 明活山城作成碑 발견으로 536년설은 더욱 그 근거가 되었다. 왜냐하면, 步·尺·寸 등의 하나치가 명활산성작성비에서 나왔기 때문이다. 병진명에서는 길이의 하나치가 得이다. 영천 청제비 병진명의 丙辰年이 476년임은 새로 발견된 迎日冷水 新羅碑가 443년이므로 보다 설득력을 갖게 되었다). 필자의 논리가 수준이 안 되어 무시한 것인지 아니면 평가할 자신이 없어서 인지가 궁금하다. 가령 盧泰敦, 1988, 「5세기 金石文에 보이는 高句麗人의 天下觀」『韓國史論』19, p.60에 보면 '당시에도 中原碑에서 太子는 古鄒加로도 쓰여졌다'고 되어 있지만, 이 견해의 최초 주장자에 대한 註조차도 없다.
56) 南豊鉉, 1978, 「丹陽赤城碑 解讀 試攷」『史學誌』12, p.17.
57) 南豊鉉, 1988, 「앞의 논문」, p.30.
58) 安秉禧, 1987, 「語學篇」『韓國學基礎資料選集』－古代篇－, p.1001.
59)『三國史記』, 地理志에 「三岐縣 本三支縣 一云麻杖 景德王改 今因之」가 나온다. 따라서 支二杖이된다.

지금까지의 견해에서 모두 일치하고 있다.

제4단락을 나누는 데에는 조금 문제가 있다. 제⑧행의 「悉支軍主喙部爾夫智奈麻節」로 끊어서 '悉支軍主喙部爾夫智奈麻가 節하였다'로 해석한 견해가 있다.[60] 여기에서는 '節'자를 지휘, 감독하였다는 뜻으로 보고, 悉支軍主가 이 비를 세우는 데에 總指揮·總監督하였다고 주장하였다. 節자를 지휘·감독으로 본 것은 高句麗平壤石刻에 「丙戌二月中漢城下後部小兄文達節自比西北行涉之」(전문 개행)란 구절의 해석에서 비롯되었다.[61] 신라의 경우도 고구려의 예처럼 과연 節자가 지휘·감독의 뜻을 나타내는지를 조사키 위해 우선 관계 금석문부터 제시하면 다음과 같다.

① 乙卯年八月四日聖法興太王節(535年, 川前里書石 乙卯銘)

② ……節敎事赤城也爾次(545年이전, 赤城碑)

③ 辛亥年二月卄六日南山新城作節如法以作後三

　年崩碑者罪敎事爲開敎令誓事之……(591年, 南山新城碑第1碑)

川前里書石 乙卯銘은 '乙卯年八月四日 聖法興太王의 節(때)다'라고 해석된다. 여기에서의 '節'은 때가 분명하다.

다음 赤城碑에 있어서 '節敎事'의 節은 처음에 지휘·감독의 뜻으로 보았다.[62] 이 견해의 주창자에 의해 '때'의 뜻이라고 정정된 바 있다.[63] '節敎事'의 節자가 '때'를 나타내는 것으로 보지 않고서는 이 부분을 해석할 수가 없다.

남산신성비의 서두에 나오는 誓約 부분에 대해서는 현재까지 두 가지의 해석 방법이 나와 있다.[64] 어느 견해에서나 節자가 '때'를 나타내

60) 崔光植, 1988, 「앞의 논문」, p.49.

61) 鮎見房之進, 1943, 「高句麗城壁石刻文」 『雜攷』6의 上, pp.364~372. 단 平壤石刻의 年代가 6세기 후반보다는 60년이나 120년을 더 소급해야 할 것이다.

62) 南豊鉉, 1978, 「앞의 논문」, p.18.

63) 南豊鉉, 1979, 「丹陽赤城碑의 言語學的인 考察」 『檀國大 論文集』13, pp.20~22.

64) 河野六郞, 1957, 「古事記に於ける漢子使用」 『古事記大成』3, 言語文字篇, pp.192~193.

　　南豊鉉, 1974, 「古代國語의 使讀表記」 『東洋學』4의 부곡, pp.3~9.

는 것으로 해석하고 있다. 결국 봉평비의 節자도 지휘·감독을 뜻하는 動詞가 아니라 '때'를 나타내는 것임은 분명하다.[65] 그러면 이 節자가 왜 들어 갔을까하는 의문이 생긴다. 이 節자는 적성비에서와 마찬가지로 단락을 구별하기 위해 일부러 넣었다고 판단된다. 봉평비에 있어서 節자의 앞이나 뒤에서는 모두 인명 표기가 있다. 이 節자가 없을 때 단락의 구별이 어렵게 된다.

제4단락은 제⑨행의 「節書人」의 앞까지이다.

제5단락을 나누면 제⑨행의 뒷부분에 남은 6자분의 공란이 문제가 된다. 이는 앞에서 설명한 바와 같이 제⑩행에 있는 「立石碑人喙部」를 제⑨행의 빈곳에 넣고, 제10행의 첫글자를 띄우고 「2」번째부터 「博士~」를 써 넣어야 될 것이다. 그렇게 되면 「博士于時敎之~」로 단락을 나누는 오해가 생길 수 있게 된다. 따라서 제⑥행의 끝부분에 남아 있는 6자분의 공란은 꼭 필요한 것으로 판단된다.

제6단락은 제⑩행의 「于時敎之~△矣」이다.

제7단락은 제⑩행의 나머지 부분이다.

Ⅳ. 명문의 해석

제1단락부터 해석해 보자 「甲辰年正月十五日」은 524년 정월 보름날이 된다. 524년은『三國史記』에 따르면 법흥왕 즉위 10년이 되는 해이다.

다음 「喙部牟卽智寐錦王」에서 牟卽智는 울주 천전리서석의 분석에 따르면[66] 法興王이 된다. 여기에서는 신라왕인 法興王을 喙部라고 표기

---

65) 李基白, 1988,「앞의 논문」, p.52.
66) 金昌鎬, 1983,「新羅 中古 金石文의 人名表記(Ⅰ)」『大丘史學』22 ; 金昌鎬, 1988,「新羅 中古 金石文에 보이는 部名」『歷史教育』43, 단 이 논문에서 관등명의 뒤에 붙는 干支의 소멸 시기를 545년으로 보았다. 이는 明活山城作城碑의 발견으로 550년 전후에 소멸되기 시작했으나 그 뒤에도 잔존한 것으로 판단된다 (578년 오작비에도 貴干支가 나온다).

한 까닭이 문제이다. 비 자체의 성격에서 보면 祭儀行事 때에는 6부적인 전통이 강하게 남아 있었다고 생각된다. 寐錦王이란 용어도 524년에는 아직까지 太王이란 용어를 사용하지 않았다고 해석한 견해도 있으나[67] 524년에는 신라에서 벌써 太王이란 용어를 사용했다고 판단된다. 봉평비는 원신라인이 아닌 사람들을 대상으로 작성한 것이기 때문에 종래 고구려에서 익숙했던 용어인 寐錦王을 사용했다고 보아야 할 것이다. 곧 居伐牟羅 등의 사람들은 신라의 王이 寐錦인 줄은 고구려인을 통해 귀에 익숙해 있었기 때문에 신라에서도 봉평비에 寐錦王을 사용했다고 해석된다.

다음 沙喙部徙夫智葛文王을 立宗葛文王으로 보고 있으나[68] 이는 선입견일 뿐, 전혀 근거가 없는 것이다. 아직까지 천전리서석의 해석에서 徙夫智葛文王을 立宗葛文王으로 볼 수 있는 납득할 만한 견해가 나오지 않고 있다.[69] 만약에 기왕의 견해처럼 徙夫智葛文王과 立宗葛文王이 동일인이라면 신라의 6部는 행정적인 것이 된다. 蔚州 川前里書石 原名·追銘의 구체적인 검토없이 徙夫智葛文王과 立宗葛文王은 동일인으로 보는 것은 재고하여야 할 것이다.

다음 지금까지 중고 금석문에서 인명이 기록될 경우에 반드시 해당지역까지 간 것이 틀림없으므로[70] 喙部牟卽智寐錦王, 沙喙部徙夫智葛文王, 本波部△夫智△△가 居伐牟羅까지 갔던 것으로 판단된다. 그리고 이들은 각각 신라의 가장 유력한 3部인 喙部·沙喙部·本波部의 長으

---

67) 朱甫暾, 1988, 「앞의 논문」, p.61. 고구려의 경우 모두루묘지를 근거로 4세기의 故國原王 때 이미 太王制가 마련되었다는 견해가 있다(讀賣テレビ放送編, 1988, 『好太王碑と集安の壁畵古墳』, p.30)는 점에서 보면 200년 쯤 뒤에 신라에 비로소 太王制가 마련되었다고 상상하기 어렵다. 앞으로 관계자료의 출현을 기다린다.

68) 李文基, 1988, 「앞의 논문」, p.72.

69) 문경현, 1987, 「蔚州 新羅 書石銘記의 新檢討」 『慶北史學』10이란 논문이 봉평비의 발견 뒤에 나왔으나 판독과 해석에 견해의 차이가 있어서 고를 달리하여 검토하고 싶다.

70) 金昌鎬, 1988, 「앞의 논문」(유인물), p.15.

로 추정된다.

제2단락은 제②, ③행이다. 이 단락에서는 序頭의 于支岑이 문제이나 전술한 바와 같이 干支岑은 적성비의 大衆等과 꼭 같은 뜻으로 직명이 틀림없다. 이 단락의 주된 내용은 干支岑의 직명을 가진 11명의 王京人이 牟卽智 寐錦王(法興王)으로부터 敎事를 받은 것이다.[71]

제3단락은 제④, ⑤행이다. 이 단락은 봉평비의 성격 규명에 가장 중요하다. 제3단락의 해석에 있어서 첫부분을 대부분은 「別敎今居伐牟羅 男彌只本是奴人」까지로 끊어 읽는다. 「別敎今」을 따로 떼어서 해석한 예도 있으나,[72] 別敎今의 今자가 令자가 아니므로 성립될 수가 없다. 곧 今자는 524년 정월 보름날을 가리키므로 別敎今만으로는 해석할 수가 없다. 이 부분을 「別敎今居伐牟羅男彌只本是奴人」으로 끊어서 해석하면 '別敎를 내린다. 지금의 居伐牟羅와 男彌只(사람들은)본래 奴人이다'가 된다. 그러면 옛날의 居伐牟羅, 男彌只 사람들은 奴人이 아니었다는 뜻이 될 수도 있고, 別敎의 대상자가 없게 된다. 이러한 해석 방법에도 문제점이 있다. 우선 別敎의 대상부터 찾아보자. 봉평비에서 別敎의 대상을 찾는다면 別敎의 다음에서 찾아야 된다. 別敎 다음의 今자에 주목하여 그 대상을 찾으면 本是奴人과 △是奴人밖에 없다.[73] 그러면 本是奴人과 △是奴人의 앞에 나오는 居伐牟羅, 男彌只는 本是奴人과 △是奴人을 한정하는 말로 판단된다. 이 단락의 앞부분은 「別敎今居伐牟羅男彌只本是奴人 △是奴人」으로 끊어지고, '別敎를 (524년 정월 보름날인)지금 居伐牟羅 · 男彌只의 本是奴人과 △是奴人에게 내린다'로 해석된다.

---

71) 崔光植, 1988, 「앞의 논문」, pp.45~46에서는 所敎事의 주체가 없는 점을 근거로 神宮에서 日月神에게 敎를 받았다고 주장하고 있으나, 이러한 논리에 따르면 中國의 당시 皇帝나 日本의 당시 임금에게 敎를 받았다고 보아도 될 것이다.

72) 崔光植, 1988, 「앞의 논문」, p.47.
　　李文基, 1988, 「앞의 논문」, pp.72~73.
　　盧泰敦, 1988, 「앞의 논문」, p.88.
　　李基白, 1988, 「앞의 논문」, p.44.

73) 本是奴人△是奴人의 △가 雖가 아니므로 본래 奴人이나 비록 奴人이지만… 등으로 해석하는 것은 무리이다.

다음의 「前時……」에서는 당연히 「……行爲之」의 「之」자에서 큰 문단이 끊어진다. 중고 금석문에서 「之」자는 인명이 아닐 경우 전부 종결사이다.[74] 앞부분 가운데 「爾耶界城失火遶城」은 여러 가지로 해석되고 있다. 「爾耶界城失」로 끊어서 '爾耶界城을 잃었다'로 해석한 견해가 있다.[75] 이렇게 해석할 경우 「爾耶界城失」은 봉평비에서 가장 핵심이 되는 부분이므로 누가 누구에게 무슨 까닭으로 爾耶界城을 잃었는지 그 이유가 비문에 나와야 될 것이다. 「爾耶界城失火」로 끊어서 '爾耶界城을 불태웠다'로 해석하기도 한다.[76] 이 경우 당시 城은 대개 山城이고, 山城은 주로 石城이므로 城자체가 불탈 것은 별로 없는 점이 문제이다. 「前時王大敎法道俠阼隘爾耶界城失火遶城滅大軍起若有者一行爲之」를 해석하면 '前時에 王(法興王)은 大敎(또는 大敎法)를 내려(法)道俠阼隘한[77] 爾耶界城‧失火遶城을 滅하려고, 大軍을[78] 일으켜 젊은 者들과 함께 한 번 간 적이 있었다'가 된다.

이제 남은 것은 「人(又)備土鹽王大奴村貪(貧)公値△其餘事種種奴人法」이다. 이 가운데 王자가 주목된다. 王은 물론 法興王을 가리키나 그 시기가 현재(524년 정월 보름날)인지 아니면 과거인지가 문제이다. 앞에서 현재와 관련된 別敎에서는 王이 없었고, 前時에는 王이 大敎(法)를 내린 적이 있으므로 여기의 王도 과거의 王일 가능성이 크게 된다. 이 가운데 앞 부분을 「人(又)備土鹽」으로 끊어서 '사람들이(또는) 土鹽을[79]

---

74) 李基文, 1981, 「使讀의 起源에 대한 一考察」『震檀學報』52, p.68 및 p.70.

75) 南豊鉉, 1988, 「앞의 논문」, p.31.

76) 李明植, 1988, 「앞의 논문」, p.20.

77) 이 부분을 金昌鎬, 1988, 「앞의 논문」(유인물), p.11에서는 '길이 좁고 험악한'으로 보았으나 盧泰敦, 1988, 「앞의 논문」, p.83에 따라 '王道가 잘 통하지 않았다'고 보는 것이 타당할 것 같다. 단 阼자는『古漢語常用字典』, p.342에 「大堂前東面的臺階 古代賓客相見時 客人西面的臺階 走人走東面的臺階 常'□階'連用」이라고 되어 있다. 俠자도『古漢語常用字典』, p.262에 「通'夾'從兩邊來住『漢書』, 叔孫通傳 '殿下郎中俠階'(郎中：官名, 階：皇宮的臺階)」라고 되어 있다.

78) 大軍은 法興王이 거느린 군대로 추정된다.

79) 土鹽이란 말은『松南雜識』, 木石鹽條에 「我東……西海之鹽 煮以土 故謂土鹽 味甘色白」이라고 해서 나오고 있다.

備하였다'로 해석할 수가 있다. 나머지 부분은 '王(法興王)은 대부분의 奴人 마을이 貪財하여도 (貧자일 경우는 가난하여도, 負자일 경우는 부당하였고), 값있는 것을 바치고, 그 밖의 일들도 잘 하므로 여러 가지 奴人法을 내렸었다'로 해석된다.

결국 524년 정월 보름날 居伐牟羅에서는 前時에 있었던 居伐牟羅 등의 신라에 대한 공헌 때문에 法興王이 教와 別教를 내렸던 것으로 사료된다.

제4단락은 제⑥행에서 제⑨행의 첫 글자까지이다. 이 단락은 '新羅六部에서는 殺斑牛하고 △△麥하였다. 事大人[80])이란 직명을 가진 王京人과 地方官들이 居伐牟羅의 소금 祭儀 行事에 참가하였다'로 해석된다.

이 단락의 「阿大兮村使人奈爾利杖六十葛尸條村使人奈爾利阿尺男彌只村使人翼△杖百於卽斤利杖百」부분은 杖刑과 관련지우는 것이 일반적으로 통용되고 있다.[81]) 杖刑은 동서 고금을 막론하고 어느 사회에서나 존재한다. 이와 같은 견해에도 몇 가지 문제점이 있다. 「杖六十」・「杖百」을 杖刑으로 해석할 경우에 먼저 누가 누구에게 무슨 까닭으로 杖을 때렸는지를 분명히 규명해야 될 것이다. 비문 자체에서는 그러한 이유를 전혀 찾을 수가 없다. 다음으로 524년 이전에는 중국에서 「杖百」・「杖六十」식으로 규정된 杖刑은 없었다. 그 다음으로 신라의 국왕인 法興王이 居伐牟羅에까지 와서 外位도 없는 지방민에게 杖刑을 집행한 것은 상식 이하의 분석이다. 이 부분은 달리 분석해야 된다. 「阿大兮村使人奈爾利杖六」으로 끊어서 인명 표기로 보자. 阿大兮村使人은 직명, 奈爾利는 인명, 杖六은 외위명이다. 杖六이 외위 11가지 가운데 어느 것인

---

80) 『三國史記』, 阿達羅尼師今19年條에 「二月 有事始祖聖」란 구절이 나온다. 이를 '2月에 始祖聖에 제사가 있었다'로 해석하고 있고(李丙燾, 1982, 『三國史記』, 國讀篇, p.22), 有事가 祭祀의 뜻으로 쓰인 것은 분명하다(千寬宇, 1976, 「三韓의 國家形成(上)」 『韓國學報』2, p.42). 따라서 事大人을 鹽祭天行事란 祭祀의 기능을 직접 담당한 大人으로 볼 수가 있다. 事자의 用例에 대해서는 宣石悅의 교시를 받았다.

81) 李基白, 1988, 「앞의 논문」

지가 궁금하다. 『三國史記』, 地理志에 陜川 三嘉를 「三支 一云 麻杖」이라고 하고 있다. 또 『鷄林類事』에서 六을 逸戌, 六十은 逸順으로 각각 발음된다고 적고 있다. 결국 杖六은 支逸이라고 발음되고, 외위 가운데 彼日은 彼자를 訓讀하면 '저일'이 되므로 杖六=彼日이다. 뒤의 杖百도 百자를 訓讀하면 '저온'이 되고, 이는 杖六과 마찬가지로 '彼日'이 될 수 있다.[82]

제5단락은 제⑨행의 「節書人」부터 제⑩행의 「博士」까지이다. 여기에서는 立碑 관계자인 書人·新人·立石碑人 등의 인명이 나열되어 있다. 博士가 중고 금석문에서 처음으로 나왔으며, 新人이 立碑 관계의 직명으로 나온 것도 특이하다.

제6단락은 제⑩행의 「于時敎之若此省△罪於天」이다. 이를 해석하면 '이 때에 敎를 내렸다. 만약에 이를 게을리하면 하늘에 罪를 받을 것이다'가 된다. 이 부분은 임신서기석의 「二人誓記天前誓今自三年」이나 남산신성비의 「以後三年崩破者罪敎事爲聞敎令誓之」와 닮은 점이 있다.

제7단락은 제⑩행의 「居伐牟羅異知巴下干支辛日智一尺世中△三百九十八」이다. 이를 해석하면 '居伐牟羅의 異知巴下干支, 辛日智一尺(등)누리에(모두)三百九十八이다'가 된다. 이 가운데서 「三百九十八」의 부분은 대단히 해석하기 어려운 부분으로, 다만 居伐牟羅의 인구수 또는 戶口數와 관련되지 않나하고 추측될 뿐이다.[83]

이상의 명문 분석 결과를 토대로 전문을 해석하면 다음과 같다.

---

82) 이렇게 杖六·杖百이 彼日일 경우, 같은 관등명인 彼日을 杖六·杖百으로 쓴 점이 문제가 된다. 가령 남산신성비의 제2비에 동일한 지명을 阿大兮村(阿且兮村), 沙刀城(沙戶城)으로 각각 적고 있고, 마운령비와 황초령비에 있어서도 동일한 인명을 尹智와 舞智로 篤兄과 篤支次로 각각 적고 있다. 봉평비가 6세기 전반 금석문이므로 동일한 관등명을 달리 적었다고 판단된다. 앞으로 6세기 전반의 새로운 금석문에 支六, 또는 杖六 등의 외위명이 나타날 것으로 기대한다.

83) 이 부분의 정확한 해석에 대해서는 후고를 기다린다.

甲辰年(524년) 正月十五日에 喙部의 長인 牟卽智寐錦王(法興王)과 沙喙部의 長인 徙天智葛文王과 本彼部의 長인 △夫智△가 왔다.

干支岑(大衆等, 족장단)인 喙部美昕智(伊)干支 등을 포함한 11명이 法興王으로부터 敎를 받았다.

別敎를 지금(甲辰年 正月十五日)의 居伐牟羅 · 男隔只의 本是奴人과 △是奴人에게 내렸다. 前時(514년 正月十五日이전의 사이)에 法興王은 大敎를 내린다. 法道가 잘 통하지 않았으므로 爾耶界城 · 失火遶城滅을 滅하려고 大軍을 일으켜 젊은 사람들(또는 右에 있는 사람들)과 함께 한 번 간 적이 있었다.

사람들(本是奴人과 △是奴人)이 土鹽을 備하였고, 대부분의 奴人마을이 貧財하여도(또는 가난하여도)값있는 것을 바치고, 그 밖의 일들도 잘 하므로 여러 가지의 奴人法을 내렸었다.

新羅大部에서는 班牛를 잡고 麥으로…(술을 빚어서) 왔다. 事大人인 喙部內沙智奈麻 등 王京 출신의 관리와 지방 출신의 관리가 13명이나 참가하였다.

이 때에(비를 세우는데 있어서) 書人은 牟珍斯利公吉之智에 沙喙部善文吉之智였고, 新人(碑에 새기는 사람인 듯)은 喙部述刀小鳥帝智와 沙喙部牟利智小鳥帝智였고, 立石碑人은 喙部의 博士(기술자인 등)들이었다.

때에 敎를 내렸다. 만약에 이(鹽祭에서의 약속)를 소홀히 하면 하늘에 罪를 받을 것이다.

居伐牟羅異智巴下干支, 辛日智日尺 등(이 碑文에 인명이 기록되지 않고 지방민으로 鹽祭에 참가한 자는) 모두 千三百九十八명이었다.

V. 맺음말

지금까지 1988년 4월에 알려진 봉평비에 대해 간단히 살펴보았다.

비문은 모두 10행으로 세로로 적혀 있고, 행당 45자 전후로 총 글자수는 399자이다. 비문 자체에는 글자가 선명하게 남아 있어 판독에는 별로 어려움이 없다. 비문의 전반부와 후반부에는 인명표기가 있고, 중

⑩	⑨	⑧	⑦	⑥	⑤	④	③	②	①	
	麻	奈	使	新	者	別	愼	干	甲	1
立	節	尒	利	△	一行	教	·	支	辰	2
石	書	利	波	六部	爲	今	夬	岑	喬	3
碑	人	杖	小	殺	之	居	智	喙	正	4
人	牟	六	鳥	斑	人	伐	居	部	月	5
喙	珍	十	帝	牛	倫	牟	伐	美	十	6
部	斯利	葛	智	△	土	羅	干	昕	五	7
博	公	尸	悉	△	塩	男	支	智	日	8
士	吉	条	支	麥	王	彌	一	干	喙	9
于	之	村	道	事	大	只	夫	支	部	10
時	智	使	使	大	奴	本	智	沙	牟	11
教	沙	人	鳥	人	村	是	太	喙	卽	12
之	喙	奈	婁	喙	△	奴	奈	部	智	13
若	部		次	部	共	人	麻	而	寐	14
此	善	利	小	內	値	△	一	·		15
省	文	·	舍	沙	△	·	尒	△	錦	16
△	吉	·	帝	智	其	是	智	智	王	17
罪	之	尺	智	奈	餘	奴	太	太	沙	18
於	智	男	居	麻	事	人	奈	阿	喙	19
天	新	彌	伐	沙	種	前	麻	干	部	20
	人	只	車	喙	種	時	牟	支	徙	21
	喙	村	羅	部	奴	王	心	吉	夫	22
	部	使	尼	一	人	大	智	先	智	23
居	述	人	牟	登	法	教	祭	智	葛	24
伐	刀	異	利	智		法	麻	阿	文	25
牟	小	△	一	奈		道	沙	干	王	26
羅	鳥		伐	麻		俠	喙	支	本	27
異	帝	杖	珍	男		部	一		波	28
知	智	百	宜	次		隘	十	毒	部	29
巴	沙	△	△	邪		尒	斯	夫		30
下	喙	卽	波	足		耶	智	智	夫	31
干	部	斤	旦	智		界	奈	一	智	32
支	牟	利	△	喙		城	麻	吉	△	33
辛	利	杖	只	部		失	悉	干	△	34
日	智	百	斯	比		火	尒	支		35
智	小	悉	利	須		遶	智	喙		36
一	鳥	支	△	婁		城	奈	勿		37
尺	帝	軍	△	邪		滅	麻	力		38
世	智	主	智	足		大	等	智		39
中		喙	阿	智		軍	所	一		40
△		部	大	居		起	敎	吉		41
三		尒	兮	伐		若	事	干		42
百		夫	村	牟		有		支		43
九十		智	使	羅						44
八		奈	人	道						45

碑 文 試 釋 表

간 부분에는 비의 성격을 알 수 있는 내용이 적혀 있다.

비문의 주된 내용은 524년 이전에 신라의 法興王이 변경 지역의 두 성을 치러 갈 때 居伐牟羅 등의 사람들이 소금을 바쳐서 전쟁을 도운 적이 있었다. 이에 대한 보답과 아울러 소금의 증산을 기원하기 위하여 法興王은 別敎를 내려서 居伐牟羅에서 소금 祭天 行事가 열렸던 것이다. 그래서 新羅六部에서는 얼룩소를 잡고 麥으로 술을 담가 居伐牟羅로 가져 왔고, 법흥왕 이하 신라 6부의 요인과 근처의 지방관 들이 참가하였다. 이상이 본 비의 중요한 내용이다. 여기에서 소금생산 문제, 塩祭에 대한 복원 등을 미처 다루지 못했다. 다른 지면을 빌려 5~6세기의 신라사 복원을 다시한번 시도해 보고자 한다.

蔚山 川前里書石 을묘년명의 검토

I. 머리말

울산광역시에 있는 천전리서석은 1970년 동국대학교 울산지구 불적 조사단에 의해 발견되었다. 이곳에는 청동기시대의 암각화가 윗부분에 많이 새겨져 있고, 중간 부분과 밑 부분에 새겨진 5~6세기경의 선각화 사이사이에 원명과 추명을 비롯한 많은 명문들이 있다.

여기의 수많은 명문 가운데 유독 원명과 추명만을 주된 연구 대상이 되어 왔고, 그 밖의 명문들은 자료 소개 정도에 그치고 있다. 여기에서 는 乙卯年명을 중심으로 그 내용을 분석해 보고, 연가7년명금동인현의 불(여래입상)의 명문과 대비해 살펴보고 나서, 서석의 선각화와 신라고 분의 토우에 대한 소견을 밝혀 보고자 한다.

II. 명문의 해독

신라 금석문 가운데 불교와 관련되는 금석문으로서 가장 이른 시기 의 것으로 울산 천전리서석 을묘명(535년)을 들 수가 있다.[1] 이에 대해 서는 지금까지 몇몇 단편적인 연구가 행하여지고 있다. 여기에서는 우

---

1) 이에 대해서는 김창호, 1995, 「蔚山川前里書石에 보이는 新羅의 原始信仰 문 제」 『鄕土文化』9·10 참조.

선 설명의 편의를 위해 관계 전문부터 제시하면 다음과 같다.

④	③	②	①	
先	僧	道	乙	1
人	首	人	卯	2
等	乃	比	年	3
見	至	丘	八	4
記	居	僧	月	5
	智	安	四	6
	伐	及	日	7
	村	以	聖	8
	衆	沙	法	9
	士	彌	興	10
			太	11
			王	12
			節	13

이 명문에 나오는 乙卯年에 대해서는 535년(법흥왕 22년)설[2]과 595년(진평왕 16년)설[3]이 있다. 후자에서 제①행에 나오는 節자를 기념일을 가르키는 것으로 보아 불교 시념일을 적은 명문으로 해석하고 있다. 나아가서『三國史記』, 法興王 28年조의「王薨 諡曰法興」에 근거해서 법흥왕은 재위시에는 牟卽智寐錦 등으로 불렸을 뿐이고, 법흥왕은 시호이므로 법흥왕의 재위시에는 사용이 불가능하다는 전제 아래 乙卯年은 595년이 되어야 한다고 주장하고 있다. 그렇다면 이러한 방법에 따라서 540~576년에 재위한 진흥왕의 경우를 조사해 보자. 마운령비에는「眞興太王」이라고 명기되어 있고,『三國史記』, 眞興王 37年조에「秋八月王薨 諡曰法興」이라고 되어 있어서 마운령비의 건립 연대도 568년보다 한 甲

---

2) 현재 학계에서 일반적으로 통용되는 학설이다.
3) 文暻鉉, 1993,「新羅 佛敎 肇行攷」『新羅文化祭學術發表會論文集』14, p.141.

子 내려서 628년으로 잡아야 될 것이다. 지금까지 마운령비의 건립 연대를 628년으로 본 가설은 학계에서는 제기된 바 없다. 따라서 여기에서는 을묘년명의 乙卯年을 535년으로 보는 설에 따르고자 한다.

이 명문 가운데에서 제①행의 聖자는 신라 골품제 가운데 聖骨을 가리킬 가능성을 제시한 견해가 있다.[4] 郎慧和尙碑에서 聖骨을 聖而라고 표현한 점에서 보면 그럴 개연성도 있는 듯하다.

제③행의 「居智伐村」을 『三國史記』, 地理志, 良州조의 「巘陽縣 本居智火縣景德王改名 今因之」란 구절과 대비시켜서 居智伐=居知火로 본 견해가 있다.[5] 헌양현의 위치가 궁금하다. 『高麗史』, 志卷 11, 地理 2에 「巘陽縣 本居知火縣 景德王改今名 爲良州領縣 顯宗九年來居 仁宗二十一年 監務後改彥陽」이라고 되어 있어서 오늘날의 彥陽지역이 居智伐村임을 알 수가 있다.

이 을묘년명 내용 분석의 핵심은 제②·③·④행에 걸쳐서 나오는 「道人比丘僧安及以沙彌僧首乃至居智伐村衆士先人」의 인명표기에 대한 분석이다. 이 부분을 「道人比丘僧安及以」와 「沙彌僧首乃至」와 「居智伐村衆士先人」으로 나누어서 해석한 견해가 있다. 이에 대해 명문 가운데 及以와 及至란 구절은 韓譯佛典에 자주 나오는 병렬의 조사로 及, 倂과 같은 뜻이란 점을 근거로 比丘 僧安과 沙彌 僧首만을 인명으로 분석한 견해가 있다.[6]

중국의 남북조시대 전후나 우리나라의 삼국시대에는 單字의 僧名이 보이지 않고 僧法名에 僧字가 붙는 僧安·僧肇·僧實 등의 예가 있음을 볼 때[7] 후자쪽이 설득력이 있는 듯하다. 이렇게 되면 「道人比丘僧安及以沙彌僧首乃至居智伐村衆士先人等」에서 及以와 乃至는 병렬의 뜻을 가

4) 李鍾旭, 1980, 「新羅 中古時代의 聖骨」, 『震檀學報』59.
5) 木村誠, 1976, 「新羅郡縣制의 確立過程と村立制」, 『朝鮮研究會論文集』13, p.11.
6) 深津行德, 1993, 「法体王－序술:新羅法興王場合」, 『學習院大學 東洋文化研究所 調査研究報告』39, p.55.
7) 金煐泰, 1986, 「延嘉7年銘 高句麗佛像에 대하여」, 『韓國佛敎學會第9回學術硏究 發表會 發表要旨』, p.6.

진 조사이므로 比丘(직명류)인 僧安(인명), 沙彌(직명류)인 僧首(인명)으로 분석하는 쪽이 좋을 것 같다. 居智伐村은 촌명이므로 인명의 분석을 좀 어렵게 하고 있다. 좀 어색하긴 하지만 居智伐村을 출신지명으로 보고서 衆士를 직명, 先人을 인명으로 볼 수가 있다. 이 때에는 출신지명이 직명보다 앞서는 점이 어색하고, 이 인명의 마지막 복수를 나타내는 等자가 붙고 있어서 衆人인 先人이 2명 이상이 된다. 부연해서 설명하면 마지막의 先人을 인명으로 볼 때에는 그 뒤에 等자가 붙기 때문에 先人이란 인명으로 볼 수가 없다. 남은 해석 방법은 衆士와 先人을 모두 직명으로 보는 것이다.

지금까지 분석해 온 「道人比丘僧安及以沙彌僧首乃至居智伐村衆士先人等」을 해석하여 보기로 하자. 及以와 乃至를 병렬의 뜻을 가진 조사로 볼 경우에 道人을 당연히 比丘인 僧安을 가리키게 되고 沙彌인 僧首와는 관계가 없게 되어 '道人 比丘인 僧安과 沙彌인 僧首와 居智伐村의 衆士·先人들이'라고 해석된다.

위의 문장에서 가장 주목되는 용어는 道人이다. 道人이란 말은 이 시기의 다른 금석문에서도 나오고 있는 바 있으므로 이를 뽑아서 적기하면 다음과 같다.

⑦ ………見道人△居石窟………(北漢山碑)
① 干時隨駕沙門道人法藏慧忍 太等居柒夫智伊干………(마운령비)
⑦ ………干時隨駕沙門道人法藏慧忍………(황초령비)

위의 북한산비는 561년에서 568년 사이에 건립된 것이고, 마운령비와 황초령비는 568년에 건립되었다. 북한산비 등은 그 당시 신라 진흥왕과 그의 신하들이 함께 지방을 순수하고 세운 비석들이다. 비슷한 시기에 세워진 금석문인데도 북한산비의 道人은 북한산비가 서있던 북한산 비봉의 석굴에 살고 있었던 것으로 명기되어 있을 뿐, 인명표기가 북한산비에는 기록되지 않고 있다. 이에 비해 마운령비와 황초령비의

道人은 신라 정치의 중핵적인 역할을 담당했던 大等 집단보다도 앞서서 인명표기로 기록되고 있다. 이들 비문에 나타난 것으로 보면, 북한산비의 道人과 마운령비의 道人 사이에는 어떤 관계가 있는 듯하다. 북한산비의 건립은 마운령비와 황초령비에 앞서고 있다. 북한산비에서 북한산의 석굴에 살고 있던 道人이 신라에 귀부되어 마운령비와 황초령비의 道人이 되었을 가능성은 없었을까?

북한산비가 서있던 한강유역과 마운령비·황초령비가 소재한 함흥근처는 모두 고구려의 땅이었다. 고구려의 고지에 가면서 신라 출신의 道人과 함께 가는 것보다는 북한산 비봉 근처 출신의 道人을 데리고 가는 쪽이 고구려계 지방민의 위무에는 훨씬 도움이 되었을 것이다.

이상에서 보면 을묘년명에 나오는 道人은 居智伐村과는 관계가 없는 중앙의 고급 승려로 판단된다. 그 뒤에 나오는 沙彌僧首도 중앙의 승려로 보인다. 이에 뒤이어 居智伐村의 衆士와 先人의 성격이 궁금하다. 이에 대해서는 다음과 같은 선학들의 견해가 있다.

첫째로 居智伐村의 衆士와 先人을 일반 촌민으로 보는 견해이다.[8]

둘째로 衆士와 先人 중 衆士를『三國史記』에 보이는 文士·烈士·國士 등과 같이 士로 표현되는 계층으로 보아서 이를 下級官人, 나중에 外位 소지자가 되는 모집단으로 이해하는 견해가 있다.[9]

셋째로 乙卯年(535년)에 당시 서울에서 興輪寺 창건 공사가 시작되어 이 해에 比丘僧安 등이 川前里를 방문하여 명문을 작성했다는 전제 아래 比丘僧安과 沙彌僧首는 흥륜사 창건에 기술로써 봉사하고, 衆士·先人은 노동력으로 참가했다고 주장하는 견해가 있다.[10]

위의 어느 견해에서도 을묘년명의 衆士와 先人에 대해 깊이 있는 검토가 뒤따르지 않고 있는 듯하다. 이 시기 신라의 금석문인 냉수리비, 봉평비, 적성비, 창녕비, 북한산비, 마운령비, 황초령비에 있어서 기본적

---

  8) 韓國古代社會研究所編, 1992,『譯註 韓國古代金石文』2, p.165.
  9) 南希淑, 1991,「新羅 法興王代 佛教 受容과 그 主導勢力」『韓國史論』25.
 10) 深津行德, 1993,「앞의 논문」

인 비문의 구성은 왕경인들이 나오고 그 뒤에 지방민이 나오는 형식이다. 을묘년명처럼 중앙의 승려에 뒤이어서 지방 출신의 직명이 나오는 예는 없다. 을묘년명은 앞에서 예시한 냉수리비 등과 비교해서 衆士와 先人의 성격을 규명할 수는 없다.

居智伐村의 衆士와 先人에 앞서서 나오는 比丘僧安과 沙彌僧首가 중앙 불교계의 인물들이므로 衆士와 先人은 居智伐村에 있던 지방 불교와 관련된 직명으로 볼 수도 있다. 이때에는 535년 당시의 지방 사원의 존재 가능성이 문제가 된다. 신라에 있어서 지방 사원과 관련된 승관제[11]는 州統·郡統이 알려져 있으나 이들은 대개 685년 신라의 지방 제도인 州郡縣制의 완성과 맥을 같이하는 것으로 이해되고 있다. 이 을묘년명에 나오는 居智伐村은 州나 郡보다 더 하급행정기관에 해당되는 촌명인 점에서 지방 사원과 관련될 가능성은 그 만큼 작아지게 된다. 더구나 신라의 서울이었던 경주에서조차 을묘년명이 작성된 해인 535년에 비로소 신라 최초의 사원인 흥륜사가 창건되기 시작하고 있어서 535년 居智伐村에 있던 지방 사원이 있었을 가능성은 거의 없다. 따라서 衆士와 先人을 居智伐村에 있던 지방 사원에 있던 지방 사원과 관련되는 불교 계통의 직명으로는 볼 수가 없다.

을묘년명은 제②·③·④행에서 道人·比丘僧安·及以·沙彌僧首·乃至 등은 모두 불교와 관련된 용어이다. 이들과 병렬로 연결되어 있는 居智伐村의 衆士와 先人도 불교와 관련된 漢譯佛典이나 조상기 등의 자료에 나올 가능성이 엿보이지만 지금까지 그러한 예는 발견된 바 없다. 제②·③·④행의 인명표기 가운데 병렬로 연결되어 있는 3부분에서 두 부분은 불교 관련 용어이고, 나머지 한 부분에서는 불교와 관련된 용어에서는 그 유래를 찾을 수가 없다. 衆士와 先人 부분은 인명표기에

---

11) 李弘植, 1959, 「新羅僧官制와 佛敎政策의 諸向題」 『白性郁博士領壽記念佛敎學論文集』
中井眞孝, 1971, 「新羅における佛敎統制について」 『朝鮮學報』59.
李銖勳, 1990, 「新羅 僧官制의 성립과 기능」 『釜山史學』14.
蔡尙植. 1993, 「新羅 僧官制 이해를 위한 試」 『韓國文化硏究』6.

서도 직명+인명식이 아닌 직명만으로 나열되고 있어서 그 성격이 참으로 궁금하다. 이 衆士와 先人은 居智伐村의 출신이라기보다는 현재 居智伐村에 살고 있는 계층으로 판단된다. 居智伐村에 살고 있는 계층으로 衆士와 先人으로 나뉘어져 있고, 중앙 불교계의 최고 道人과 어깨를 나란히 할 수 있는 사람은 누구일까? 이들은 居智伐村의 최고의 계층으로 볼 수가 있다.

지금까지 신라 금석문에서 행정촌의 최고 계층이 누구인지를 단정하기 어렵지만, 村主, 作上, 城上 등의 경우는 직명, 출신지명, 인명, 외위명을 갖은 인명표기 방식으로 적혀 있다. 衆士와 先人이 居智伐村의 최고 계층이라면 524년에 작성된 봉평비에 下干支, 一伐, 一尺, 阿尺 등의 외위가 나오고 있어서 외위를 갖는 인명표기로 비문에 적힐 가능성이 클 것이다.

居智伐村의 衆士와 先人의 형식으로 표기된 인명은 신라의 어느 금석문에서도 그 예를 찾을 수가 없다.

衆士와 先人은 을묘년명 자체에서는 두 개의 직명이라는 것 이외에는 그 실체파악의 실마리를 찾을 수가 없다. 좀 우회적인 방법이겠지만 을묘년명이 적혀있는 가까이에 소재한 원명과 추명을 통해 접근해 보자. 원명과 추명은 각각 525년과 539년에 작성된 것이고, 양자에서는 沙喙部徙夫知葛文王과 妹가 주인공으로 함께 동행하고 있다. 원명의 작성연대는 525년이므로 신라에서 불교가 공인된 해인 527년 보다 2년이 앞서고 있다.

원명과 추명의 주인공들은 추명의 앞부분에 「過去乙巳年六月十八日昧沙喙部徙夫知葛文王妹於史鄒女郎三共遊來以後六(月)十八日年過去」라고[12] 표기된 것처럼 525년 6월 18일에 이곳에 온 후에도 6월 18일에는 해마다 이 곳을 왔다가 갔다고 명기하고 있다. 이는 525년 6월 18일 徙夫知葛文의 男妹에서는 대단히 중요한 날짜이기 때문에 해마다 6월 18

---

12) 종래 於史鄒女郎이라고 판독해 여자의 인명으로 본 명백한 잘못이다. 광개토대왕비의 河伯女郎은 여자의 인명이 아니라 하백의 딸로 해석되기 때문이다.

일에는 이곳을 찾았다고 판단된다. 그 이유를 알아보기 위해 관계부분
을 적기하여 제시하면 다음과 같다.

① 過去乙巳年六月十八日味沙喙
② 部徙夫知葛文王妹於史鄒女郎
③ 三共遊來以後六(月)十八日年過去妹王考
④ 妹王過人乙巳年王過去其王妃只沒尸兮妃
⑤ 愛自思己未年七月三日其王與妹共見書石

위의 추명에서 해마다 6월 18일에 이곳을 왔다갔다고 명기된 부분은
제③행의 「……遊來以後六(月)十八日年過去」이다. 해마다 6월 18일에 이
곳을 다녀가는 구체적인 이유는 제④·⑤행에 「乙巳年王過去其王妃只
沒尸兮妃愛自思」라고 명기하고 있다. 이 부분의 해석에는 크게 두 가지
의 방법이 있다.

첫째는 '乙巳年(525년)에 (徙夫知葛文)王은 옛날의 其王妃인 只沒尸
兮妃를 愛自思했다'고 해석하는 것이다. 過去를 '옛날'의 뜻으로 보고
이 부분을 해석하면 옛날의 其王妃인 只沒尸兮妃를 愛自思했고, 지금의
只沒尸兮妃는 愛自思하지 않는다는 이야기도 되고, 6월 18일에 해마다
이곳을 찾는 이유에 대한 뚜렷한 근거를 제시할 수가 없다.[13]

둘째는 過去를 永泰二年銘石造毘盧遮那佛造像記에서 「過去爲飛賜豆
溫哀郎願爲」를 '돌아가신 豆溫哀郎의 願을 위하여'라고 해석한 점에 따
라 '돌아가시다'란 뜻으로 보고 해석하는 방법이 있다.[14] 이때에는 '乙
巳年 (徙夫知葛文) 王은 돌아가신 其王妃인 只沒尸兮妃를 愛自思했다'
고 해석된다. 이러한 식으로 해석하면 6월 18일에 해마다 (徙夫知葛文)
王이 이곳을 찾는 이유는 명백하게 된다.

둘째의 방법을 따를 때에도 이 시기의 신라에서 해마다 같은 날짜에
특정 지역을 찾는 관습이 있었는지가 궁금하다. 이에 대한 구체적인 실

---

13) 金昌鎬, 1995, 「蔚山川前里書石의 解釋 問題」『韓國上古史學報』6, p.393.
14) 李弘植, 1959, 「僧伽寺新考」『鄕土서울』76.

례를 찾기는 어렵지만 백제 무녕왕을 출토의 매지권에 따르면 무녕왕과 그 왕비는 모두 죽은 지 27개월 만에 장사를 지내는 3년상을 시행하고 있다고 한다.[15] 곧 523년 5월 27일에 죽은 무녕왕은 525년 8월 12일에 장사를 지냈고, 526년 12월에 죽은 무녕왕의 왕비는 529년 2월 12일 장사를 지내고 있다. 27개월의 3년상이 6세기 전반에 백제에 도입되었다면 같은 시기에 신라에서도 해마다 같은 날짜인 제삿날에 특정 지역을 찾는 관례에 대한 상정이 어느 정도 가능할 듯하다.

원명과 추명의 주인공인 徙夫智知葛文王의 남매가 해마다 6월 18일에 천전리서석을 찾는 이유는 갈문왕의 왕비가 죽은 까닭으로 짐작된다. 그렇다면 이들이 천전리에 오는 이유가 궁금하다. 그것은 아무래도 천전리서석의 암각화와 관련하여 생각해 보면 이곳 자체가 신앙적인 장소였기 때문으로 판단된다.

아직까지 해결치 못한 衆士와 先人의 성격이 궁금하다. 울산천전리 서석에는 청동기 시대의 암각화가 있으며, 명문작성 이전 시기의 신라 선각화도 있다. 이들 선각화는 기마인물도, 배, 새 등의 그림으로 신라 적석목곽묘에서 출토되고 있는 土偶나 線刻文土器의 조형 또는 그림과 일치하고 있다. 신라 고분 출토의 토우 등은 장송 의례 등 토착 신앙과 관련된 것으로 이해되고 있다. 이에 비추어서 천전리서석의 선각화는 신라의 장송의례와 관련된 토착 신앙으로 볼 수가 있고 을묘년명에 나오는 衆士와 先人은 신라의 토착 신앙과 관련성이 있을 것 같다.

Ⅲ. 三論宗 문제

고구려, 백제, 신라의 불교 전래에 대해서 『삼국유사』 등에 비교적 상세한 기록이 남아있다. 보통 고구려의 불교는 3론종이 크게 유행하였

---

15) 김창호, 1995, 「古新羅의 佛教관련 金石文」『嶺南考古學』16, p.52 삼소.

고, 백제에서는 율종이 유행했으며, 신라는 3론종, 율교 등을 포함하여 中觀 계통의 불교가 알려져 있다.

중국의 승려 가운데 고구려 출신의 僧郞이 남북조 시대에 활약한 승려로 유명하고, 남조에서 삼론종의 승려 實法師도 고구려 출신이라고 알려져 있으며, 일본 3론종의 시조로 추앙받은 慧灌이 고구려승이었다는 점 등을 근거로 고구려에서 삼론종이 유행했음을 알 수가 있다.16) 신라 元曉는 『담론종요』, 『3론현의』, 『중관론종요』, 『광백요종요』, 『광백론제요』, 『광백론지귀』, 『이제장』, 『초장관문』 등의 3론에 관련된 저술을 했다고 하지만 현존하고 있지 않아서17) 그 상세함을 알 수가 없다.

위와 같은 선학들의 연구 성과를 보면 고구려뿐만 아니라 고신라에도 3론종이 있었을 가능성이 엿보이기도 한다. 그런데 승랑, 실법사, 인법사, 혜관 등은 중국과 왜에서 활약했을 뿐 삼론종 승려가 고구려에서 활약했다는 구체적인 증거인 『中論』, 『十二門論』, 『百論』과 관련된 구절이나 삼국 시기의 책에 전사된 예가 없어서 구체적으로 3론종의 흔적을 삼국에서는 찾을 수가 없다.

④	③	②	①	
佛	造	東	延	1
比	賢	寺	嘉	2
丘	劫	主	七	3
法	千	敬	年	4
△	佛	苐	己	5
所	流	子	未	6
供	布	僧	高	7
養	第	演	麗	8
	卄	師	國	9
	九	徒	樂	10
	因	卌	浪	11
	現	人		12
	義	共		13

---

16) 李泰□, 1986, 「吉藏의 二諦藏 연구」 『新羅文化』14.
17) 李泰□, 「앞의 논문」

앞의 울산천전리서석 을묘명(535년)과 관련이 있는 금석문 자료로는 연가7년명금동여래 입상이 있다. 이를 살펴보기 위해 그 전문을 제시하면 위와 같다.

연가7년명금동여래 입상에 나온 僧演 등의 명문은 지금까지 539년에 제작된 것으로 보아 왔다. 신라 울주천전리서석 을묘명에 나오는 僧安·僧首는 535년이므로 신라 쪽이 4년이나 앞서게 된다. 북위에서는 396~397년 사이에 승니를 관장 최고의 僧官으로 道人統이 나오고 있다. 이 道人統의 道人은 진흥왕대의 순수비인 북한산비, 마운령비, 황초령비에 나오는데, 마운령비(568년)와 황초령비(568년)에서는 당시 신라에서 최고 벼슬이 높았던 居漆夫에 앞서서 나오고 있으며 을묘명에서는 道人比丘僧安이라고 나오고 있다. 동북아시아 쪽에서는 414년 또는 415년의 절대 연대를 풍가진 불상으로 소불묘의 관에 새겨진 삼존불을 들 수 있다. 이와 비슷한 형식의 관은 황남대총 남분에서도 나온 바가 있다. 그러면 연가7년명인현의불의 연대를 539년만으로 한정할 수 없고 479년 쪽이 좋지 않을까 판단된다.

삼국시대 금석문 자료에 나타나는 僧安, 僧首, 僧演 등의 법명이 집중적으로 나타난 예를 제시하면 다음과 같다.

〈표 1〉 鳩摩羅什

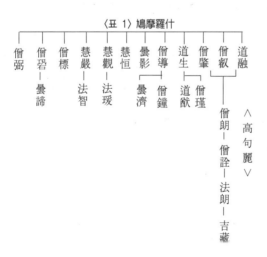

<표 1>에서 보면 법랑(507~581)사람이고, 鳩摩羅什(343~413)이다. <표 1>의 시기는 대개 5세기에서 567년 사이다. 그렇다면 僧□(479년), 僧安·僧首(535년)도 위의 <표 1>에 나오는 승려들의 법명과 관련된 가능성이 있다. 물론 僧△식의 법명은 다른 종파나 시대를 달리해도 나오기는 하지만 <표 1>과 같이 집중적으로 나오는 예는 없다.

<표 1>의 고구려 승려인 僧郎을 포함해 110명이나 되고 있다. 法名인 僧△식의 이름만으로 고구려와 고신라에 삼론종의 존재에 의문을 제기해 두고자 한다.

연가7년명인현의불은 북위 양식으로 옷주름이 좌우 대칭에 가깝고 끝이 날카롭게 뻗어나가고 있다. 이러한 양식의 불상이 전황룡사나 숙수사지에서 출토된 바가 있다. 고신라 가람 배치 가운데 조사가 거의 다 이루어진 황룡사, 분황사의 가람배치가 고구려식인 1탑 3금당이고, 그 밖의 고신라 가람 배치는 알려진 바가 없다.

Ⅳ. 선각화

천전리서석에는 가로 10m, 세로 3m의 거대한 암벽 윗부분에 청동기시대의 암각화가 새겨져 있으며, 6세기에 집중적으로 새겨진 신라시대의 명문들이 기록되어 있는 부분의 높이를 전후해서 이 시기보다 앞서새겨진 수많은 선각화가 음각되어 있다. 음각화에는 인물도, 기마행렬도 등의 인물상과 말, 새, 용, 물고기의 동물상, 그리고 배 등으로 나누어진다.

이들 선각화의 인물도, 배 등은 신라의 5~6세기 무덤인 적석목곽묘에서 출토되고 있는 토우와 유사하여 대개 장송의례와 관련된 것으로 해석되고 있다.[18] 금관이 출토된 금령총을 비롯하여 수많은 적석목곽묘

---

18) 金昌鎬, 1995, 「앞의 논문」, p.14.

에서 토우들이 출토되고 있다.[19] 적석목곽묘에서는 배, 새 등 장송의례와는 상관이 없는 부부생활과 관련된 토우도 출토되고 있다. 이는 천전리서석의 선각화에는 없는 내용이다.

부부생활 모습의 토우들은 다른 토우들과 함께 대개 98호 주위에서 출토되었다고 한다.[20] 국보 195호 토우장식부 장경호는 계림로 30호분에서 출토되었다.[21] 이 고분에서는 금제이식 등이 출토되었고 금관이나 금동관 등은 출토되지 않았다. 98호 주위와 계림로 30호분 등의 적석목곽묘는 크게 보면 신라의 금속제 관은 출토되지 않은 고분으로 보아도 될 것 같다. 따라서 부부생활장면의 토우는 적석목곽묘를 계층으로 나누면 가장 낮은 계층에 속하는 것으로 볼 수가 있다. 그러면 적석목곽묘에 부부생활장면의 토우가 부장된 까닭이 궁금하다. 고구려, 백제 등의 벽화 등에서도 그러한 유례를 찾기가 어렵기 때문이다.

신라의 적석목곽묘 출토의 외래 유물 가운데 그 숫자가 가장 풍부한 것 가운데 하나로 로마제 유리그릇을 들 수가 있다. 이들 유리 그릇은 중국의 봉마노 무덤[22] 등을 통해 볼 때 로마 영역에서 비단길을 경유해서 신라에 들어온 것으로 이해되고 있다. 이 유리 제품과 함께 로마에서 신라로 왔을 가능성이 큰 문화로 뱀, 부부생활장면의 토우를 들 수 있지 않을까 생각된다. 기원후 79년에 화산폭발로 묻혀버린 폼페이의 문화에서는 그러한 요소가 주류를 이루고 있기 때문이다. 적석목곽묘에서는 상류계층에서는 로마 유리제품이 수입되었고, 하류계층에서는 뱀, 부부생활장면의 토우가 수용되었으나 6세기 전반경에는 소멸되어 없어진 것으로 판단된다. 신라 적석목곽묘에서 출토된 유물에서는 사치나 과소비 등의 모습이 무령왕릉 등과 비교할 때 전혀 보이지 않은데도, 유독 부부생활장면의 토우만은 이질적인 것으로 판단된다. 적석목곽묘

19) 토우들은 최병현의 복합묘 2식에서 출토된다고 한다.
20) 小泉顯夫, 1986, 『朝鮮古代遺蹟の編曆』, pp.47~50.
21) 孫明淳, 1999, 「新羅土偶의 象徵性에 관한 硏究」, 慶州大學校大學院碩士學位論文.
22) 서봉총의 유리제품과 유사한 것이 출토되있나고 힌디.

에 나타난 부부생활정면의 토우가 당시 신라의 정서였다고 한다면 3국이 각축하고 있던 시기에 있어서 고구려와 백제를 물리치고 3국통일을 완성할 수 있었을까? 아니면 6세기의 신라 금석문의 정황과 그렇게 다를 수가 있을까? 로마 영역에서 들어온 여러 가지 문화 가운데 하류의 적석목곽묘 파장자들이 수용했고, 신라문화라는 용광로 속에 녹아버려 다산으로 승화된 것으로 추정될 뿐이다.

V. 맺음말

지금까지 논의되어 온 바를 요약하여 맺음말에 대신하고자 한다.

먼저 울주 천전리서석 가운데 乙卯年명을 해석하여 衆士, 先人을 신라 고유한 신앙과 관련된 직명으로 보고, 道人인 僧安 등을 535년 당시 신라 최고의 승려로 보았다.

다음으로 이 을묘년명에 僧安, 僧首와 같이 僧 + △(1자)의 형식을 보이는 法名이 있는 점을 근거로 539년으로 보아온 연가7년명 금동여래입상의 연대를 한 갑자 올려서 479년으로 보았다. 그리고 僧 + △ 형식의 법명이 중국의 3론종에 많다는 점을 근거로 고구려와 신라에 3론종이 들어왔을 가능성은 없는지 의문을 제기하였다.

마지막으로 천전리서석의 선각화는 배, 기마인물상, 새 등으로 적석목곽묘의 토우와 일치해서 장송의례와 관련된 것으로 보았다. 적석목곽묘에서만 출토되고 천전리서석의 선각화에는 출토되지 않은 부부생활장면 토우를 적석목곽묘에서 출토되고 있는 로마 유리제품과 함께 로마의 영역에서 들어온 문화가 아닐까하는 의문을 제기하였다.

南山新城碑 第9碑의 재검토

I. 머리말

고신라의 촌락이나 力役 등의 복원에 남산신성비는 대단히 중요하다. 다른 금석문 자료들과는 달리 현재까지 9기나[1] 발견되고 있어서 더욱 그러하다.[2] 그 가운데에서도 1994년 1월에 새로 발견된 제9비의 경우는 지금까지 알려졌던 남산신성비들과 비교해 볼 때, 역역 부과 방식 등이 다르다. 남산신성비의 앞부분에 나오는 「辛亥年二月…」로 된 상투적인 문장이 없었다면 남산신성비인지의 여부조차도 단정하기가 어렵고, 그 성격 규명을 둘러싼 논쟁이 일어날 뻔하였다.[3] 다행히도 금번에 발견된 제9비는 전문이 알려져서 591년에 제작된 남산신성비임이 분명하게 되었다.

이와 같이 확실한 남산신성비임에도 불구하고 여기에 적힌 역역 부과 방식 등이 고식의 잔재를 포함하고 있어서 현재 그 해석을 둘러싸고 의견이 대립되어 있다.[4] 남산신성비 제9비만으로 해석할 때에는 접근자

---

1) 「奈日」이란 단 두 글자만 있는 이른바 제8비는 남산신성비인지 여부를 알 수가 없지만 더 이상의 혼란 방지를 위해 9기설을 따른다.
2) 朴方龍, 1994, 「南山新城碑 第9碑에 대한 檢討」『美術資料』53.
3) 「徒」자가 붙는 축성 관련 금석문을 6세기 전반으로 보는 견해가 제시된 바가 있었으나 이 비의 발견으로 설득력을 잃게 되었다.
4) 朴方龍, 1994, 앞의 논문.
   朱甫暾, 1994, 「南山新城의 築造와 南山新城碑 -第9碑를 중심으로-」『新羅文化』10 · 11.

의 상황판단에 따라 얼마든지 의도하는 쪽으로 몰고 갈 수가 있다. 왜 냐하면 우리가 갖고 있는 금석문 자료의 창구는 너무도 좁기 때문이 다.[5] 이렇게 금석문의 연구는 분명히 한계가 있다는 점을 염두에 두고 서 제9비를 검토해 보고자 한다. 여기에서는 먼저 비문의 판독과 인명 에 대해 검토하겠고, 비문에 나오는 伋伐郡이 오늘날 慶北 榮州市 지역 임을 주목하여 591년 전후의 인근 지역의 고고학적인 자료를 대비시켜 서 제9비에 대한 해석을 시도해 보고자 한다.[6]

Ⅱ. 비문의 판독

비문은 모두 10행으로 되어 있으며 글자가 얕게 새겨져 있어서 판독 에는 대단히 어려움이 크다. 글자 판독에 논란이 되거나 다르게 판독되 는 부분만을 중심으로 간단히 설명하기로 한다.

제①·②행은 각각 15자씩으로 판독에 전혀 다른 견해가 없다.

제③행은 모두 15자이다. 「5」번째 글자는 「伋」자로 읽고 있다. 「及」 자 부분은 적성비·창녕비·북한산비·마운령비 등에서 及干支 또는 及 尺干의 관등명에 흔히 보이는 자획과는 조금의 차이가 있으나 여기에서 는 「伋」자로 읽는 견해에[7] 따르기로 한다.

제④행은 모두 15자이다. 「4」번째 글자는 「曳」자[8] 또는 모르는 글자

5) 이 점은 문헌자료에서도 마찬가지로 판단된다.
6) 필자는 지난 15년간 우리나라 삼국시대 고분 연구를 위한 기초 작업으로 한국 고대금석문을 공부하였다. 그 동안 금석문을 공부하면서 문헌사학자의 시각에 큰 차이를 느껴온 바가 많았다. 가령 문헌 쪽에서는 『三國志』魏書 東夷傳에 나오는 蘇塗에 거주하는 天君의 존재로 祭政의 분리를 주장할 수가 있지만, 고고학 쪽에서는 6세기에서 3세기 쪽으로 시기가 올라갈수록 祭政의 一致의 강도가 심해져서 天君에 대한 해석에 당혹감을 느낀다. 또 신라 中古 云云하 지만 고분 자료에서 보면 중고란 시대의 설정은 무의미하다.
7) 朴方龍, 1994, 앞의 논문, p.9.
8) 朴方龍, 1994, 앞의 논문, p.9.

로 읽어 왔으나[9] 여기에서는 전자에 따라 「曳」자로 읽는다. 「9」번째 글자는 「生」자로 읽는 견해와[10] 「及」자일 가능성을 상정한 견해가 있어 왔으나[11] 글자 자체로 보면 「生」자가 분명하다.[12] 「11」번째 글자는 「城」자로 읽는 견해와[13] 모르는 글자로 읽는 견해가[14] 있어 왔다. 이 글자는 비문 자체의 城村의 성격 규명과 관련되는 대단히 중요한 부분이다. 이곳에는 「生伐」에 뒤이어 오는 지명이란 전제가 붙을 때에는 「城」 또는 「村」이 들어가야 되며, 이 두 글자 가운데에서는 글자 자획으로 보면 「村」보다는 「城」에 가깝다. 이 글자 자체를 지명의 일부분으로 보지 않을 때에는 당연히 모르는 글자가 된다. 여기에서는 이 글자가 본 비문 자획으로 볼 때 城자 자획과는 차이가 있고 제⑥행의 「生伐」이란 지명 뒤에 城자가 없는 점에 근거해서 모르는 글자로 읽는다.

제⑤행은 모두 15자이다. 「8」번째 글자는 「斤」자와[15] 모르는 글자로 읽는 견해가[16] 각각 있어 왔다. 이 글자 자체는 「斤」자라기보다는 「仁」자일 가능성도 있어서 여기에서는 모르는 글자로 읽는다. 「11」번째 글자는 「另」자와[17] 모르는 글자로 읽는 견해가[18] 각각 있어 왔다. 여기에서는 자형에 따라 「另」자로 읽는다.

제⑥행은 모두 17자이나 「6」번째 글자인 「一伐」은 한 글자로 합쳐서 표기되어 있다. 「14」번째 글자는 모르는 글자와[19] 「母」자로 읽는 견해가[20] 각각 있어 왔으나 여기에서는 모르는 글자로 본다. 「16」번째 글자

9) 朱甫暾, 1994, 앞의 논문, p.45.
10) 朴方龍, 1994, 앞의 논문, p.9.
11) 朱甫暾, 1994, 앞의 논문, p.45.
12) 이 비의 현지 조사는 여러 차례에 걸쳐서 실시하였다.
13) 朴方龍, 1994, 앞의 논문, p.9.
14) 朱甫暾, 1994, 앞의 논문, p.45.
15) 朴方龍, 1994, 앞의 논문, p.9.
16) 朱甫暾, 1994, 앞의 논문, p.45.
17) 朴方龍, 1994, 앞의 논문, p.9.
18) 朱甫暾, 1994, 앞의 논문, p.45.
19) 朴方龍, 1994, 앞의 논문, p.9.
20) 朱甫暾, 1994, 앞의 논문, p.45.

는 「丁」자와[21] 「兮」자로 읽는 견해가[22] 각각 있으나 여기에서는 「丁」
자로 읽는다.

⑩	⑨	⑧	⑦	⑥	⑤	④	③	②	①	
伯	促	村	上	生	尺	郡	令	法	辛	1
干	同	△	干	伐	同	上	誓	以	亥	2
(支)	村	次	工	只	村	人	事	作	年	3
村	西	兮	尺	次	內	△	之	後	二	4
△	△	阿	指	△	丁	安	伇	三	月	5
△	阿	尺	大	一伐	上	知	伐	年	廿	6
△	尺	面	△	城	干	撰	郡	崩	六	7
	芿	促	村	促	△	干	中	破	日	8
	促	伯	入	上	谷	干	伊	者	南	9
	人	干	夫	人	村	伐	同	罪	山	10
	伊	支	△	伊	另	△	城	敎	新	11
	同	村	一伐	同	利	文	徒	事	城	12
	村	支	文	村	支	上	受	爲	作	13
	△△	刀	尺	△	一尺	干	六	聞	節	14
	小石	一尺	伊	尸	文	匠	步	敎	如	15
	捉人	面	同	丁	尺				敎	16

제⑦행은 모두 17자이나 「12」번째 글자인 「一伐」은 한 글자로 합쳐
져서 표기되어 있다. 「7」번째 글자는 「幺」자와[23] 「次」로 읽는 견해가[24]

---

21) 朴方龍, 1994, 앞의 논문, p.9.
22) 朱甫暾, 1994, 앞의 논문, p.45.

각각 있어 왔으나 여기에서는 모르는 글자로 읽는다.

제⑧행은 모두가 17자이나 「15」번째 글자인 「一尺」은 한 글자로 적혀 있다.

제⑨행은 모두가 17자이나 「14」번째 글자는 모르는 두 글자가 한 글자로 합쳐져서 있고, 「15」번째 글자는 「小石」이 한 글자로 합쳐져서 있고, 「16」번째 글자는 「促人」이 한 글자로 합쳐져서 있다.

제⑩행은 모두 8자이나 「7」번째 글자는 외위명의 두 글자가 합쳐져서 있다. 「5」번째 글자는 「戌」자로, 「6」번째 글자는 「七」자로 각각 읽는 견해가 있으나[25] 여기에서는 모두 모르는 글자로 읽는다. 선학들의 판독 결과를 중심으로 지금까지의 판독 결과를 더하여 본비의 전문을 제시하면 위와 같다.

Ⅲ. 인명의 분석

이 비문에서 인명 표기는 제④행의 처음부터 제⑩행의 끝까지에 걸쳐서 있다. 먼저 제④행에서 「郡上人△安知撰干」까지가 한사람의 인명 표기이다. 「郡上人」은 직명, 「△安知」는 인명, 「撰干」은 외위명이다. 출신지명이 기재되지 않고 있는데, 伊同城으로 추정된다.

다음으로 「生伐△文上干」이 한 사람의 인명 표기이다. 직명인 「郡上人」은 앞 사람과 같아서 생략되었고, 「生伐」은 출신지명,[26] 「△文」은 인명, 「上干」은 외위명이다.[27]

다음으로 「匠尺同村內丁上干」이 한 사람의 인명 표기이다. 「匠尺」은

23) 朴方龍, 1994, 앞의 논문, p.9.
24) 朱甫暾, 1994, 앞의 논문, p.45.
25) 朴方龍, 1994, 앞의 논문, p.9.
26) 이 시기 금석문의 인명 표기에는 출신지명에 部자나 城村이 붙지 않는 예가 있다.
27) 朴方龍, 1994, 앞의 논문, p.10에서는 「文」만을 인명으로 보고 있다.

직명, 「同村」은 출신지명,28) 「內丁」은 인명, 「上干」은 외위명이다.

다음으로 「△谷村另利支一尺」이 한사람의 인명표기이다. 「匠尺」이란 직명은 앞사람과 같아서 생략되었고, 「△谷村」은 출신지명, 「另利支」는 인명, 「一尺」은 외위명이다.

다음으로 「文尺生伐只次△一伐」이 한 사람의 인명표기이다. 「文尺」은 직명, 「生伐」은 출신지명, 「只次△」은 인명, 「一伐」은 외위명이다.

다음으로 「城促上人伊同村△尸丁上干」이 한 사람의 인명 표기이다. 「城促上人」은 직명, 「伊同村」은 출신지명, 「△尸丁」은 인명, 「上干」은 외위명이다.

다음으로 「工尺指大△村入夫△一伐」이 한 사람의 인명 표기이다. 「工尺」은 직명, 「指大△村」은 출신지명, 「入夫△」는 인명, 「一伐」은 외위명이다.

다음으로 「文尺伊同村△次兮阿尺」이 한 사람의 인명 표기이다. 「文尺」은 직명, 「伊同村」은 출신지명, 「△次兮」는 인명, 「阿尺」은 외위명이다.

다음으로 「面捉伯干支村支刀一尺」이 한 사람의 인명 표기이다. 「面捉」은 직명, 「伯干支村」은 출신지명, 「支刀」는 인명, 「一尺」은 외위명이다.

다음으로 「面捉同村西△阿尺」이 한 사람의 인명 표기이다. 「面捉」은 직명, 「同村」은 출신지명, 「西△」는 인명, 「阿尺」은 외위명이다.

다음으로 「杰捉人伊同村△△」가 한 사람의 인명 표기이다. 「杰捉人」은 직명, 「伊同村」은 출신지명, 「△△」는 인명으로 위위는 없다.29)

다음으로 「小石捉人伯干(支)村△△△」가 한 사람의 인명 표기이다. 「小石捉人」은 직명, 「伯干(支)村」은 출신지명, 「△△」은 인명, 「△」는 두 글자가 한글자로 합쳐서 된 외위명으로 자흔에 따를 때 一伐로 추정된다.

---

28) 同村이란 앞의 촌명과 같다는 뜻으로 해석되는 바, 남산신성비 제5·6비에도 나온다.

29) 이 부분을 朴方龍, 1994, 앞의 논문, p.10에서는 「杰捉人」「伊同村」「△△」「△△」로 해석하고 있고, 朱甫暾, 1994, 앞의 논문, p.52에서는 「△捉人」「伊同村」「△」「△」로 끊어 읽고 있다. 이 부분의 인명은 남산신성비 제1비의 예에서와 마찬가지로 외위를 갖지 못한 인명 표기로 판단된다.

지금까지의 살펴본 인명 분석을 제시하면 다음의 <표 1>과[30] 같다.

〈표 1〉 제9비의 인명 분석표

職名	出身地名	人名	官 等 名	集團區分
郡 上 人		△ 安 知	撰干	B
〃	生伐	△文	上干	
匠人	同村	內丁	上干	
〃	△ 谷 村	另 利 支	一尺	C
文尺	生伐	只 次 △	一伐	
城促上人	伊 同 村	△ 尺 丁	上干	
工尺	指大△村	入 夫 △	一伐	
文尺	伊 同 村	△ 次 兮	阿尺	
面捉	伯干支村	支刀	一尺	D
面捉	同村	西△	阿尺	
荅 捉 人	伊 同 村	△△		
小石捉人	伯干(支)村	△△	△(一伐)	

Ⅳ. 촌의 성격

<표 1>에서 보면 종래의 남산신성비와 비교할 때 가장 크게 눈에 띄는 점은 A집단이 없는 것과 D집단이 동일한 촌명으로 되어 있지 않는 것이다. 그 이유에 대한 구체적인 해명을 위해서는 제9비만으로는 불가능하다. 남산신성비 가운데에서 비의 전문을 알 수가 있는 제1·2비와의 비교가 불가피할 듯하다. 설명의 편의를 위해 남산신성비 제1·2비의 인명 분석을 제시하면 <표 2>와 같다.

<표 1>과 <표 2>를 대비해 보아도 <표 1>의 제9비에서 A집단이 없는 이유를 알 수가 없다. 이 점에 대해서 이미 몇 가지의 견해가 제시되고 있다.

---

30). 집단 구분은 명활산성작성비의 내용에 따라 A·B·C·D로 4분하였다.

첫째로 지방관은 파견되었으나 기재되지 않았다고 해석하는 것이다.[31]

〈표 2〉 남산신성비 제1·2비의 인명 분석표

第一碑				第二碑				集團區分
職名	出身地名	人名	官等名	職名	出身地名	人名	官等名	集團區分
阿良邏頭	沙喙	晉乃吉	大舍	阿且兮村道使	沙喙	勿生次	小舍	
奴含道使	沙喙	合親	大舍	仇利城道使	沙喙	級知	小舍	A
營坫道使	沙喙	△△儆知	大舍	苔大支村道使	仐喙	所叱△知	大烏	
郡上村主	阿良村	今知	撰干	郡中上人	沙刀城	平西利之	貴干	
〃	柒吐村	△知利	上干	〃	久利城	首△利之	撰干	B
匠尺	阿良村	末丁次	干	匠尺	沙戸城	可沙里知	上干	
〃	奴含村	次△叱礼	干					C
文尺		△文知	阿尺	文尺		美吹利之	一伐	
城使上	阿良	没奈生	上干	作上人	阿大兮村	所乎之	上干	
卫尺	〃	阿△丁次	干	卫尺	〃	可尺利之	一伐	
文尺	〃	竹生次	一伐	文尺	〃	淂毛𨈬之	一尺	
面促上	〃	珎巾	△	麺促上	〃	仁尒之	一伐	D
卉促上	〃	知礼次		△石促上	〃	△自叱兮之	一尺	
卉促上	〃	首次		△石促上	〃	一安尒之	彼日	
卉面促上	〃	辱△次		小石促上	〃	兮利之	彼日	

둘째로 伋伐郡 등에는 애초부터 지방관이 파견되지 않았기 때문에 A집단이 없다는 것이다.[32]

셋째로 역역 동원이 일시가 아니라 교대로 되었다는[33] 전제 아래 동일한 시기에 작성되었다면 A집단이 작성되지 못했다고 보는 것이다.[34]

A집단이 제9비에 존재하지 못한 이유를 현재까지의 문헌 자료에서

---

31) 朴方龍, 1994, 앞의 논문, p.19에서는 남산신성비에 나타난 역역 체제가 임시적인 편제임에서 A집단이 없는 이유를 찾고 있다.

32) 姜鳳龍, 1994, 「新羅 地方統治體制硏究」, 서울대 박사학위 청구논문, pp.79~82.

33) 하일식, 1993, 「6세기말 신라의 역역 동원 체제」『역사와 현실』10. 남산신성비에 나타나지 않는 잡역부의 교대는 가능하다. 남산신성비에 나타난 인명의 교대는 축성이란 관점에서 보면 성립되기가 어렵다고 판단된다.

34) 朱甫暾, 1994, 앞의 논문, p.49.

나 <표 1>·<표 2> 등의 남산신성비에서는 찾기가 어렵다. 바꾸어 말하면 문헌 자료에 따를 때에는 위의 3가지 가설 가운데 어느 가설도 나름대로 타당성을 갖고 있다고 판단된다. 여기에서는 방향을 바꾸어서 동시대의 자료인 고고학적인 유물과 유적을 통해 접근해 보자.

먼저 1989년에 경북대 박물관에서 조사한 慶北 安東市 臨東面 枝洞2 號石槨墓를 들 수가 있다.[35) 이 고분은 분구의 저경이 약 6.5cm정도이고 석곽의 크기는 길이가 288cm, 너비 110cm, 깊이 75cm이다. 여기에서는 고배, 대부완, 파수부배, 대부장경호, 방추차, 세환이식, 철도자, 철륜, 철탁, 청동요패 등과 함께 山字形金銅冠이[36) 출토되었다. 이 고분은 횡구식일 가능성이 있으며, 유물 출토 상태로 볼 때 추가장이 시행되었다고 판단된다.[37) 곧 이 고분은 동서 장축 방향인데, 고분 바닥의 전체에 걸쳐서 손바닥 크기의 평평한 냇돌을 깔았다. 세환이식 2점은 동북쪽 모퉁이에서 출토되었고, 山字形冠은 동쪽 단벽 가까운 단벽 중간지역의 잔자갈 위에서 출토되었다. 이 고분의 피장자는 두 사람인데, 山字形冠의 피장자는 세환이식의 피장자보다 나중에 묻힌 것으로 판단된다. 여기에서 출토되고 있는 고배는[38) 방이동3호 동쪽 석곽묘, 황룡사 등에서 출토되는 예가 있어서[39) 그 연대는 580년 전후로 판단된다.[40)

다음으로 1980년 11월 19일 忠北 丹陽郡 永春面 下里312-1번지에 거주하는 석영린씨가 같은 번지내의 구옥을 헐고 새집과 부속 창고를 짓던 과정에서 발견된 토기 등 37점의 유물이 매장문화재로 신고하여 국고에 귀속되었다. 국립청주박물관의 현지 조사에 의해 상세한 보고문이

---

35) 安東郡 등, 1989, 『臨河댐 水沒地域 文化遺產 發掘調査報告書(II)』, pp.134~147.
36) 원보고자의 견해로 山字形金銅冠이 타당하지만 본고에서는 영춘·동해의 예와 함께 신라계임을 강조하기 위해 出자라고 부른다.
37) 추가장을 비롯한 이 고분의 전반에 대해서는 동국대 고고미술사학과 안재호교수의 교시를 받았다.
38) 安東郡 등, 1989, 앞의 책, p.140, 도면 68의 ⑧.
39) 安東郡 등, 1989, 앞의 책, p.167.
40) 安東郡 등, 1989, 앞의 책, p.458에서는 6세기 후반경으로 보고 있다.

공포되었다.[41] 이 유적은 유물의 출토 상황에 따를 때 석실분 또는 석곽분으로 추정된다. 출토 유물로는 透彫銅版, 高杯 등의 33점 토기 유물과 함께 山字形冠이 나왔다. 이 고분에서 출토되고 있는 고배들은 상당한 시기 차이를 보이고 있다. 그 시기는 넓게 잡으면 500년 전후에서 600년 전후까지로 판단되고[42] 이 유물 자체가 고분이라면 추가장이 인정된다.

그 다음으로 1992년 6월 1일부터 1993년 1월 15일까지에 걸쳐서 관동대학교 박물관에서는 江原道 東海市 北坪工團 조성 지역 내에 있는 湫岩洞 B地區 신라 고분군을 조사하였다.[43] 이 고분군은 행정구역상으로는 江原道 東海市 北坪洞 湫岩마을 山181·147-1번지 일대로 동해시의 남쪽에 위치한다. 山字形冠이 출토된 가-21호분은 장축방향이 N-39°-E로 장방형 수혈식석관묘라고 한다. 바닥의 북서쪽 단벽에서 약 25cm 떨어진 중앙에서 山字形冠 1점이 치아가 남아 있는 피장자의 두개골 위에 씌어진 채로 출토되었고, 두개골 좌측으로 약간 아래인 북서측 장벽이 함물된 석재 밑에서는 청동제 장신구 1점이 출토되었다. 가-21호분에서는 토기가 출토되지 않아서 그 확실한 연대 추정이 어렵지만 가-21호분 주위에 위치한 고분(가-18, 가-20, 가-26호분)들의 편년이 6세기 중엽에서 6세기 말엽으로 비정된 데에서 그 연대를 설정하고 있다.

이들 지역에서 출토되고 있는 山字形冠이나 반출 유물들의 연대는 6세기 후반경으로 판단된다. 지금까지 고고학적인 연구 성과를 따를 때 신라의 山字形冠을 매납할 수 있는 신분은 伊伐干·伊干·匝干·波珍干·大阿干·阿干·一吉干·沙干·及尺干까지의 경위를 갖는 왕경인이나 嶽干·述干·高干·貴干·撰干·上干·干(下干) 등의 외위를 갖는 지방민으로 판단된다. 신라 북부 변경 지역에서 출토되는 山字形冠의

---

41) 金弘柱, 1992, 「丹陽 下里出土 一括遺物에 對한 考察」『考古學誌』4.
42) 영춘 하리 토기의 연대에 대해서는 영남대 박물관 김용성선생의 교시를 받았다.
43) 關東大學校博物館, 1994, 『東海北坪工團造成地域文化遺迹發掘調查報告書』

연대는 정확히 확정할 수가 없다. 순흥어숙지술간묘에서는 「乙卯年於宿知述干」이란 명문이 알려져 있다. 이 명문의 「乙卯年」을 535년[44) 또는 595년으로[45]) 보아 왔으나 「述干」이란 외위명 다음에 「支」자가 없어서[46]) 595년으로 판단된다. 595년에 무덤에 묻힌 어숙지술간묘의 주인공인 어숙지는 「述干」이란 외위명을 갖고 있어서 山字形冠을 가질 수 있는 신분으로 판단된다. 곧 어숙지는 지동·영춘·동해 등에서 출토되었던 것과 같은 유형의 늦은 시기 山字形冠이 묻힌 595년에 가까운 시기로 판단된다.

그러면 왜 당시 신라 북부 지역에서만 늦은 시기의 山字形冠이 출토되었는지에 대한 이유가 궁금하다. 주지하는 바와 같이 신라는 532년에는 금관가야를 통합하고, 그 뒤인 562년에는 대가야를 정복하였다. 562년 이후에 신라는 어느 지역에 있는 백성들에게 가장 큰 관심을 가졌을까 하는 점이다. 이는 말할 필요도 없이 신라 진흥왕 때인 568년에 건립된 북한산비·마운령비·황초령비의 건립에서도 알 수 있듯이 신라의 북부 변경 지역으로 판단된다. 이들 금석문들은 이른바 진흥왕 순수비로 불리우고 있으며,[47]) 「道人」이란 僧職을 가진 승려가 해당 지역 주민의 신라인화에 앞장 선 것으로 알려져 있다.[48]) 곧 마운령비와 황초령비에서는 직명을 가진 승려가 두 명이나 기록되고 있고, 이들이 신라 북부 변경 지역 백성들의 위무에 불교를 매개로 한 이데올로기의 지배를 노린 것으로 해석되고 있다.

6세기 후반에 있어서 신라 북부 변경 지역에 대한 신라 정부 배려의 증거로 북한산비·마운령비·황초령비와 함께 안동 지동·단양·영춘

---

44) 金貞培, 1988, 「高句麗와 新羅의 영역 문제」『韓國史研究』61·62.
45) 崔秉鉉, 1988, 「新羅 石室古墳의 研究」『崇實史學』5.
46) 武田幸男, 1977, 「金石文資料からみた新羅官位制」『江上波夫敎授古稀記念論集』(歷史篇).
47) 노용필의 연구에서는 필자의 견해에 대해 판독들을 중심으로 비판을 가하고 있으나, 서체 등에 대한 보다 폭넓은 이해가 동반되어야 할 것으로 판단되어 여기에서는 언급을 피하고자 한다.
48) 金昌鎬, 「古新羅의 佛敎 관련 金石文」『嶺南考古學』16.

·동해 등에서 출토되는 山字形冠도 중요하다고 판단된다. 이 시기에 신라에서 유독 북부 변경 지역에서만 山字形冠이 출토된 점에 근거할 때 이들 지역에 대한 신라의 배려가 있었던 것으로 판단된다. 그렇다면 591년 당시 영주 지역(伋伐郡)은 남산신성비 제1·2·4·5비에 나오는 곳과는 그 지배 방식에 차이가 있었을 가능성이 있고, 나아가서 그 역역의 동원도 조금 달랐던 것으로 판단된다.

이상에 근거해서 제9비에서 A집단이 없는 점은 신라 북부 변경 지역에 대한 중앙 정부의 배려에 기인하여 역역 동원이나 지배 방식이 다른 여타 지역보다 느슨한 데 기인한 것으로[49] 짐작된다.

다음으로 D집단의 촌명이 B·C집단의 촌명과 동일한 성격인지 여부이다. 지금까지 일반적으로 남산신성비에 나오는 촌명은 전부 행정촌으로 보아 왔다. 최근에 제9비의 발견 이후에 D집단의 촌명은 자연촌이고 B·C집단의 촌명은 행정촌이란 견해가 나왔다.[50] 그 중요한 근거는 다음과 같다.

첫째로 B·C집단과 D집단을 구분한 근거는 B·C집단이 하나의 郡을 단위로 한 반면에 D집단은 郡내의 하나의 (행정)성촌을 단위로 한 데에 있었다고 보았다.

둘째로 D집단이 모두 동일한 (행정)성촌 출신이라는 것은 「伋伐郡中伊同城徒受六步」라고 한 데에서 알 수 있으며, D집단이 하나의 伊同城 출신자들이라면 그 곳에 보이는 촌명들은 당연히 伊同城을 이루는 하부 단위일 수밖에 없다.

셋째로 伊同城에서 축성을 책임졌으므로 출신지를 나타낼 때 伊同城이라고 하여야 하는데 D집단에서는 伊同村이라고 표현한 사실로 보면 D집단의 伊同村 등의 촌명은 伊同城을 구성하는 하부의 촌이라고 보았다.

---

49) 이른바 이 시기의 지방 지배 방식은 일본학계에서는 간접 지배라고 부르고 있다. 이 문제에 대해서는 따로이 상론할 기회를 갖고자 한다.
50) 朱甫暾, 1994, 앞의 논문, pp.55~56.
이에 대한 비판은 李鉄勳, 1995, 「新羅 中古期 村落支配 研究」, 釜山大 大學院 博士 學位請求論文, pp.163~164에도 상세하게 제시된 바 있다.

넷째로 D집단에 보이는 촌명과 B·C집단에 보이는 촌명이 전혀 중복되지 않고 각각 다르다는 점이다.

이상과 같은 이유에 근거하여 D집단에 보이는 촌명은 B·C집단과 동일한 성촌이 아니라 伊同城을 이루는 하부 촌명 곧 自然村名이라고 단정하였다. 이러한 체계적인 주장에도 불구하고 D집단을 자연촌으로 보는 데에는 몇 가지 의문점이 있는데, 이를 제시하면 다음과 같다.

첫째로 伊同城과 伊同村이라고 한 점에 근거해서 伊同村을 伊同城이란 행정촌에 소속된 자연촌 가운데 하나로 보고 있으나 <표 2>의 남산신성비 제2비에는 阿且兮村道使·仇利城道使·答大支村道使란 직명이 A집단에 나와서 阿且兮村과 答大支村을 자연촌명으로 보기는 어렵다. 나아가서 제9비에서 伊同城과 伊同村의 관계를 제2비에 적용하면 阿且兮村道使는 阿且兮城道使가 되어야 하나 제2비에서는 그렇지가 않다. 또 <표 2>의 제1비에서는 B·C집단에 나오는 촌명은 郡을 단위로 동원된 행정촌명인데도 불구하고 두 번씩이나 阿良城이라고 표기하지 않고 阿良村으로 표기하고 있다. 따라서 伊同城은 행정촌명, 伊同村은 자연촌명이란 가설은 제9비에서는 성립되나 남산신성비 자체에서는 성립될 수가 없다.

둘째로 D집단이 모두 동일한 (행정)성촌 출신이라는 것은 「伋伐郡中伊同城徒受步」라고 한 데에서도 알 수가 있다고 하였다. 그러나 「伋伐郡中伊同城徒受步」라고 한 구절에서 남산신성비의 축조에 담당자는 제9비에 나타난 인명이 기재된 사람만이 아니라 수많은 역부들이 있었다고 판단되며, 이들 역부들의 출신지가 伊同城이라고도 해석될 수가 있어서 D집단에 나타난 촌명들을 모두 伊同城의 하부 촌명으로 보기는 어렵다고 판단된다.

셋째로 남산신성비 제2비에 따르면 阿大兮村이란 자연촌에 외위를 가진 사람이 7명이나 된다. 신라에서 자연촌의 규모를 알려 주는 자료는 없지만 통일 신라 때 작성된 촌락문서에 따르면[51] A촌은 10호, B촌

---

51) 旗田巍, 1972,『朝鮮中世社會史の研究』, p.446.

은 15호, C촌은 8호, D촌은 10호로 평균 자연촌당 11호가 된다. 자연촌 11호당 7명씩이나 되는 사람이 외위를 가졌다면 고신라의 외위는 너무 많은 듯하다.

넷째로 남산신성비의 실제 측정 역역이 자연촌을 단위로 시행되었다고 볼 때 너무 자연촌의 戶數가 적다고 판단된다. 578년에 작성된 오작비에 있어서 하루에 312人의 功夫가 동원되었다고 적혀 있다. 신라 촌락 문서에서 4촌의 인구수는 A촌 133명, B촌 118명, C촌 69명, D촌 97명으로 나타나 있어서[52] 자연촌의 남녀노소를 전부 동원해도 312명의 인원을 채울 수가 없다.

다섯째로 제9비 자체에서도 C집단과 D집단에 각각 同村이란 출신지명의 표시가 있어서 D집단을 자연촌으로 보면, B·C집단의 촌명도 자연촌으로 보아야 되나 D집단의 촌명만을 자연촌명으로 보고 있다.

이상과 같은 이유에서 D집단의 촌명은 자연촌으로 보기 보다는 다른 모든 고신라의 금석문에서의 성촌명과 같이 행정성촌명으로 보아 두고자 한다.

그러면 제9비의 D집단에서는 제1·2비에서와 같이 동일한 행정촌이 나오지 않고 몇 개의 행정촌이 나와 있는지에 대한 의문이 생긴다. 이점은 『三國史記』 등의 문헌 사료에서는 물론 고신라의 금석문 자료에서도 그 실마리를 찾을 수가 없어서 구체적인 해명은 어렵다고 판단된다. 신라 북부 변경 지역에 대한 신라 중앙 배려에 따라 伋伐郡 지역의 지배 방식이 다른 지역과의 차이가 있는 듯하나[53] 더 이상의 검토는 필자의 능력 부족으로 진행할 수가 없어서 장차의 과제로 삼고자 한다.

---

52) 旗田巍, 1972, 앞의 책, p.446.
53) 5·6세기 신라의 지방민에 대한 지배 방식에는 分與設, 間接支配設, Prestage Goods System 理論 등이 적용된 바 있다. 그 어느 가설도 한국 고분 자료에 대한 충분한 검토가 없었던 것으로 판단되어 이 문제에 대해서는 장차의 과제로 삼겠다.

Ⅳ. 맺음말

지금까지 남산신성비 제9비에 대해 간단히 살펴보았다. 여기까지 논의되어 온 바를 요약하여 맺음말에 대신하고자 한다.

먼저 남산신성비의 전문의 판독에 대해 검토하였다. 다음으로 판독 결과 제시된 전문에 나오는 인명 표기를 분석하였다. 마지막으로 남산신성비 제9비의 D집단에 나오는 村名이 행정촌인지 자연촌인지에 대해 살펴보았다. 제9비는 종래의 제1·2비와는 달리 A집단이 없으며, 力役 부과 방식에도 고식적인 요소가 있다. 이 비의 역역 대상민이 현재 영주시 일원인 점에 주목하여 이 시기의 신라 북부 변경 지역의 고고학적인 자료와 결부시켜서 제9비의 역역 체계가 다소 차이가 있을 가능성을 타진하였으나 D집단에 여러 개의 행정촌이 있는지에 대해서는 미처 규명치 못하고 말았다.

壬申誓記石製作의 年代와 階層

I. 머리말

신라의 많은 금석문 가운데 내용상 특이한 종류의 임신서기석이 있다. 이는 1935년 우연히 발견되어[1] 현재 국립경주박물관에 진열되어 있다. 발견지는 경북 경주시 현곡면 금장리(석장동)이다. 이 명문에 대해서는 일찍부터 화랑도와 관련시켜서 연대 문제를 중심으로 한 연구들이 있어 왔다.[2]

최근에 들어와 蔚州 川前里의 명문, 丹陽赤城碑, 中原高句麗碑 등 삼국시대의 중요한 금석문이 발견되어 신라사 연구에 활기를 띠기 시작했다. 새로 발견된 금석문 중 천전리의 명문에서는 수많은 화랑 이름이 나오고 있어서 화랑제도 연구에 중요한 자료가 되고 있다. 이들 새로운 금석문 자료를 바탕으로 임신서기석에 관한 평소의 소견을 밝혀보고자 한다.

---

1) 大坂金太郎, 1967, 「新羅花郎の誓記石」『朝鮮學報』43.
2) 末松保和, 1954, 「壬申誓記石」『新羅史の諸問題』
   李丙燾, 1976, 「壬申誓記石에 대하여」『韓國古代史研究』

Ⅱ. 명문의 판독

임신서기석은 위가 넓고 아래가 좁은 평편한 냇돌이다. 그 길이는 31
㎝, 너비는 윗부분이 12.5㎝로 아래로 갈수록 점점 좁아지고 있다. 刻文
은 송곳같은 뾰족한 쇠끝으로 고졸하게 새긴 것이다.[3] 명문은 전부 5행
으로 되어 있다. 제①행이 18자, 제②행이 16자, 제③행이 14자, 제④행
이 16자, 제⑤행이 10자로 되어 있으며, 전체 총 글자 수가 74자에 불과
하다. 우선 설명의 편의를 위해 전문을 제시하면 다음과 같다.[4]

	1	2	3	4	5	6	7	8	9	10	11	12	13	14	15	16	17	18
①	壬	申	年	六	月	十	六	日	二	人	幷	誓	記	天	前	誓	今	自
②	三	年	以	後	忠	道	執	持	過	失	无	誓	若	此	事	失		
③	天	大	罪	淂	誓	若	國	不	安	大	亂	世	可	容				
④	行	誓	之		又	別	先	親	未	年	七	月	廿	二	日	大	誓	
⑤		詩	尚	書	化	傳	倫	淂	誓	三	年							

제①행에서는 모든 글자가 쉽게 판독된다. 두 번이나 나오는 「誓」자
가 「撍」로 되어 있다. 이러한 예는 마운령비(전면) 제⑥행, 울주 천전리
서석 원명 제⑤행 등이 있다.

제②행의 「7」번째 글자인 「執」자는 「埶」으로 되어있는 바, 중국 북위
의 弔比干基文(494) 동진의 王洽淳化閣帖, 수의 智永眞草千字文 등의 예
가 있다. 「15」번째 글자인 「事」자는 「筝」로 표기되어 있는 바, 남산신성
비, 적성비 등의 예가 있다.

제③행에 있어서 「4」번째 글자인 「得」자는 흔히 중고 금석문에 나오
는 「淂」자로 표기되어 있다. 「7」번째 글자인 「國」자는 「国」으로 되어

---

3) 여기까지의 서술은 李丙燾, 1976, 「앞의 논문」, p.685에 따랐다.
4) 이 명문은 縱書를 橫書로 바꾼 것이다(本稿에 인용된 다른 금석문도 특별한 명
   기가 없는 것은 모두 같다).

있으나, 印刷關係에 의한 것일 뿐 「國」자가 틀림없다. 「11」번째 글자는 「亂」자의 속자인 乱으로 되어 있다. 「14」번째 글자는 容・客・盗・審 등으로 읽어지고 있으나5) 해석상 대단히 어려운 부분이다.

제④행에 「辛」자는 「□」자로 표기되어 있는 바, 남산신성비의 「□亥年」에 나오는 「辛」자와 꼭 같다. 「12」번째 글자는 「卅」자로 二十의 표기인데, 그 예는 남산신성비 등이 있다.

제⑤행의 「5」번째 글자는 「禮」자로 「礼」자로 표기되어 있다. 그 예로는 남산신성비 제1비, 적성비 등의 예가 있다.

Ⅲ. 제작 연대

먼저 이 비의 제작연대에 대한 선학들의 견해부터 살펴보기로 하자.

제⑤행의 「詩尙書禮傳」에 根據를 둔 견해가 있다.6) 이 부분은 詩, 尙書, 禮, 傳으로 끊어 읽어서 毛詩, 尙書, 禮記, 春秋左氏傳으로 각각 보았다. 그리고 난 후 『三國史記』卷38, 職官志, 國學조의 「國學屬禮部・神文王二年置 …… 敎授之法 以周易尙書毛詩禮記春秋左氏傳文選 分而爲之業 …… 或以禮記周易論語孝經 或以春秋左傳毛詩論語孝經 或以尙書論語孝經文選 敎授之」란 구절과 연결시켰다.

곧 국학의 싹이 트기 시작한 해를 眞德女王 5年(651)으로 보고서, 651년 이후에서 壬申年을 찾았다. 그 可能性이 있는 壬申年 文武王 12년(672), 聖德王 31년(732), 元聖王 8년(792), 文聖王 14년(852), 神德王 원년(912) 등으로 보았다. 이들 연대중 제②행의 「忠道執特過失无誓」가 신라 화랑들의 행위임이 상정되는 점과 國學制度실시의 초창기 등을 고려하여 聖德王 31년(732)으로 비정하였다. 元聖王 8년(792)일 可能性도 덧붙이고 있다.

---

5) 田中後明, 1983, 「新羅の金石文－壬申誓記石－」『韓國文化』5-7, p.39.參照.
6) 末松保和, 1954, 「앞의 논문」

이러한 견해를 비판한 다른 견해가 나왔다.[7] 먼저 발견지가 경주인 점, 서체가 고졸한 점, 제④행 「卄」의 用例가 고려시대로 내려가지 않은 점 등에 의해 신라시대로 한정하였다. 제⑤행에 나오는 「詩尙書禮傳」 등의 유교 경전은 漢學 전래와 때를 같이하여 신라에 들어왔다. 유교경 전은 국학의 설치 이전에도 知識階層의 학습 대상이 될 수 있다고 하면 서 제⑤행의 「詩尙書禮傳」을 국학과 關聯지우는 것을 비판하였다.

계속해서 「그러므로, 忠道執特 云云과 詩, 尙書, 禮, 傳의 習得을 약 속한 誓記의 제작을 반드시 통일초의 사실로 보아야 할 이유는 없는 것 이다. 나로서 본다면, 그 내용 그 시대가 신라 통일기보다 도리어 隆盛 期에 해당하지 아니할까 생각된다. 비단, 서기의 내용으로 보아 그러할 뿐 아니라, 그 기술의 양식(문체)으로 보아 나는 더욱 그렇게 비정하고 싶다.」고 하면서,[8] 이 임신서기석의 명문이 吏讀兼用文의 사용이전의 것(예를 들면 남산신성비 : 591)으로 보았다. 그 연대를 구체적으로 眞 興王 13年(552) 또는 眞平王 34年(612)으로 주장하였다.

위의 견해 중 眞平王 34年(612)을 지지하는 견해가 나왔다.[9] 이 견해 에서는 먼저 이 명문을 國學 成立 以前으로 보는 根據를 다음과 같이 제시하였다.

① 국가에 대한 忠誠의 盟約은 三國이 각축을 벌이던 당시 젊은이들 의 愛國氣像과 生死觀을 보여주고 있다.

② 天에 대한 信約은 종교적인 盟約으로 신라의 民俗 信仰이 內在해 있음을 보여준다.

③ 종교적 신성성의 흔적이 『三國史記』에 斯多含과 武官郎에서나 貴 山 · 箒項이 함께 인격을 수양할 것을 盟誓한 二人盟約의 예를 보여준다.

④ 忠道란 용어는 신라 화랑들의 국가의식의 표현이며, 이는 世俗五

---

7) 李丙燾, 1976, 「앞의 논문」.
8) 李丙燾, 1976, 「앞의 논문」, p.691에서 인용.
9) 柳承國의 견해이나 보지 못했고, 여기서는 朴蓮洙, 1982, 「壬申誓記石에 관한 考察-花郎의 「天」 및 「國家」觀-」『陸土論文集』23, p.117에서 재인용.

戒에서 「事君以忠」이 맨 앞에 나오는 점과 통한다.

⑤『三國史記』에 眞平王때 金后稷이 王子歌를 이용하여 王이 사냥하기를 좋아하는 것에 대해 상소한 것이나, 朴提上이 고구려에 사신으로 갔을 때, 詩經의 문구를 인용하여, 인질로 간 王弟를 돌아오게 한 것에서 유교 경전이 國學 成立以前에 이미 학습된 증거가 있다.

그리고 나서 이 명문을 眞平王代로 보는 根據로 眞興王 때에는 화랑조직이 초기 단계라서 조직이 원만하지 못한 점, 『三國史記』, 列傳, 金庾信조에 나오는 辛未年(당시 나이 17세)의 告天과 盟誓 및 35세 때의 목숨을 건 忠孝의 盟誓 등은 「辛未年」「天前」「大誓」「忠道」 등과 상통하는 점, 貴山과 箒項의 盟誓도 眞平王의 사실인 점 등을 덧붙이고 있다.

위의 견해 가운데 연대 추정의 중요한 根據가 되어 온 제⑤행의 「詩尙書禮傳」부터 따져 보자. 이 구절은 첫째로 詩, 尙, 書, 禮, 傳으로 끊어 읽어서 5책으로 볼 수 있다. 둘째로 詩, 尙書, 禮, 傳으로 끊어 읽어서[10] 4책으로 볼 수 있다. 셋째로 詩, 尙書, 禮傳으로 끊어 읽어서[11] 3책으로 볼 수 있다.

위의 방법 중 첫 번째의 방법대로 詩, 尙, 書, 禮, 傳으로 보면 尙과 書는 尙書와 書經으로 볼 수 있다. 유교 경전은 書經은 옛날에는 다만 書라고 했고, 漢代에는 尙書라 했으며, 宋이후에 書經이라고 했다 하므로[12] 결국 尙書와 書經은 같은 책이 되고 만다. 두 번째의 방법대로 詩, 尙書, 禮, 傳으로 보면, 詩다음에 尙書라고 책명을 정식으로 밝혀 놓고 다시 禮와 傳으로 책명을 약해 표시한 것이 어색하다. 春秋左氏傳을 詩傳·書傳 등과 구별하여 傳字로 표시한 것도 다른 實例가 必要할 것 같다. 세 번째의 방법대로 읽으면 詩, 尙書, 禮傳이 되나 禮傳이란 책이 있는지가 문제된다. 禮傳이란 漢末 馬融 禮記에 傳을 단 책[13]으로 볼

---

10) 末松保和, 1954, 「앞의 논문」, p.462.
11) 李弘稙編, 1963, 『國史大辭典』, p.1275.
12) 李弘稙編, 1963, 『앞의 책』, p.700.
13) 李弘稙編, 1963, 『앞의 책』, p.940.

수도 있을 것 같다. 이렇게 세 번째 방법대로 보면 국학의 교과과목 8과목 중 3과목밖에 되지 않아서, 국학과의 關聯性은 그만큼 작아지게 된다.

이 명문의 연대를 통일신라 이전으로 잡는 견해에 대해 조사해 보자.

이 임신서기석에 있어서 獨特한 용법은 제④행의 「之」자이다.[14] 이 「之」자는 終結形 표시로 사용된 것으로 중국 한문에서는 볼 수 없다고 한다. 신라 중고 금석문에서 대구오작비(578)의 「此作起數者三月百十二人功夫如十三日了作事之」[15]와 남산신성비(591)의 「……三年崩破者罪教事爲聞教令誓事之」 등의 예를 들고 있다. 이와는 용법은 다르나 「之」자의 예를 525년에 만들어진 울진 천전리 서석의 원명 「幷遊友妹麗德兒妙於史卽安郞圭之」에서도 볼 수 있다. 현재까지의 6세기 전반 금석문 자료에서는 「之」가 종결형으로 쓰인 예가 없으나 앞으로 나올 可能性이 얼마든지 있을 것이다. 이 「之」자는 광개토왕비(414)에서 「其有違令賣者刑之買人制令守墓之」라고 한 예가 있어서[16] 고구려계 이두일 可能性이 크다.

이 「之」자와 함께 고구려계 이두로 추정되어온 「中」자의 用例를 그 방증의 자료로 따져보자. 지금까지 삼국시대 금석문에서 「月」 다음에 「中」자가 오는 예를 제시하면 다음과 같다.

---

14) 河野六郎, 1957, 「古事記の於ける漢字使用」『古事記大成』3, 言語文學篇, p.190. 단 河野六郎은 임신서기석을 792년으로 보고 있다(河野六郎, 1957, 「前揭論文」, p.204).
  李基文, 1981, 「吏讀의 起源에 대한 一考案」『震檀學報』52, p.68.
15) 오작비의 제⑤행 「14」번째 글자를 「乙」자로 일어 왔으나(金昌鎬, 1983, 「新羅中古金石文의 人名表記(Ⅱ)」『歷史教育論集』4, p.5), 위의 글자와 꼭 같은 표시인 「こ」자로 본다. 이 인용구절에 根據할 때 312人의 功夫가 13일 만에 오의 축조가 끝난 것이 되어, 총인원이 4,056人이 된다. 이렇게 볼 때 永川 菁堤碑 丙辰銘의 제④행 「七千人△二百十方」에서 7,000명을 280개의 조로 나누어 25명을 노력 동원 단위로 본것은 재고의 여지가 있게 된다. 7,000명을 10일간 동원했다면 70,000명이 되어 오작비와 너무 많은 인력 동원의 차이가 생기기 때문이다.
16) 李基文, 1981, 「前揭論文」, p.70.

* 延壽元年太歲在辛卯三月中 ················(451, 瑞鳳塚 銀合杅)
* ······五月中 ·······························(481, 中原高句麗碑)
* 丙戌十月中 ·······························(446 또는 566, 平壤城石刻)
* △△△△月中 ·······························(545, 丹陽赤城碑)
* 乙丑年九月中 ·······························(545, 蔚州 川前里乙丑銘)

위의 자료 중 서봉총 은합우는 신라제인가 고구려제인가 많은 論亂
이 계속되어 왔다. 일찍이 이두적인 문장표기법이 고구려에서 기원했음
을 주장하면서, 이 은합우의 명문에 나오는 延壽를 고구려 장수왕의 연
호로 추정하였다.[17] 그래서 이 명문에 나오는 「中」자도 고구려의 用例
로 보고 「延壽元年辛卯」를 장수왕 39년(451)으로 보았다. 이 견해는 16
년이 지난 뒤에야 비로소 주목되기 시작했다.[18] 이 명문의 뒤이어 나오
는 「太王」이란 말의 使用例에 根據할 때,[19] 이 명문의 고구려 장수왕
39년 설이 옳을 것이다.

다음 중원고구려비의 建立年代에 대해서 여러 가지 견해가 있어 왔
다.[20] 그 가운데 古鄒加共, 太子共, 古鄒大加助多를 동일 인물로 추정해
481년 이후로 본 견해가[21] 가장 說得力이 있는 것 같다.

평양성 석각은 446년 또는 566년 설이 있으나[22] 여기서는 두 설을
모두 취하여 둔다. 앞으로 다른 평양성 석각 자료와 비교 연구가 기대
된다.

단양적성비는 545년 이전에 建立된 것이다.[23] 여기서 하나 부기하고

---

17) 姜銓燮, 1963, 『吏讀의 新硏究』, pp.24~25.
18) 李丙燾, 1979, 「慶州 瑞鳳塚 出土 銀盒銘文考」『Melanges de Coreanologie Offerts
    AM. Charles Haguenauer』, p.163.
19) 金昌鎬, 1984, 「古新羅 瑞鳳塚 年代 問題(Ⅰ)」(未發表).
20) 田中後明, 1981, 「高句麗の金石文-研究の現狀と課題-」『朝鮮史研究會論文集』
    18, pp.121~123.
21) 金英夏·韓相後, 1983, 「中原高句麗碑의 建碑年代」『教育研究誌』25.
22) 田中後明, 1981, 「前揭論文」, pp.126~127 參照.
23) 金昌鎬, 1984, 「新羅中古 金石文의 人名表記(Ⅰ)」『大丘史學』22, pp.28~30.

싶은 것은 이 명문 제①행「月中」의 앞앞글자에「年」자를 復原할 수 있
는지 여부이다. 제①행의「3」번째에「年」자를 復原해 넣으면「△△年△
月中」이 된다. 그러면「△月中」의「△」부분은「一~十」이 들어갈 수 있
게 된다. 자연히「十一」과「十二」는 그 대상에서 除外된다. 앞의 평양성
석각에「丙戌十二月中·」의 예도 있어서「年」자 復原은 신중을 기해야
할 것 같다.

마지막 울진 천전리 을축명은 뒤에 나오는 관등의 경향성에 根據 할
때 545년임은 분명하다.[24][25]

이상에서 보면「中」자의 용법은 5세기의 고구려 금석문에서 보이
며,[26] 6세기 전반의 신라 금석문에서도 보이고 있다. 반면에「之」자는 5

---

24) 金昌鎬, 1983,「前揭論文(Ⅱ)」, p.15에서는「年」자로 復原했으나 이는 앞으로
   더 연구되어야 할 부분이다.
25) 武田幸男, 1977,「金石文資料からみた新羅官位制」『江上波夫敎授古稀記念論
   集』, 歷史篇, p.65.
26) 李基文, 1981,「前揭論文」, pp.75~76에 의하면「中」자의 기원을 北魏로 보고
   있다.
   이「中」자의 의미에 대해 알아보자. 일본에서는『日本書紀』에 '中'에 nakanötö
   woka(가운데 열흘)라는 古訓이 있어서 中旬의 뜻으로 해석하거나 曆法上 二十
   四節氣의 中·節가 가운데 中으로 보기도 했다(埼玉懸敎育委員會, 1979,『稻荷
   山古墳出土鐵劍金象嵌銘槪報』, p.13). 전자에 대해서는「중」자가 신라에서 處
   格표시였다는 점을 根據로 비판을 받은 바 있다(李基文, 1981,「前揭論文」,
   p.73). 여기에서는 後者에 대해 조사해보자.『大漢和辭典』卷1, P.430DO 根據하
   면 24절기는 漢代에 만들어졌다고 한다. 24절기 중「中」에 해당되는 것을 도시
   하면 다음과 같다.

季節	春			夏			秋			冬		
節氣	雨水	春分	穀雨	小滿	夏至	大暑	處暑	春分	霜降	小雪	冬至	大寒
陰曆	五月中	二月中	三月中	四月中	五月中	六月中	七月中	八月中	九月中	十月中	十一月中	十二月中
陽曆	2.19 2.20	3.21 3.22	4.20 4.21	5.21 5.22	6.21 6.22	7.23 7.24	8.23 8.24	9.23 9.24	10.23 10.24	11.22 11.23	12.22 12.23	1.20 1.21

위의 표에 의해 앞에서 든「中」의 예 가운데 서봉총 은합우의 명문에 나타난
것부터『二十史朔閏表』·『長術輯要』등을 통해 조사 해보자. 451년 3월의 朔
(陰曆3월 1일)은 乙酉이고 陰曆으로 4월 17일이다. 3月中은 양력으로 4월 20일
또는 4월 21일이므로 이늘의 日十支늘 찾으면 戊子와 己丑이 된다. 이들은 각

세기의 고구려 금석문에 보이나 신라에서는 6세기 후반의 금석문에서 만 보이고 있다. 「中」자의 用例를 매개로 판단하면 「之」자의 用例도 6세기 전반에 사용된 確實한 예가 앞으로 나올 것이다. 임신서기석에서 도 「之」자 때문에 6세기전반 금석으로 보는 데에 障碍가 될 수 없을 것 이다.

임신서기석에 나오는 「幷」「牙」「以後」 등의 용어로 6세기 전반 금 석문이 울진 천전리 서석에 나오고 있다. 그리고 임신서기석에서 「誓… 誓」식의 문투도 천전리 서석 추명(539)에 「此時共三來另太王記……△△ 夫知共來」로 보이고 있다.

이상에서 볼 때 임신서기석은 眞興王 13년(552)에 만들어졌을 可能 性이 클 것 같다.

Ⅳ. 제작계층

임신서기석을 만든 사람이 어떤 階層인지를 여기에서 검토해 보기로 한다.

제②행의 忠道執特란 구절 등 전체 문장 내용으로 볼 때 화랑이 이 명문을 썼을 可能性은 충분히 있는 것 같다. 그래서 제②행과 제⑤행의 「三年」이란 말에 根據하여 화랑의 수련기간을 추정하는 증거가 되기도 했다.[27] 3년을 하나의 약속기간으로 설정한 예는 신라 사료에서 많이 볼 수 있는 바, 관계 자료를 제시하면 다음과 같다.

* ……以作後三年崩者破罪教事爲聞教令誓事之…… (黃壽永編著,

각 음력 451년 3월 4일 또는 3월 5일이 된다. 그런데 이런 식으로 계산하면 乙 丑年九月中(545)의 경우는 九月中이 음력으로 九月이 되지 않고 十月이 된다. 역법에 지식이 어두워 무엇이라 말하기 어렵다. 앞으로 이 관계 전문가의 연구 가 기대 된다.
27) 李基東, 1984, 『新羅 骨品制社會와 花郎徒』, p.338.

1976, 『韓國金石遺文』, p.38 등)

 • 干今三年矣 先生有所秘而不傳 吾無以復命(『三國史記』卷32, 樂志)
 • 始以三年爲期 今旣蹋矣 可歸干他族矣(『三國史記』卷48, 薛氏女傳)

　위의 史料以外에도 民政文書가 3년마다 기록되는 점, 『三國史記』, 金庾信傳 등에 根據할 때 신라화랑의 적령을 15세에서부터 그 수련 연합은 대체로 3년간이므로 18세까지 추정하고 있다. 그리고 진골 귀족의 초사시 연령이 20세 전후일 것으로 보고 있다.[28] 신라에서 진골귀족의 초사시 연령이 20세 전후이고, 화랑의 수련 기간이 15세에서 18세까지라면, 화랑은 분명히 아직 관직에 오르지 않은 소년이다. 그래서 그들은 관등(경위)을 가지지 못한 階層일 것이다. 실제로 화랑이 관등을 갖지 않았는지 여부를 금석문 자료를 통해 살펴보자.

　화랑의 인명이 많이 나오는 울주 천전리의 명문을 보자. 우선 「戌年六月二日 永郎成業田」[29]의 永郎이 나온다. 이는 『三國遺事』卷3, 塔像, 栢果寺조에 나오는 永郎과 동일인이라면 통일직후의 활약한 화랑이다. 천전리 명문의 如世도 『三國史記』卷4, 義解, 二惠同塵에 나오는 如世郎과 동일인이라면 진평왕 때에 활약한 화랑이 된다. 이들은 모두 관등명과 부명을 갖고 있지 않다. 앞에서의 推論대로 화랑은 아직 入仕하지 않은 소년임이 분명하다. 이밖에도 천전리 명문의 成△郎, 柒陵郎, 金佇郎, 天郎, 渚峯郎, 渚郎, 仙郎, 法民郎, 沖陽郎, 慕郎, 貞光郎, 相郎, 官郎, 阿號花郎, 金郎 등도 부명과 관등명이 없어서 화랑일 可能性이 클 것이다. 나아가서 「如世」나 「水品」[30]의 예처럼 「郎」자로 끝나지 않는 인명에도 화랑의 이름일 可能性도 크게 된다.

---

28) 李基東, 1984, 『앞의 책』, p.341.
29) 이 자료에서 「戌年六月二日 永郎成業」으로 成業의 증거가 될 수 있으나 뒤에 「田」자가 黃壽永編著, 『韓國金石遺文』, p.35에 판독되어 있다. 이 부분의 해석이 戌年六月二日에 永郎이 成業한 터[田]란 뜻인지, 아니면 成業田이 토지제도의 일종인지 신중히 검토되어야 할 것이다.
30) 李基東, 1984, 『앞의 책』, p.346에서는 水品을 화랑 출신의 새싱으로 보고 있다.

천전리의 명문에 나타난 화랑의 인명에 根據할 때 임신서기석의 제작자가 화랑이었다면 그 이름이 나와야 되지 않을까? 임신서기석에 화랑 이름이 나오지 않는다고 해서 화랑의 전신이라는 源花와 관련성도 생각할 수 있다. 그러나 여자의 인명이 천전리 서석 원명(525)에 麗德光妙의 예가 있다. 이 麗德光妙는 沙喙部葛文王의 누이동생으로 나중에 法興王妃가 된 인물인 점31)도 감안되어야 할 것이다.

천전리 명문에 있어서 여자의 인명 표기는 시집을 갔을 경우,「榮知智壹吉干支의 妻인 居知尸奚夫人」식으로 남편을 앞에 적고 있다.32) 시집가기 전에 왕실소속이 아닌 이들의 인명이 어떻게 표기되는지 앞으로 치밀히 조사되어야 할 것이다. 이 문제가 해결된다면 임신서기석의 제작자 문제도 보다 선명하게 해결될 수 있을 可能性이 있기 때문이다.

V. 맺음말

지금까지 임신서기석에 대해 간단히 살펴보았다. 종래의 연구에서는 연대 문제가 중요시되어 왔다. 그래서「詩尙書禮傳」이란 구절과 국학을 관련지어, 통일신라시대에 이 명문이 만들어진 것으로 본 견해가 나왔다. 이에 대해 발견지, 글자체, 문장체, 내용 등을 根據로 眞興王 또는 眞平王代로 보는 견해도 나왔다.

이들 선학들의 업적을 발판으로 이두에 관한 국어학의 업적을 원용해,「之」·「中」자를 根據로, 이 명문이 眞興王 13년(552)에 제작된 것으로 보았다.

---

31) 金昌鎬, 1983,「前揭論文(Ⅰ)」, pp.6~8.
32) 金昌鎬, 1983,「前揭論文(Ⅰ)」, pp.34~35.
   許興植編, 1984,『韓國金石全文』古代, p.133의 泉崴基誌(p.733)에「詩書傳易敎之宗也란 구절이 있다. 이를 詩, 書, 傳, 易으로 끊어 읽어 傳을 春秋左氏傳으로 해석할 수 없을 것이다. 이 부분은 詩, 書, 易의 3경을 가리키는 것으로 보아야 될 것이다.」

아울러 금석문에서 화랑의 인명표기에 대해서도 살펴보았다. 화랑은 아직 入仕하기 이전의 소년이므로 관등명이나 부명이 없이 인명만으로 표기된다. 이러한 화랑의 인명표기는 임신서기석에 인명이 나오지 않는 이유와 연결될 可能性이 있을 것이다. 하지만 중고의 금석문에서 시집 가기 전의 여자 인명이 어떻게 표기되는지가 確實히 밝혀져야, 임신서 기석의 製作 階層 問題가 보다 선명히 해결될 것이다. 앞으로의 연구가 기대된다.

금석문 자료에서 본 古新羅 城村의
연구사적 조망

신라 촌에 대해서는 일찍이 행정단위로서의 촌과 자연부락을 의미하는 촌의 두 가지 용법이 있었음을 지적하고, 후자가 3~4개 모여서 전자가 된다고 주장하였다.[1] 여기에서는 행정단위로서의 촌과 자연취락이라고 하였으나 장래의 신라 촌에 대한 연구의 기반을 마련하였다.

뒤이어 자연촌과 새로운 촌의 개념을 설정하였다.[2] 신라에서는 국가가 촌주를 자연촌마다 1인씩 둔 것이 아니라 여러 자연촌을 하나로 묶은 단위마다 1인씩 두었으며, 이렇게 설정된 촌은 지역촌 또는 연합촌이라고 불렀다. 그 뒤 촌락을 다루면서 위의 지역촌이란 용어대신에 행정촌이라는 용어를 사용하였고,[3] 고려에 있어서 국가의 행정적인 지배의 대상이었던 촌락의 개념으로서는 행정촌보다는 지역촌이 더 적절하다는 주장도 있다.[4]

신라 촌락문서에 있어서 촌락연구성과에 힘입어서 남산신성비에 대한 치밀한 분석과 함께 중고의 지방제도의 성과가 나왔다.[5] 여기에서는 지방제 복원의 중요한 근거로 창녕비와 남산신성비를 제시하였다. 창녕

---

1) 오장환, 1958,「신라장적에서 본 9세기 전후 우리나라의 사회경제적 형편에 관한 몇 가지 문제」『력사과학』, p.72.
2) 李佑成, 1961,「高麗時代의 村落과 百姓」『歷史學報』14, p.34.
3) 朴宗基, 1987,「高麗時代 村落의 機能과 構造」『震檀學報』64.
4) 具山祐, 1988,「高麗前期 鄕村支配體制 成立」『韓國史論』20.
5) 李鍾旭, 1974,「南山新城碑를 통하여 본 地方統治制度」『歷史學報』64.

비에서 上州·下州의 州와 于抽悉支河西阿郡의 郡이 나온다. 남산신성
비에서는 郡上村主·郡中村主의 郡과 道使란 직명 앞에 城村名이 나오
고 있다. 그래서 중고의 지방통치조직을 州·郡·城村의 세 단계로 편
제됨을 다음의 <표 1>과 같이 제시하였다.

〈표 1〉 신라 중고의 지방제도 편제의 개념

	창녕비	남산신성비	중고의 지방행정조직
제 1단계	州		州
제 2단계	郡	郡	郡
제 3단계		城·村	城·村

위의 <표 1>과 창녕비 제⑤·⑥행의 「大等與軍主幢主道使與外村主」
를 대비시켰다. 그래서 州에는 軍主, 郡에는 幢主, 城·村에는 道使가
각각 파견되는 것으로 이해해 왔다.6) 그리고 남산신성비에 나오는 城·
村을 행정촌으로 보았다.

이에 대해 중고 금석문의 城·村名은 행정촌도 있고, 동시에 자연촌
도 있다는 가설이 제기되었다.7) 여기에서는 郡의 長이 누구인지도 모르
고,8) 城·村의 長이 누구인지도 모르는 현재의 학계의 사정을 고려하지
않고9) 郡司와 村司란 가설을 제기하였다.10) 여기에서는 오작비에 근거
해 자연촌설을 주장했으므로 오작비의 인명 분석을 제시하면 다음의
<표 2>와 같다.

---

6) 이에 대한 여러 가지 견해에 대해서는 金昌鎬, 1984, 「金石文으로 본 新羅 中
   古의 地方官制」『歷史敎育論集』, pp.17~21.
7) 朱甫暾, 1988, 「新羅中古期의 郡司와 村司」『韓國古代史硏究』1.
8) 金昌鎬, 1984, 「앞의 논문」, pp.11~22.
9) 金昌鎬, 1990, 「金石文 자료로 본 古新羅의 村落構造」『鄕土史硏究』2; 1994, 「六
   世紀 新羅 金石文의 解讀과 그 分析」, 慶北大學校 大學院 博士學位請求論文,
   pp.148~157.
10) 郡司와 村司가 신라 중고에 존재했다는 데에는 이론의 여지가 없으나 중고의
    지방통치조직을 잘못된 범칭론의 입장에 서서 규정한 개념이고, 郡司와 村司
    의 長이나 그 구성원을 거의 모르는 현재 학계 상황에서는 이 가설 자체는 설
    득력이 없는 듯하다.

<표 2> 대구무술명오작비의 인명 분석표

職名	出身地名	人名	官等名
都唯那		寶藏	阿尺干?
〃		慧藏	阿尼
大工尺	仇利支村	壹利刀兮	貴干支
〃	〃	上△豆作利	干
道尺	(〃 ?)	辰生之△△	(一伐)
〃	△夫住村	筆令	一伐
〃	〃	奈生	一伐
〃	居毛村	伐丁	一伐
〃	另冬里村	沙木木	一伐
〃	珍得所里村	也得失利	一伐
〃	塢珍比只村	述瓜	一伐
〃	〃	△△	一伐
〃	〃	另所丁	一伐
〃	〃	伊此木利	一伐
〃	〃	伊助只	彼日
文作人		壹利兮	一尺

위의 <표 2>에서 자연촌이란 근거는 다음과 같다.[11]

첫째로 이를(필자주 : 오작비의 촌명) 행정적인 城村으로 볼 때 오를 축조하기 위한 역역동원의 규모는 적어도 군을 단위로 한 것으로 간주된다. 왜냐하면 오작비에서는 7~8개의 촌이 보이는데 이를 행정촌으로 보면 하나의 촌의 구성단위인 행정촌의 3~4개를 능가하기 때문이고 동시에 오작비의 구성인의 관등이 남산신성비에 비해 지나치게 낮기 때문이다.

둘째로 오작비가 소재한 무동리촌 출신의 외위 소지자는 1명뿐이다. 이 오가 무동리촌에 위치하였다면 당연히 이 촌의 출신자가 주축이 되었을 것인데 무동리촌의 출신자로는 一伐이란 외위를 소유한 1명에 지나지 않는다는 점이다.

오작비의 촌을 자연촌으로 보면 신라 중고기의 촌락에 대해서 몇 가지 지견을 더할 수 있다고 하면서[12] 다음과 같은 가설을 제기하였다.

___

11) 朱甫暾, 1988, 「앞의 논문」, pp.58~59.

첫째 행정적 성촌이 자연촌을 바탕으로 하였다는 사실을 확인할 수 있게 된 점이다.

둘째 인명표기의 출신지 표시에 있어서 동일한 성촌내에서는 이 자연촌이 하나의 단위가 되어 다른 촌과 스스로 구별하고자 하였던 점이다.

그 뒤에 남산신성비와 오작비를 중심으로 고신라 촌락구조에 대한 가설이 제기되었다.[13] 우선 설명의 편의를 위해 남산신성비 제1·2비의 인명 분석을 제시하면 다음의 <표 3>과 같다.

〈표 3〉 남산신성비 제1·2비의 인명 분석표

第 一 碑				第 二 碑				集團區分
職 名	出身地名	人 名	官等名	職 名	出身地名	人 名	官等名	
阿良撰頭	沙 喙	音乃古	大 舍	阿旦兮村道使	沙 喙	勿生次	小 舍	A
奴含道使	沙 喙	合 親	大 舍	仇利城道使	沙 喙	級 知	小 舍	
營坫道使	沙 喙	△△傲知	大 舍	答大支村道使	沙 喙	所叱△知	大 (烏)	
郡上村主	阿良村	今 知	撰 干	郡中 [村主]	沙刀城	平西利之	貴 干	B
〃	柒吐村	△知爾利	上 干	〃	久利城	首△利之	撰 干	
匠 尺	阿良村	未丁次	干	匠 尺	沙戶城	可沙里知	上 干	C
〃	奴含村	次△叱礼	干					
文 尺		△ 文知	阿 尺	文 尺		美吹利之	一 伐	
城使上	阿 良	沒奈生	上 干	作 上 人	阿大兮村	所 平 之	上 干	D
工 尺	〃	阿柒丁次	上 干	工 尺	〃	可尸利之	一 伐	
文 尺	〃	竹生次	一 伐	文 尺	〃	淂毛𠃔之	一 尺	
面捉上	〃	珎 巾	△	面石捉人	〃	仁 爾 之	一 伐	
△ 捉 上	〃	知 礼		△ 石 捉 人	〃	△自叱兮之	一 尺	
捉 上	〃	首爾次		△ 石 捉 人	〃	一 安 爾 之	彼 日	
△面捉上	〃	□ △ 次		小 石 捉 人	〃	兮 利 之	彼 日	

<표 3>에서 보면 남산신성비의 郡을 문헌적인 관념에서 해석할 때 남산신성비 자체에 문제점이 노정된다. 지금까지는 대체로 제1비의 阿良村과 제2비 阿旦兮村이 郡의 長이 파견한 중심촌으로 보아왔다.[14] 이는 다음과 같이 몇 가지 점에서 따르기 어렵다.

---

12) 朱甫暾, 1988, 「앞의 논문」, pp.59~60.
13) 金昌鎬, 1990, 「앞의 논문」; 1994, 「앞의 논문」(여기에서는 후자를 인용하기로 한다.)
14) 이른바 학계의 대세론 수상사들의 일반직인 견해이다.

첫째로 같은 郡治이면서 제1비는 羅頭가 나오고, 제2비에는 道使가 나오는 이유에 대한 정확한 답이 없다.[15)

둘째로 羅頭 자체는 명활산성비의 연구 성과에 따르면[16) 군의 장이 될 수가 없어서 阿良村이 郡治인지 여부가 불확실하다.

셋째로 제1비나 제2비에서 볼 때 군치가 있는 촌만이 力役에 동원되는 점이 이상하다. 남산신성비의 작성 당시에는 군치가 설치된 중심촌만이 역역에 동원된다는 전제가 필요하다.

넷째로 제1비에서 奴含村이나 營坫村(또는 城)에서 역역에 동원될 때에도 <표 3>에서 A집단의 기재 순서가 과연 阿良羅頭·奴含道使·營坫道使의 순일까 하는 의문이 생긴다. 제1비와 제2비에서 얻는 정보에 따르면 奴含村에서 역역에 동원되었다면 <표 3>에서 A집단의 기재 순서에 있어서 奴含道使가 가장 먼저 기록되어야 하기 때문이다.

다음으로 <표 2>의 오작비의 촌명을 자연촌으로 보는데 대해[17) 아래와 같은 반론을 제기하였다.[18)

첫째로 이 가설은[19) 고신라 군의 장이 幢主 또는 羅頭라는 단정 아래에서 출발하였다.[20) 군의 장은 명활산성비의 「上人羅頭」란 직명과 남산신성비 제5비의 「……道使幢主」란 직명에서[21) 볼 때 성립되기 어렵다.

둘째로 고신라 금석문에 보이는 지방민의 인명표기 방식에 일정한 규칙이 있는 점에서 보면, 어떤 비는 행정촌을 단위로, 다른 비에는 자

---

15) 남산신성비에 근거하면 縣의 전신에 해당되는 거의 모든 성촌에 道使가 파견된 것으로 해석되나 고려 시대의 지방제도로 볼 때 따르기 어렵다.

16) 朴方龍, 1988, 「明活山城作城碑의 檢討」『美術資料』41.
   金昌鎬, 1989, 「明活山城作城碑의 再檢討」『斗山 金宅圭博士華甲紀念文化人類學論叢』

17) 朱甫暾, 1988, 「앞의 논문」

18) 金昌鎬, 1994, 「앞의 논문」, p.153.

19) 朱甫暾, 1988, 「앞의 논문」

20) 朱甫暾, 1979, 「新羅 中古의 地方統治組織에 대하여」『韓國史研究』23.

21) 이에 대한 상세한 것은 金昌鎬, 1989, 「丹陽赤城碑의 재검토」『嶺南考古學』, p.68 참조.

연촌을 단위로 기록할 수 있을까하는 의문이 생긴다.

셋째로 군을 단위로 역역을 동원하였더라도 모든 고신라의 비에는 꼭 1개의 군만을 단위로 했다는 가설은[22] 영천 청제비 정원십사년명으로 볼 때[23] 재고의 여지가 있다.

넷째로 무동리촌 출신의 외위소지자가 1명뿐이고 그 외위도 一伐인 점에 근거한 비판은 남산신성비보다 먼저 만들어진 명활산성비의 예로 보면 성립되기 어렵다.[24]

다섯째로 오작비에서 나오는 촌이 6개의 자연촌이라고 가정하면,[25] 오를 축조하는데 동원된 인원은 312명이므로[26] 1개의 촌에서는 52명(312÷6=52)이 동원되었다. 따라서 1戶(家口)를 5명으로 잡을 경우에 1마을(자연촌)의 평균인구수는 260명이 된다. 그런데 통일 신라에 작성된 촌락문서에 나타난 서원경 근처 자연촌의 경우 1마을당 인구수는 11.5명이다.[27] 촌락문서에 나타난 자연촌의 1호당 인구수는 1명 전후이므로[28] 오작비와 촌락문서에 나타난 인구수는 4배 정도의 차이가 있게 된다. 이 같은 수치상의 차이는 오작비에 나오는 촌을 자연촌으로 본 데에서 기인되었다.

그 다음으로 중고 금석문에 나타나는 村主를 촌을 떠난 존재로 보았고 그 촌의 실무는 상인이 맡았던 것으로 해석하였다. 그 뒤에 고신라 금석문에 근거한 城村名을 검토한 논고가 나왔다.[29] 여기에서는 먼저

---

22) 朱甫暾, 1988, 「앞의 논문」, pp.58~59.
23) 이 비에는 분명히 청제를 수리할 때 切火·抽喙의 二郡에서 인원이 동원되었다고 기록되어 있다.
24) 오작비의 건립연대도 남산신성비보다 빠르다는 사실을 간과해서는 안 될 것이다.
25) 朱甫暾, 1988, 「앞의 논문」, p.59에서는 오작비에 나오는 촌의 수를 7~8개로 보고 있다.
26) 武田幸男, 1977, 「新羅の村落支配-正倉院所藏文書の追記をめぐって」『朝鮮學報』81, p.93에서 4개 촌락의 총인구수가 462명이므로 462÷4=115.5에 근거하였다.
27) 오작비의 「起數者三百十二人功夫十三日了作事之」란 구절에 근거하였다.
28) 武田幸男, 1977, 「앞의 논문」, p.93에 총인구인 462명을 合咽數인 44로 나누었다.
29) 金昌鎬, 1992, 「앞의 논문」

남산신성비에 나오는 역역 체제와 성촌제에 대해 검토하였다.[30] 다음으로 지방관제와 촌의 관계에 가운데 먼저 郡의 장에 대해 살펴보았다.[31]

첫째로 당주를 이른바 法幢軍團의 法幢主로 보고, 羅頭를 군의 장으로 본 가설부터 검토해 보자. 여기에서는 장에 대한 구체적인 예로 阿良羅頭, 一善羅頭를[32] 들고 있다. 위와 같이 지명 다음에 붙는 羅頭의 예만이 존재할 때에는 羅頭를 군의 장으로 볼 수도 있겠지만 명활산성비에서 「上人羅頭」는 '상인들의 邏頭'란 뜻이 되고, 나두는 군의 장이 될 수가 없다.

둘째로 道使를 군의 장으로 볼 때에는[33] 남산신성비에 나오는 성촌명은 모두가 군을 가리키게 되어 남산신성비 작성 당시에 있어서 군의 수가 너무 많게 된다. 나아가서 고신라 금석문에 나오는 모든 성촌명도 군을 가리킬 가능성이 크게 된다. 바꾸어 말하면 남산신성비의 성촌명은 군을 지칭하므로 다른 금석문의 성촌명을 행정촌으로 볼 수밖에 없게 된다.

셋째로 幢主를 군의 장으로 보는 것도[34] 문제가 있다. 남산신성비에 幢主란 직명이 보이지 않는 점이 이상하다. 남산신성비 제1·2비에는 도사와 나두만 나올 뿐 당주는 없다. 남산신성비 제5비의 「……道使幢主」란 직명에서는 도사와 당주가 겹쳐져 있다. 도사당주란 직명에 근거하면 군의 장을 당주로 보거나[35] 당주를 이른바 法幢軍團의 法幢主로 보는 것은[36] 재고의 여지가 있다.

넷째로 使大等을 군의 장으로 보는 가설도[37] 창녕비 자체에서 州에

30) 金昌鎬, 1992, 「앞의 논문」, pp.50~55.
31) 金昌鎬, 1992, 「앞의 논문」, pp.55~62.
32) 武田幸男, 1980, 「六世紀における朝鮮三國の國家體制」 『東アヅア世界日本古代史講座』4, p.52. 一善邏頭가 아니라 古生邏頭가 옳다.
33) 崔在寬, 1988, 「新羅 中古期 地方統治制度」 『慶熙史學・朴性鳳敎授回甲紀念論叢』, p.21.
34) 李鍾旭, 1974, 「앞의 논문」, p.46.
35) 李鍾旭, 1974, 「앞의 논문」, p.46.
36) 武田幸男, 1980, 「앞의 논문」, p.52.

도 使大等이 파견된 예가 있는 점이 문제로 지적된다. 사대 등이 郡과 함께 나오는 구체적인 예인 「于抽悉支河西阿郡使大等」에서 于抽悉支河西阿郡을 1개의 군으로 보기가 어렵다. 「于抽悉支河西阿郡使大等」을 上州行使大等 또는 下州行使大等을 비교하거나 이들의 직명을 갖고 있는 인명은 관등을 비교할 때 「于抽悉支河西阿郡」이 州의 기능을 하였으며, 3개의 군을 거느린 장으로 보기도 어렵다.

다음으로 남산신성비의 각 비에 나오는 3~4개의 성촌이 1개 군에 소속된 행정촌의 전부라는 가설에[38] 대해 살펴보자.[39]

첫째로 남산신성비에 기록된 성촌이 행정촌으로 道使가 파견되었다고 본다면 남산신성비의 행정촌은 결국 통일 후의 縣과 영역 범위가 같아야 된다. 물론 이 때에는 남산신성비의 행정촌을 통일신라의 縣 영역 가운데 중심촌이라고 볼 수가 있으나 현 영역 중 중심촌만이 남산신성비에서와 같이 영역에 동원되는 등의 모순을 해결할 수가 없다.

둘째로 고신라 금석문에 나오는 모든 행정촌에 도사가 파견되었다고 단정할 수만은 없을 것이다. 봉평비, 적성비에 있어서 촌명이 나오고 있으나 도사는 나오지 않은 예가 많다.

셋째로 남산신성비 제5비의 「……道使幢主」란 직명에 근거하면 도사뿐만 아니라 당주도 행정촌에 파견된 것이 되어 도사만을 행정촌의 책임자로 보기도 어렵다.

넷째로 봉평비의 경우 悉支軍主와 悉支道使가 동시에 존재라고 있어서 성촌에 파견된 도사가 통일 후의 현령과는 동일한 것으로 본 기왕의 견해와 커다란 차이가 있다.

따라서 남산신성비에 나타난 행정촌의 수가 3~4개를 한정하는 것은 무리가 있다.[40]

---

37) 木村誠, 1976, 「新羅郡縣制の確立過程と村主制」『朝鮮史研究會論文集』13, p.18.
38) 고신라 촌락 전문 연구자인 朱甫暾교수의 한결같은 주장이다.
39) 金昌鎬, 1992, 「앞의 논문」, p.61.
40) 金昌鎬, 1992, 「앞의 논문」, pp.61~62.

그 뒤에 6세기 금석문을 통한 행정촌과 자연촌에 대한 가설이 나왔다.[41] 여기에서는 냉수비의 촌락과 도사, 봉평비의 촌락과 村使人에 대한 분석과 함께 행정촌과 자연촌에 대해 언급하였다.

첫째로 <표 2>에서 오작비의 인원동원이 국가동원이 아니고 사찰위주로 이루어졌으나 직명·출신지명·인명·관등명의 순서로 기재되어 국가 역역 동원체제와 동일한 인명표기 방식을 갖고 있다는 점이다.

둘째로 <표 2>의 오작비에 나오는 「居毛村」은 『新增東國輿地勝覽』 권26, 大邱都護府 屬縣조의 「河濱縣 在府西三十七里……別湖琴湖」에 근거해 琴湖(縣)에 비정하였다

셋째로 <표 2>의 오작비에 나오는 「仇利支村」을 『新增東國輿地勝覽』 권27, 玄風縣 古蹟조의 「仇知山部曲(在縣西南)」의 「仇知山部曲」에 비정하였다.

냉수리비, 봉평비에서 얻은 성과에 위의 근거를 더해 오작비의 촌을 행정촌으로 보았다.

〈표 4〉 제9비의 인명 분석표

職　　名	出身地名	人　　名	官 等 名	集團區分
君 上 人		△ 安 知	撰　　干	B
〃	生　　伐	△　文	上　　干	
匠　　人	同　　村	內　丁	上　　干	
〃	△ 谷 村	另 利 支	一　　尺	C
文　　尺	生　　伐	只 次 △	一　　伐	
城促上人	伊 同 村	△ 尺 丁	上　　干	
工　　尺	指大△村	入 夫 △	一　　伐	
文　　尺	伊 同 村	△ 次 兮	阿　　尺	
面　　捉	伯干支村	支　刀	一　　尺	D
面　　捉	同　　村	西　　△	阿　　尺	
捉　　人	伊 同 村	△　　△		
小石捉人	伯干(支)村	△　　△	△(一伐?)	

41) 李鉄動, 1993, 「新羅 村落의 성격-6세기 금석문을 통한 행정촌·자연촌 문제의 검토-」 『韓國文化研究』6.

1994년 1월 남산신성비 제9비가 발견되어[42] 중고의 촌이 행정촌인지 자연촌인지 여부가 활발하게 논의되었으므로[43] 설명의 편의를 위해 남산신성비 제9비의 인명분석을 먼저 제시하면 위의 <표 4>와 같다.

<표 4>에 있어서 D집단의 촌명이 B·C집단이 촌명과 동일한 성격인지 여부이다. 지금까지 일반적으로 남산신성비에 나오는 촌명을 전부 행정촌으로 보아왔다. 제9비의 발견 이후에 D집단의 촌명은 자연촌이고 B·C집단의 촌명은 행정촌이란 견해가 나왔다. 그 중요한 근거는 다음과 같다.

첫째로 B·C집단과 D집단을 구분한 근거는 B·C집단이 하나의 군을 단위로 한 반면에 D집단은 군내의 하나의 (행정)성촌을 단위로 한 데에 있었다고 보았다.

둘째로 D집단이 모두 동일한 (행정)성촌 출신이라는 것은 「伋伐郡中伊同城徒數六步」라고[44] 한데에서 알 수 있으며, D집단이 하나의 伊同城출신자들이라면 그곳에 보이는 촌명들은 당연히 伊同城을 이루는 하부 단위일 수밖에 없다.

셋째로 伊同城에서 축성을 책임졌으므로 출신지를 나타낼 때 伊同城이라고 하여야 하는데 D집단에서는 伊同村이라고 표현한 사실로 보아 D집단의 伊同村 등의 촌명은 伊同城을 구성하는 하부의 촌이라고 보았다.

넷째로 D집단에 보이는 촌명과 B·C집단에 보이는 촌명이 전혀 중복되지 않고 각각 다르다는 점이다.

이와 같은 이유에 근거하여 D집단에 보이는 촌명은 B·C집단과 동일한 성촌이 아니라 伊同城을 이루는 하부 촌명 곧 자연촌명이라고 단정하면서 제9비의 발견으로 중고 금석문에 있어서 행정촌과 자연촌에 대한 논란은 더 이상 필요가 없게 되었다고 하였다.[45]

---

42) 朴方龍, 1994, 「南山新城碑에 대한 檢討」, 『美術資料』53.
43) 朱甫暾, 1994, 「앞의 논문」
44) 중고 금석문에 나오는 徒에 대해 朴香美, 2000, 「新羅 中古期 金石文에 나타난 徒에 대한 一考」『慶北史學』23에서는 花郎徒라고 보고 있으나 따르기 어렵다.
45) 朱甫暾, 1994, 「앞의 논문」, p.56.

남산신성비 제9비를 통해서 행정촌과 자연촌에 관한 가설이 다시 제시되었다.[46]

남산신성비 제9비(표4)와 제1·2비(표3)를 비교하면 A집단이 없는 점에 대해 安東 枝洞2號石槨墓, 丹陽 下里의 고분, 東海 湫岩洞 고분[47] 등에서 출토된 出字形系 늦은 시기의 관을 중심으로 591년 당시의 榮川지방도 신라 정부의 배려가 있었으며, 지배 방식도 남산신성비에 나오는 다른 지역에 비해 느슨한 것으로 추정하면서, 제9비(표4)에 근거하여 D집단에 보이는 촌명을 B·C집단과 동일한 성촌이 아니라 伊同城을 이루는 하부 촌명 곧 자연촌명으로 단정한 점에 대해 몇 가지 의문을 제기하였다.

첫째로 伊同城과 伊同村이라고 한 점에 근거해서 伊同村을 伊同城이란 행정촌에 소속된 자연촌 가운데 하나로 보고 있으나 <표 3>의 남산신성비 제2비에는 阿且兮村道使·仇利城使·荅大支村道使란 직명이 A집단에서 나와서 阿且兮村·荅大支村을 자연촌명으로 보기는 어렵다. 나아가서 제9비에서 伊同城과 伊同村의 관계를 제9비에 적용하면 阿且兮村道使와 荅大支村道使는 각각 阿且兮城道使와 荅大支城道使가 되어야하나 제2비에서는 그렇지 않다. <표 3>의 제1비에서는 B·C집단에 나오는 촌명은 郡을 단위로 동원된 행정촌명인데도 불구하고 두 번씩이나 阿良城이라고 표기하지 않고, 阿良村으로 표기하고 있다. 따라서 伊同城은 행정촌명, 伊同村은 자연촌명이란 가설은 제9비에서는 성립될수가 있으나 다른 남산신성비에서는 성립될 수가 없다.

둘째로 D집단이 모두 동일한 (행정)성촌 출신이라는 것은 「伋伐郡中伊同城徒受六步」라고 한데서도 알 수 있다고 하였다. 그러나 「伋伐郡中伊同城徒受六步」란 한 구절에서 남산신성비의 축조를 담당한 사람은 제9비에 나타난 인명이 기재된 사람만이 아니라 수많은 역부들이 포함

---

46) 金昌鎬, 1996, 「南山新城碑 第9碑의 再檢討」『釜山史學』30.
47) 추암동 동관의 피장자는 여성이라고 한다(金宰賢, 1994, 「東海市 湫岩洞 B地久古墳群의 埋葬例」『石堂論集』20, 참조).

되었다고 판단되며, 이들 역부들의 출신지가 伊同城이라고 해석할 수가 없어서 D집단에 나타난 촌명들은 모두 伊同城의 하부촌명으로 보기는 어렵다.

셋째로 위의 가설을 남산신성비 제2비에 적용하면 阿大兮村이란 자연촌에 외위를 가진 사람이 7명이나 된다. 신라에서 자연촌의 규모를 알려주는 자료는 없지만 695년에 작성된 촌락문서에 따르면[48] A촌은 10호, B촌은 115호, C촌은 8호, D촌은 10호로 평균 자연촌당 11호가 된다고 한다. 자연촌 11호당 7명씩이나 되는 사람이 외위를 가졌다면 고신라의 외위는 너무나 많다.

넷째로 남산신성비의 실제 축성 역역은 자연촌을 단위로 시행되었다고 볼 때에는 너무 자연촌의 戶數가 적다고 판단된다. 578년에 작성된 오작비에 있어서 하루에 312명의 功夫가 동원되었다고 적혀 있다. 신라 촌락문서에서 4개촌의 인구수는 A촌 133명, B촌 118명, C촌 69명, D촌 97명으로 나타나 있어서[49] 자연촌의 丁男을 전부 동원해도 312명의 인원을 채울 수가 없다.

다섯째로 제9비 자체에서도 C집단과 D집단에 각각 同村이란 출신지명의 표시가 있어서 D집단을 자연촌으로 보면, B·C집단의 촌명도 자연촌으로 보아야 되나 D촌의 촌명만을 자연촌명으로 보고 있다.

위에 근거하여 제9비의 D집단의 촌명도 행정촌명으로 보았다.

최근에 중고 촌의 성격에 대한 새로운 가설이 제기되었다.[50] 여기에서는 촌에 대한 신라 촌락문서에 근거한 村과 남산신성비에 의해 村에 개념 설정으로 나누어진다고 전제하고 나서[51] 중고 금석문 사료에 나타나는 촌을 전부 행정촌으로 단정 짓기에는 다음과 같은 근본적인 문제가 내재되었다고 주장하였다.[52]

---

48) 旗田巍, 1972, 『朝鮮中世史會社の硏究』, p.446.
49) 旗田巍, 1972, 『앞의 책』, p.446.
50) 朱甫暾, 2000, 「新羅 中古期 村의 性格」『慶北史學』23.
51) 朱甫暾, 2000, 「앞의 논문」, pp.199~201.
52) 朱甫暾, 2000, 「앞의 논문」, pp.201~202.

첫째로 남산신성비를 중고기 촌의 대표적인 성격을 띤 금석문으로 간주하여 이를 통해 중고기 촌의 성격을 일반화시키는 것이 과연 합낭하냐는 점이다. 남산신성비에 보이는 촌을 곧바로 중고기의 모든 촌에 무조건 일괄 적용하여 等値시킨 것은 잘못이며, 남산신성비에 보이는 촌은 중고기 촌이 지닌 한 측면의 성격을 반영할 뿐이라는 점이다.

둘째로 그와 관련하지만 기왕에 다른 금석문 자료에 대한 분석을 소홀히 한 채 쉽사리 그런 결론(필자주 : 중고 금석문의 촌을 행정촌으로 보는 것)에 도달하였다는 점이다.

셋째로 촌이 수용된 이후에 그것이 나름의 과정을 거쳐 정착해 가는 과정에 대한 모습을 면밀하게 관찰하지 못하였다는 점이다.[53] 계속해서 남산신성비와 오작비를 비교할 때 양자에서 뚜렷한 차이점이 보인다고 하는데 그 결론은 아래와 같다.

첫째로 남산신성비에는 도사 등 지방관의 책임 아래에 역역동원이 이루어졌으나, 오작비는 승려가 동원책임을 졌다는 점이다.

둘째로 남산신성비에는 촌과 함께 성이 보이지만 오작비에는 오직 촌만 보이며, 그것도 남산신성비보다는 훨씬 많아 최소한으로 잡아도 6개 이상이 확인된다는 점이다.[54] 계속해서 성산산성 출토 목간, 남산신성비 제9비, 냉수리비 등을 중심으로 자설을 보강하고 있다.

남산신성비 제9비에 대해서 이미 반론을 제기한 바 있다.[55] 성산산성 출토 목간에 대해서는 보고서를 쓴 바 있다.[56] 여기에서는 「仇利伐上彡者村波婁」에 대해 仇利伐의 3자는 목간의 중앙부에서 조금 왼쪽으

---

53) 위의 3가지 문제점 지적은 남산신성비에 대한 선입견의 제거와 촌의 변화과정을 면밀하게 관찰하여야 된다는 점을 강조하고 있다. 남산신성비 등 금석문의 연구에 있어서 문헌의 잘못된 선입견을 버릴 것을 강조하고 싶으며, 후자에 대해서는 그러한 연구 방법이 필요할 것으로 사료된다.
54) 이에 대해서는 이미 金昌鎬, 1994, 「앞의 논문」, p.153에서 필자의 견해를 제시한 바 있다.
55) 金昌鎬, 1996, 「앞의 논문」
56) 金昌鎬, 1996, 「咸安 城山山城 出土 木簡에 대하여」 『咸安 城山山城發掘調査報告書』, pp.259~266.

로 치우쳐 적혀 있고 上彡者村波婁의 6자는 완전히 오른쪽으로 치우쳐 적혀있고, 글자의 크기도 仇利伐보다 훨씬 작다.

성산산성의 목간가운데 4번이나 나오는 仇利伐의 위치가 궁금하다. 仇利伐과 관련될 수 있는 지명으로 남산신성비 제2비에 나오는 仇利城 (九利城)이 있다. 仇利城은 지금까지 제2비에는 阿大兮村이 충북 온천군 안내면에, 答大支村이 경북 상주시 화서면에, 沙力城이 충북 옥천군내 에 각각 비정됨에 따라 충북 옥촌군 청산면에 비정되어 있다.57) 사실 제2비에 나오는 仇利城의 현재 위치 비정은 阿大兮村, 答大支村, 沙力城 이 맞물려 있어서 충복 옥천군 근처를 벗어날 수가 없다.

仇利伐 영역 안에 있었을 것으로 생각되는 지명으로 두 번이나 나오 는 上彡者村은 경남 함안군 군북면 명관리의 신라시대 지명인 召彡縣의 召彡과 동일한 지명으로 판단되어 仇利伐을 제2비에 나오는 仇利城과 동일한 지명으로 볼 수가 없다. 『日本書紀』, 繼体天皇 24年 9月조에 나 오는 「久禮牟羅城」의 위치를 현재의 경남 함안군 칠원면 일대에 비정한 견해가 있어서58) 仇利伐은 함안군 안에 있었을 가능성이 높다. 仇利城 은 남산신성비 제2비에 나오는 仇利伐과 동일한 지명이 아니고, 함안군 에 있었던 지명이라고 하여도 仇利伐上彡者村이라고 표기한 까닭이 궁 금하다.

上彡者村이란 촌명이 두 곳 이상에서 존재하고 있어서 仇利伐에 있 는 上彡者村이라는 것을 나타내기 위해 仇利伐上彡者村이라고 표기했 다고 해석할 수가 있다. 이때에 仇利伐이 上彡者村보다는 상위의 행정 조직이 될 것이다. 그런데 이는 목간 23·24를 볼 때59) 출신지명으로 등장하기 때문에 따르기 어렵다. 목간 1·11의 仇利伐上彡者村의 仇利伐 과 목간 23·24의 仇利伐은 동일한 행정구역 명칭이고, 자연촌이 아닌

---

57) 李鍾旭, 1974, 「앞의 논문」

58) 박종익, 1997, 「가야의 성곽에 대한 일고찰」『國立昌原文化財硏究所 年報』2.

59) 함안 성산산성에서 출토된 목간 번호로 國立昌原文化財硏究所, 1998, 『咸安 城 山山城發掘調査報告書』 참조.

행정촌으로 볼 수가 있다. 만약에 仇利伐을 자연촌으로 보다 아래에 있는 上乡者村을 어떤 개념으로 규정할 수 있을지 하는 문제가 생긴다. 仇利伐을 행정촌으로 보면 성산산성에 나오는 성촌명은 모두 행정촌으로 보아야 될 것이다. 仇利伐上乡者村에서 목간 1·11에서 모두 仇利伐에 이어지는 上乡者村은 細註처럼 그 글자의 크기가 작고 오른쪽으로 치우쳐 있도록 기록되어 있다. 그 이유는 仇利伐이란 지명안에 上乡者村이 있었던 것으로 볼 수가 있다. 仇利伐이란 출신비명은 上乡者村이 없었던 목간 23·24에서처럼 인명표기의 지명으로 나오고 있다. 上乡者村을 행정촌으로 보게 되면 그 안에 있는 仇利伐은 보다 상위의 행정구역 명칭은 郡名으로 해석할 수가 있다. 지금까지 중고 금석문에서 郡名이 인명표기의 출신지명으로 등장한 예가 없다. 목간 1·11의 仇利伐上乡者村의 仇利伐이나 목간 23·24의 仇利伐은 모두 행정촌으로 추정된다.

이렇게 성산산성의 목간에 나오는 仇利伐은 군명이나 자연촌명으로 보지 않고 행정촌으로 보아도 왜 上乡者村의 경우에는 그 뒤에 계속해서 출신지명을 밝히고 있으며 그 앞에 굳이 仇利伐을 두고서 글자의 크기를 작게 함과 아울러 글자의 우측배치 등으로 細註를 다는 것처럼 구분 지어 가면서까지 이를 표기해야만 했던 이유가 궁금하다. 이는 적어도 上乡者村이란 촌에 대한 상당한 배려가 작용되었던 것임을 부인할 수가 없다. 여기에서는 上乡者村이 『三國史記』에 나오는 김乡縣의 김乡과 동일한 지명일 가능성이 있음을 전제로 上乡者村이 행정촌에 버금가는 촌명으로 해석해 두고자 한다.

위의 가설에 대해 仇利伐上乡者村은 남산신성비 제2비에 나오는 仇利伐 또는 仇利伐의 仇利와 동일한 지명으로 단정하고 나서 仇利城처럼 城名이 있으면 행정촌으로, 上乡者村처럼 촌명이 붙으면 자연촌이라는 가설을 제시하면서 중고 금석문의 자연촌과 행정촌의 구분은 그 종지부를 찍었다고 주장하였다.[60]

---

60) 朱甫暾, 1999, 「咸安 城山山城 출토 木簡의 性格」『함안 성산산성 출토 목간

성산산성 목간의 仇利城이 남산신성비의 仇利城과 동일지명인지 아니면 『日本書紀』의 「久禮牟羅城」과 동일 지명인지 여부는 제3의 자료가 나오지 않은 한 영원한 평행선을 달릴 수밖에 없다. 성산산성의 목간에서 村名이 붙은 지명은 전부가 자연촌이고 성명이 붙은 지명은 전부가 행정촌이라는 가설도 성산산성 목간에서 그 뚜렷한 구별 근거를 찾을 수가 없다.

마지막으로 냉수리비의 촌명에 대해[61] 살펴보기로 하자. 냉수리에 나오는 珍而麻村의 성격을 자연촌으로 보는 견해와[62] 행정촌으로 보는[63] 두 견해로 엇갈려 있다. 이를 판별하는 기준으로 냉수리비의 「耽須道使」를 들고 있다.[64] 왜 耽須道使가 珍而麻村에 행정촌인지 자연촌인지 하는 구분의 기준이 되는지 전혀 알 수가 없다. 또 탐수와 진이마촌이 어떠한 관계에 있음이 확실하다면 진이마촌은 탐수 예하의 자연촌에 비정될 수밖에 없다. 왜냐하면 진이마촌에 탐수와는 별도로 도사가 파견되었다면 珍而麻村道使란 직명이 보일 리 없기 때문이다. 따라서 진이마촌은 지방관이 파견되지 않았다는 의미에서 일단 행정촌으로 보기 어려우며 자연촌으로 보아 마땅하다고 하였다.[65] 561년에 伊史夫는 살아 있었으며 562년의 대가야정벌에 화랑관창과 함께 참가하였으나[66] 561년에 작성된 창녕비는 그 인명 표기가 없어서 위의 가설을 따르기 어렵다.

진이마촌에 사는 節居利의 財에 대한 보증을 위해 신라의 왕실에서 두 번이나 와서 보증한 것이 냉수리비의 주요한 내용이다. 진이마촌에 살고 있던 절거리의 재가 무엇인지 잘 모르고 있지만 그의 중요성은 두

　의 내용과 성격』
61) 냉수리비의 촌이 행정촌이란 점에 대해서는 李銖勳, 1993, 「앞의 논문」, pp.4~16에 상세하다.
62) 朱甫暾, 1998, 『新羅 地方統治體制의 整備過程과 村落』, pp.138~139.
63) 李銖勳, 1993, 「앞의 논문」, pp.13~16.
64) 朱甫暾, 2000, 「앞의 논문」, pp.212~213.
65) 朱甫暾, 2000, 「앞의 논문」, p.215.
66) 『三國史記』, 眞興王 23年조.

번씩이나 신라왕들이 왔었다는 점에서 쉽게 알 수가 있으며 신라 경제적인 측면에서 중요한 것으로 사료되고 있다. 따라서 진이마촌은 자연촌으로 보는 것보다 행정촌으로 판단되는 것이 타당하다고 사료된다.

新羅 太祖星漢의 재검토

Ⅰ. 머리말

현재 우리 학계에서는 『三國史記』 新羅本紀의 初期 記事에 대한 史 實性 여부를 둘러싸고 대체로 세 가지의 대립적인 입장이 있다. 첫째는 新羅本紀의 사실성을 의심하여 이를 비판적으로 보아 믿지 않는 태도이 고, 둘째는 그 사실성을 대체로 인정하는 긍정적인 태도이며, 셋째는 新 羅本紀 가운데 奈勿王 이전의 記事 일부만을 인정하는 태도이다.

첫 번째의 태도는 일찍이 日本學者들에 의해 제기되어 오늘날까지 그대로 계승되고 있는 것으로 『三國志』魏書, 韓傳의 기사에 근거하여 奈勿王 이전의 기사를 후대의 조작에 의한 허구로 보는 견해이다.[1] 두 번째의 견해는 최근에 많은 연구 성과가 쌓인 한국고고학의 업적을 토 대로 하여[2] 新羅本紀 자체를 대체적으로 믿으려고 하는 것이다.[3] 세 번

---

1) 대표적인 것으로는 末松保和, 1954, 「新羅上古世系考」 『新羅史の諸問題』가 있다.
2) 金元龍, 1967, 「三國時代의 開始에 關한 一考察－三國史記와 樂浪郡에 대한 再檢討－」 『東亞文化』7.
   金元龍, 1976, 「斯盧六村과 慶州古墳」 『歷史學報』70.
   위의 견해에 대해서도 조금의 의견 차이가 있어서 장차 계획하고 있는 '新 羅・伽倻의 古墳 編年 문제'와 함께 考를 달리 하여 필자의 구체적인 견해를 밝힐 예정이다.
3) 千寬宇, 1975, 「三韓의 成立過程－「三韓攷」제1부－」 『史學研究』26.
   千寬宇, 1976, 「三國志 韓傳의 再檢討－「三韓攷」제2부－」 『震檀學報』41.
   千寬宇, 1976, 「三韓의 國家 形成(上)－「三韓攷」제3부－」 『韓國學報』2.

째 경우는 위의 두 견해를 절충한 것으로 奈勿王 이전 記事의 紀年은 引上되었을지라도 三姓世系 그 자체는 믿을 수 있다는 이른바 並立論이 그것이다.4)

위의 견해들은 奈勿王 이전의 이른바 朴·昔·金 三姓世系나 그 紀年 문제와 직결되기 때문에 어느 한쪽을 선택하여 新羅上古史를 복원할 경우 그 결과는 엄청난 차이를 초래케 될 것이다. 또 朴·昔·金의 三姓世系 그 자체의 해결은 새로운 자료의 발굴이나 방법론이 찾아지지 않는다면 보다 나은 진전을 기대할 수 없을 것이다. 다행히 三姓世系 가운데 金姓 始祖에 대해서는 朴·昔의 兩姓과는 달리 문헌 사료를 보완·비판해 줄 수 있는 적지 않은 금석문 자료가 남아 있다. 이들 금석문 자료를 적절히 이용할 경우 金姓 始祖 문제는 보다 명확히 그 실상이 해명될 수 있을 것이며, 이를 토대로 하여 奈勿王 이전의 기사에 대한 비판의 한 방도를 마련 할 수도 있을 것이다. 그래서 필자는 금석문에 표현되어 온 「太祖星漢王」問題에 대해 他 金石文 자료의 이용과 선학들의 연구 성과5)를 원용하여 약간의 소견을 밝혀 보고자 한다.

Ⅱ. 지금까지의 학설

太祖星漢에 대한 금석문 자료로 주목되어 왔던 것은 文武王陵碑였다. 그 중 太祖星漢의 고찰에 관계되는 부분을 제시하면 다음과 같다.6)

李鍾旭, 1980, 『新羅上代王位繼承硏究』
4) 金哲俊, 1962, 「新羅上古世系와 그 紀年」『歷史學報』17·18. 그 외에 약간의 견해 차이는 있으나 金光洙, 1973, 「新羅上古世系의 再構成 試圖」『東洋學』3 도 들 수 있다.
5) 이에 대해서는 본고를 전개하면서 하나씩 제시하기로 하겠다.
6) 今西 龍, 1938, 「新羅文武王陵碑に就きて」『新羅史硏究』, pp.496~500에 따랐으나 縱으로는 행수를 표시하였으나 橫으로는 글자만 맞추고 그 숫자는 표시하지 않았다. 그리고 본고에 인용된 金石文 자료는 모두 縱書를 橫書로 바꾼 것이다.

① 國新羅文武王碑 及飱國學少卿臣金△△奉 教撰

⑤ 君靈源自夐繼昌基於火官之后□搆方隆由是克△△枝戰生英異秅侯
祭天之胤傳七葉以

⑥ 馬△△十五代祖星漢王降質圓穹誕靈仙岳肇臨△△以對玉欄始林蔭
祥如觀石紐坐金輿而

⑩ 廿五日景辰建碑大舍臣韓訥儒奉

먼저 본 비의 건립 연대에 대해 조사해 보자. 文武王陵碑의 건립 연
대에 대해서는 神文王 1年(681)[7])과 제①행의 「國學少卿」이란 직명에 근
거하여 神文王 2年(682) 6월 이후[8])로 각각 추정되어 왔다. 文武王碑에
있어서 建碑 年代의 열쇠는 제⑩행의 「廿五日景辰建碑」의 부분이라고
판단된다. 여기에서의 「景」자는 唐高祖의 父名이 「昞」자인 까닭으로 인
해 「丙」자까지도 「景」자로 避諱했다고 한다.[9]) 그러면 「廿五日景辰」은
「廿五日丙辰」이 되고, 「廿五日丙辰」의 朔은 「壬辰」이 된다. 朔이 「壬辰」
으로 되어 있는 달을 가진 해를 680년부터 700년까지의 범위에서 『二十
史朔閏表』를 이용하여 찾아보면 682년 7월·687년 8월과 10월·692년
의 9월과 11월·698년 2월 등이다. 그렇다면 본 비의 건립 연대를 기왕
의 견해에서 681년과 682년 6월 이후로 추정되어 온 점과 廣開土王碑가
長壽王 2년에 건립된 것[10])을 참조하면, 682년인 神文王 2년 7월 25일에

7) 『朝鮮金石總覽』上, p.109.
   劉喜海, 『海東金石苑』上, p.75.
8) 金西龍, 1938, 「앞의 논문」, p.503. 그리고 文武王陵碑의 人名表記는 金昌鎬,
   1983, 「貞四年名菁堤碑의 재검토」 『韓國史研究』43의 新羅下古의 人名表記 부
   분 참조.
9) 葛城末治, 1935, 『朝鮮金石攷』, p.72.
   陳新會, 1979, 『史諱擧例』, pp.18~19.
10) 葛城末治, 1935, 『앞의 책』, p.109, 新羅에 있어서 王陵碑의 건립연대에 대한
   다른 예는 없고 다만 興德王陵碑가 「兵部侍郎」이란 직명과 姚克一이라는 人
   名에 의해 景文王 12년(872) 직후의 어느 해로 추정되고 있을 뿐이다(李基東,
   1978, 「羅末麗初 近侍機構와 文翰機構의 擴張」 『歷史學報』77, pp.25~26)

건립되었을 가능성이 크게 된다.

다음으로 太祖星漢 문제에 대한 본 비의 관계 부분을 분석해 보기로 하자. 본 비 제⑥행의 「十五代祖星漢王」에 대해 前間恭作은 奈勿王이 文武王의 10代祖에 해당하는 셈이므로,[11] 奈勿王 이전의 5代를 遡及하여 星漢王을 찾으려 했다.[12] 『三國史記』味鄒尼師今條와 『三國遺事』紀異, 金閼智條에는 각각 다음과 같은 味鄒王의 계보가 실려 있다.

閼智-熱漢-阿都-首留-郁部-俱道-未鄒 『三國遺事』
閼智-勢漢-阿道-首留-郁甫-仇道-味鄒 『三國史記』

위의 7대 계보 가운데 『三國遺事』卷一, 王曆에서 奈勿을 「父仇道葛文王 一作未召王之弟 △△角干」이라 한 것에 근거하여 前間恭作은 味鄒王을 代數 계산에서 제외시켰다.[13] 그 결과 奈勿王부터 逆算하여 仇道-郁甫-首留-阿道-勢漢의 五代만을 인정하여, 이 계보가 文武王陵碑의 「十五代祖星漢王」기사와 꼭 일치한다고 주장하였다.[14] 이 견해에 있어서 『三國遺事』王曆條에 奈勿을 「父仇道葛文王」이라 한 구절로써 金氏 가운데 최초로 왕위에 올랐다는 味鄒王의 존재를 부정한 점이 문제로 지적된다. 이렇게 『三國史記』・『三國遺事』에 전하는 奈勿王의 세 가지 계보 가운데에서[15] 나머지 두 예에 대한 정확한 검토 없이 한가지

---

11) 뒤의 <표 2>를 통해 보면 文武王(1)→武烈王(2)→龍春(3)→眞智王(4)→眞興王(5)→立宗(6)→智證王(7)→習寶(8)→△(9)→奈勿王(10)이 된다.
12) 前間恭作, 1925, 「新羅王の世次と其名につきて」『東洋學報』15~2.
13) 前間恭作, 1925, 「앞의 논문」, p.62.
14) 前間恭作, 1925, 「앞의 논문」, p.62.
15) 『三國遺事』, 王曆과 『三國史記』, 奈勿王條에 의하면 奈勿王의 系譜는 다음과 같다.
　Ⅰ. 仇道葛文王—奈勿王　Ⅱ.　┌未召
　　　　　　　　　　　　　　　└△△角干—奈勿
　Ⅲ. 仇道葛文王 ┬ 味 鄒 王—女
　　　　　　　　　‖
　　　　　　　　　└未仇角干—奈勿(Ⅰ・Ⅱ는 『三國遺事』, Ⅲ은 『三國史記』).
　위의 系譜 가운데 Ⅱ의 「未召」는 『三國遺事』, 王曆, 未鄒尼師今條에 「一作味

만을 취하여 味鄒王의 존재를 제거한 것은 星漢王=勢漢으로 보려는 선입견이 작용한 것 같다. 그 결과 新羅中代 말기인 惠恭王代에 제정된 왕실의 五廟制에 있어서 그 시조가 味鄒王으로 되어 있는 『三國史記』雜志, 祭祀條의 기사에 주목, 여기에 보이는 味鄒王의 「미추」「밀」과 同語로서 실지는 星漢을 이처럼 표기한 것이라고 하였다.[16]

다음 末松保和는 언어학적인 분석을 통하여 星漢을 『三國史記』의 「勢漢」보다 오히려 『三國遺事』의 「熱漢」과 일치한다고 하였다.[17] 金哲俊은 三姓世系가 交立的인 것으로 되어있는 『三國史記』·『三國遺事』의 초기 기사에 대해 三姓이 상당 기간에 걸쳐 상호 부족연맹 관계에 있었던 것이라는 이른바 並立論의 제창에 의해 三姓世系의 허구론을 반박하면서도 前間의 金氏 始祖系譜만은 긍정하였다.[18] 그래서 金氏 始祖인 星漢의 대두를 奈勿痲立干 즉위년인 356년에서 逆算하여 206년경으로(356-30×5=206) 추측하였다.[19]

그 뒤 木下禮仁에 의해 新羅에 있어서 金氏 始祖 傳承에 대한 새로운 견해가 제시되었다.[20] 木下는 먼저 金氏 始祖 전승을 金石文 자료를 중심으로 한 星漢-奈勿型과 문헌 사료를 중심으로 한 閼智-味鄒型으로 크게 나누었다. 다시 新羅中代에 閼智-味鄒王의 始祖 전승이 새로이 만들어지면서 世系 上 閼智는 星漢의 위에, 味鄒는 奈勿의 위에 각각 놓이게 되어 결국 하나의 계보를 만들게 되었다고 주장하였다. 이

炤 又未祖又未召 姓金氏 始立 父仇道葛文王」이라 한 것으로 보면 味鄒王으로 판단된다. 따라서 系譜 Ⅱ·Ⅲ은 결국 같을 가능성이 크다. 三品彰英遺撰, 1976, 『三國遺事考證』上, p.135에 의하여 Ⅱ의 系譜에서 「△△角干」의 「△△」는 未仇라고 墨書로 적혀 있다고 한다.

16) 李基東, 1978, 「新羅 始祖 星漢의 問題와 興德王陵碑의 發見」 『大丘史學』15·16-栗原韓相俊先生華甲記念史學論叢-, p.28.
17) 末松保和, 1954, 「餘說(金氏始祖考)」 『新羅史の諸問題』, pp.105~112.
18) 金哲俊, 1962, 「앞의 논문」
19) 金哲俊, 1975, 『韓國古代社會研究』, pp.98~102.
20) 木下禮仁, 1966, 「新羅始祖系譜の構成-金氏始祖を中心として-」 『朝鮮史研究會論文集』2.

견해는 李基東에 의해 적절한 비판을 받은 바 있다.[21] 奈勿王系 혈연 의식을 근거로 味鄒王은 奈勿王 위에 가상시킨 것이 아니라 星漢 아래에 味鄒王을 中代 왕실의 시조로 강하시킨 것이라 하고, 閼智의 加上 문제도 文武王陵碑 건립 후의 中代가 아니라 『三國史記』의 편찬 시기까지 내려 잡는 견해[22]를 따르고 있다.

李基東은 새로이 발견된 興德王陵碑片에 나오는 「太祖星漢」·「卄四代孫」이란 구절에 근거하여 新羅下代의 왕통인 이른바 元聖王系가 자기들의 시조를 中代 왕통인 武烈王系와 마찬가지로 星漢이라 한 점에 주목하였다.[23] 나아가서 興德王陵碑와 文武王陵碑의 비교에 의해 星漢·奈勿·文武·元聖의 대수 관계를 정리하면서 元聖王이 奈勿王의 12대손이 아니라 17대손일 가능성[24]과 武烈王系와 元聖王系의 혈족 집단이 奈勿王 이후 아주 빠른 시기에 서로 갈라졌다[25]고 추정하였다. 그렇지만 敬順王碑에 근거하여 元聖王의 계보를 「智證王-眞宗-欽運-摩次-法宣-義寬-魏文-孝讓-元聖王」으로 추정한 것[26]과 元聖王이 奈勿王의 17대손이란 추측은 서로 어긋나게 된다. 또 文武王陵碑의 「十五代祖星漢王」이란 구절과 興德王陵碑片의 「太祖星漢」·「卄四代孫」이란

---

21) 李基東, 1978, 「앞의 논문」, pp.29~30.
22) 井上秀雄, 1974, 『新羅史基礎硏究』, p.492.
23) 李基東, 1978, 「앞의 논문」, p.31.
24) 李基東, 1978, 「앞의 논문」, pp.33~34에서는 文武王陵碑와 興德王陵碑片에서 꼭 5세대의 차이가 생김에 의해 元聖王을 奈勿王의 12세손이라고 한 『三國史記』의 기사에 잘못이 있는지도 알 수 없다고 전제하고 나서 元聖王이 奈勿王의 17대손으로 修正되어야 할 것으로 추정하고 있다.
25) 李基東, 1978, 「앞의 논문」, p.34. 여기서는 文武王碑에서는 文武王이 56세로 薨去한 사실에 의해 生年을 626년으로 추정하고, 다시 星漢을 기준으로 볼 때 文武王보다 꼭 9세가 뒤늦게 興德王은 1957년에 발견된 碑片에 60세로 薨去한 것이 보여(閔泳珪, 1962, 「新羅興德王陵碑 斷石記」『歷史學報』17·18, pp.625~628), 興德王의 生年이 777년으로 추정된 것에 근거를 두고 武烈王系와 元聖王系의 분열 시기를 추측하였다.
26) 李基東, 1976, 「新羅 奈勿王系의 血緣意識」『韓國史論文選集』Ⅱ, 一潮閣, pp.153~154.

구절에서 각각 역산되는 「星漢」에 대한 뚜렷한 언급이 없다는 점도 아쉽게 생각된다.

Ⅲ. 太祖星漢 문제

新羅에 있어서 세대수의 인식에 대한 근거는 현재까지 어떠한 문헌이나 금석문 자료에서도 찾을 수 없다. 그렇지만 시간적으로 같은 共感帶에 해당한다고 볼 수 있는 廣開土王碑에는 「大朱留王 紹承基業 傳至十七世孫國罡上廣開土境平安好太王」이란 구절이 있다.[27] 여기에 나타난 「傳至十七世孫」은 그 실상을 잘 알 수 없는 당시 사회의 세대수 인식 방법에 큰 도움을 줄 수 있는 방증 자료가 될 수 있을 것이다. 「傳至十七世孫」에서 17世孫이 구체적으로 어떤 의미를 갖고 있을까? 『三國史記』에 의하면 高句麗王系譜는 다음 <표 1>과 같이 정리된다.

<표 1> 『三國史記』의 高句麗王系表

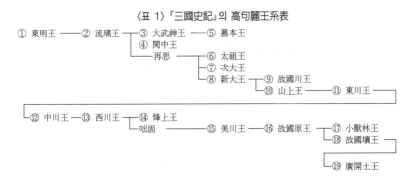

廣開土王碑의 「大朱留王」은 『三國史記』 大武神王 즉위조에 「大武神王立或云大解朱留王……」이란 구절로 보면 제3대 大武神王이 틀림없다.

---

27) 『朝鮮金石總覽』上, p.3.

<표 1>에 의해 제3대 大武神王=大朱留王에서 제19대 廣開土王까지의 세대수는 大武神王의 아우인 再思에서 계산하면 10세손이 된다.[28] 그러면 廣開土王碑의 「十七世孫」과 <표 1>에서의 大武神王에서 廣開土王까지의 10대는 서로 어긋나게 된다. 다시 <표 1>에서 제3대 大武神王으로부터 제19대 廣開土王까지의 王代數를 계산하면 17대가 된다.[29] 이는 廣開土王碑의 「十七世孫」과 같게 되므로, 廣開土王碑의 「十七世孫」이란 말은 오늘날 우리가 인식하고 있는 바와는 달리 王系로 「17대」란 의미로 사용되었다고 이해된다.

이러한 高句麗에서의 王系에 관한 세대수 인식 방법을 원용하여 新羅의 王系 문제를 살펴보자. 文武王陵碑의 「十五太祖星漢王」과 興德王陵碑片의 「卅四代孫」에 있어서 「××代祖」・「××代孫」이란 말은 한쪽은 子孫의 관점에서, 다른 한쪽은 조상의 관점에서 각각 조상을 인식하는 방법이기에 같은 의미를 가지고 있다. 또 廣開土王碑의 「十七世孫」의 「××世孫」이란 표현도 「××代孫」과 꼭 같은 뜻으로 판단된다. 그러므로 「××代孫=××世孫=××代祖」가 되며, 이들은 廣開土王碑에서 「十七世孫」이란 말이 王系로 17대를 가리키고 있는 점으로 보아 「××代孫」・「××世孫」・「××代祖」는 모두 王系로 「××대」란 뜻으로 판단된다.

그러면 文武王陵碑의 「十五代祖星漢王」에서 「星漢王」이 누구인지를 <표 2> 『三國史記』의 金氏王世系譜[30]와 비교해서 조사해 보자.

---

28) 三品彰英遺撰, 1975, 『앞의 책』, p.146.
29) 三品彰英遺撰, 1975, 『앞의 책』, p.146. 高句麗의 다른 王系譜가 『三國遺事』에 실려 있으나 王代數를 따지므로 결과는 마찬가지가 된다.
30) 이 표의 작성에는 末松保和, 1954, 『앞의 책』, pp.44~47과 李鍾旭, 1980, 『앞의 책』, 부록 B 新羅上代 王位繼承表 등을 참조하였다.

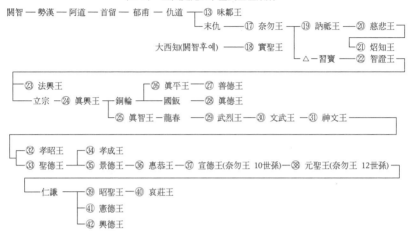

〈표 2〉『三國史記』의 金氏王世系譜

閼智 — 勢漢 — 阿道 — 首留 — 郁甫 — 仇道 ┬ ⑬ 味鄒王
                                    └ 末仇 ──── ⑰ 奈勿王 ── ⑲ 訥祗王 ── ⑳ 慈悲王 ┐
              大西知(閼智후예) ──── ⑱ 實聖王   ┌ ㉑ 炤知王 ┘
                                              └ △ - 習寶 ── ㉒ 智證王 ┘

┌ ㉓ 法興王   ┌ ㉖ 眞平王 ── ㉗ 善德王
└ 立宗 - ㉔ 眞興王 ┬ 銅輪 ── 國飯 ── ㉘ 眞德王
                 └ ㉕ 眞智王 - 龍春 ── ㉙ 武烈王 ── ㉚ 文武王 ── ㉛ 神文王 ┐

┌ ㉜ 孝昭王   ┌ ㉞ 孝成王
└ ㉝ 聖德王 ┬ ㉟ 景德王 ── ㊱ 惠恭王 ── ㊲ 宣德王(奈勿王 10世孫) ── ㊳ 元聖王(奈勿王 12世孫) ┐
           └ 仁謙 ┬ ㊴ 昭聖王 ── ㊵ 哀莊王
                  ├ ㊶ 憲德王
                  └ ㊷ 興德王

　　〈표 2〉에서 제30대 文武王부터 거꾸로 대수를 왕위에 올랐던 사람만 한정하여 헤아려 보자. 文武(1)－武烈(2)－眞德(3)－善德(4)－眞平(5)－眞智(6)－眞興(7)－法興(8)－智證(9)－炤知(10)－慈悲(11)－訥祗(12)－實聖(13)－奈勿(14)－味鄒(15)가 된다. 이렇게 되면 종래 文獻에서는 金氏 始祖가 味鄒王이나 금석문에서는 星漢되어 있다는 문제점이 해결될 수도 있을 것 같다.[31] 왜냐하면 廣開土王碑에서 얻은 세대수에 대한 인식 방법을 新羅에 적용하면 文武王陵碑「十五代祖星漢王」이 味鄒王이 되기 때문이다. 다음 興德王陵碑片의 「太祖星漢」・「卄四代孫」에 대해서도 조사해 보자. 앞의 文武王陵碑의 「十五代祖星漢王」에 따르면 星漢王에서부터 文武王까지는 15대가 된다. 이 점에 의거하여 그 다음부터를 〈표 2〉에 의해 조사해 보자. 神文王부터 興德王까지는 12대이므로 결국 星漢王에서부터 興德王까지는 27대가 된 셈이다. 이 27대란 계산은 興德王陵碑片의 「卄四代孫」이란 것과 어긋난다. 〈표 2〉의 金氏王世系譜에 따르면 제39대 昭聖王과 제42대 興德王은 형제간이므로 같은 대수인 24

---

31) 필자와 꼭 같은 방법에 의해 추정되는 것은 아니나, 文獻의 味鄒王과 金石文의 星漢을 동일인으로 보는 견해는 李鍾旭, 1980, 『앞의 책』, p.137에도 보인다.

대로 했을 가능성도 조금 엿보이나 다른 각도에서 검토해 보자. 興德王
陵碑片의 「卄四代孫」이란 말에 있어서 始祖에 대한 인식 방법 자체에
新羅中代에 발생된 五廟制[32])에 의한 조상인식 방법의 영향을 전혀 배
제할 수 없을 것 같다. 우선 新羅 五廟制에 관한 내용이 집약되어 있는
다음의 자료부터 보기로 하자.

> 按新羅宗廟之制 第二代南解王三年春 始立始祖赫居世廟 四時祭之
> 以親妹阿老主祭 第二十二代智證王 於始祖誕降之地奈乙 創立神宮 以
> □之 至第三十六代惠恭王 始定五廟 以味鄒王爲金姓始祖 以太宗大王
> 文武大王平百濟高句麗有大功德 並爲世世不毁之宗兼親廟二爲五廟
>
> (『三國史記』雜志, 祭祀志)

이 기록의 내용은

(1) 제2대 南解王 때 始祖 赫居世를 始立하였다.

(2) 제22대 智證王 때 始祖가 탄생한 곳에 神宮을 創立하였다.

(3) 제36대 惠恭王 때 金姓始祖 味鄒王과 삼국 통일에 공덕이 있는
太宗·文武大王 및 親廟二로써 五廟를 만들었다의 3단락으로 구성되고,
제1단락은 始祖廟, 제2단락은 神宮, 제3단락은 五廟의 始立에 관한 기사
임을 알 수 있다.[33]) 위의 자료에 대해 邊太燮은 제1단락에서 始祖廟가
있음에도 불구하고, 제2단락에서 다시 始祖가 탄생한 奈乙에 새로이 神
宮을 創立하였다는 것과 제1단락에서 始祖가 赫居世였는데 제3단락에
서는 王廟內의 始祖로 金姓 始祖인 味鄒王을 받들고 있는 점에 대해 주
의를 환기시켰다.[34]) 위의 지적은 奈乙神宮이 赫居世 또는 味鄒王과 관
계되는지 여부에 대한 하나의 디딤돌을 마련했다고 본다. 始祖廟인 赫
居世廟가 있음에도 불구하고 始祖가 탄생한 奈乙에 새로이 神宮을 세웠
다는 것은 奈乙神宮이 赫居世廟와 다른 가능성을 암시하는 것으로 이해

---

32) 邊太燮, 1964, 「廟制의 變遷을 通하여 본 新羅社會의 發展過程」『歷史敎育』8.
33) 邊太燮, 1964, 「앞의 논문」, p.56.
34) 邊太燮, 1964, 「앞의 논문」, p.57.

할 수도 있기 때문이다. 그래서 위의 祭祀條의 내용 가운데 奈乙神宮의 대상은 金氏의 始祖王인 味鄒를 지칭한다는 기왕의 견해도 있다.[35] 그리고 奈乙은 날〔化生〕의 音寫로 보아 楊雄의 『方言』卷3에 근거하여 이를 보충하고 있다.[36] 이 같은 견해는 앞에서의 文武王陵碑를 통해 볼 때에 太祖星漢王이 味鄒王이라는 점과 일치되어 더욱 흥미롭다.

다음 始定五廟했다는 惠恭王代의 기록에 있어서 五廟는 金氏始祖인 味鄒王·太宗·文武王·二親으로 되어있는 바, 新羅中代末의 始祖가 味鄒王이란 이외는 興德王陵碑片의 세대수 인식에 도움이 되지 못하고 있다. 그런데 『三國史記』神文王 7年條에는 「遣大臣於祖廟 致祭曰 王染稽首再拜謹言 太祖大王·眞智大王·文興大王·太宗大王·文武大王之靈云云」이라고 한 것이 있다. 이 기록에 있어서 우선 주목되는 것은 앞의 祭祀條에서의 「以味鄒王爲金姓始祖」란 구절과는 달리 「太祖大王」이라고 금석문에서와 같은 「太祖」란 용어를 사용한 점이다.[37] 다음 神文王 7年條의 기록에 있어서 조상의 인식 방법을 <표 2>와 비교해 보면 神文王 이전의 王代順이 아니라 追封大王까지 포함함 直系祖를 따르고 있는 점이다. 따라서 늦어도 始定五廟했다는 惠恭王代의 직후에는 始祖에 대한 세대수 인식 방법이 廣開土王碑와 달랐을 가능성도 있다. 그러면 여기서 다시 <표 2>로 돌아가 興德王陵碑片의 「卅四代孫」이란 것을 조사해 보자. 文武王陵의 「十五代祖星漢王」에 의해 星漢王에서 文武王까지

---

35) 金庠基, 1974, 「國史上에 나타난 建國說話의 檢討」『東方史論叢』, p.37. 그러나 木下禮仁, 1966, 「앞의 논문」, p.58에서는 1964년에 발간된 建國大의 『學術誌』 5輯에 실린 같은 논문을 보고 「奈勿はnarの音寫のようでもあり, 化生(nar)=奈勿=始祖味鄒となるとておられるようである」라고 하고 있다.

36) 金庠基, 1974, 「앞의 논문」, pp.37~38.

37) 邊太燮, 1964, 「앞의 논문」, p.68; 李鍾旭, 1980, 『앞의 책』, p.137. 그런데 『三國史記』, 神文王七年條의 「始祖大王」이 혹시 神文王의 고조인 眞智王의 先王인 眞興王이 아닌가도 생각할 수 있다. 眞興王은 바로 神文王의 五代祖이기 때문이다. 그러나 후술하는 바와 같이 眞興王 29년에 만들어진 黃草嶺碑와 磨雲嶺碑에 이미 「仰紹太祖之基……」라고 해서 「太祖」란 말이 이미 사용되어 『三國史記』, 神文王七年條에 나오는 「太祖大王」이 眞興王일 가능성은 적게 된다.

는 15대이다. 神文王부터 惠恭王까지도 廣開土王碑式으로 조상 인식을 하면 6대가 되어 결국 星漢王에서 惠恭王까지는 21대가 된다. 그 다음 宣德王과 元聖王은 각각 奈勿王 10世孫과 奈勿王 12世孫이 되어 있어서 그 대수를 계산할 수가 없게 된다. 이러한 문제를 해결키 위해 宣德王과 元聖王의 계보를 알아보면 <표 3>[38]과 같다.

<표 3> 宣德王과 元聖王의 系譜

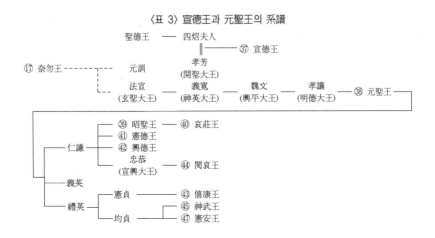

<표 3>에 의해서도 宣德王이 聖德王의 外孫이란 것 이외에 달리 세대수를 헤아릴 방법을 찾을 수 없다. 『三國史記』元聖王 元年條의 「元聖王立諱敬信 奈勿王十二世孫」이란 한 것에 근거하여 太祖星漢인 味鄒王에서부터 興德王까지의 세대수를 <표 2>·<표 3>에서 계산하면 15대가 될 뿐이다. 그런데 『三國史記』元聖王 元年條에는 宣德王과 元聖王의 조상에 대한 인식 방법을 엿볼 수 있는 다음과 같은 구절이 있다.

毀聖德大王開聖大王二廟 以始祖大王太宗大王文武大王 及祖興平大王 考明德大王 爲五廟 (『三國史記』元聖王 元年條)

---

38) 이 표의 작성에는 末松保和, 1954, 『앞의 책』, p.47 및 井上秀雄, 1974, 『新羅史基礎研究』, p.361 등을 참조하였다.

위의 자료에서 元聖王代에는 前王 때에 祔廟되어 있던 聖德大王과 開聖大王의 二廟를 毁撤하였음을 감안하면, 宣德王 때의 五廟의 始祖大王·太宗大王·文武大王·聖德大王·開聖大王으로 추정된다.[39] 宣德王 때는 그대로 惠恭王代에 만들어진 五廟制가 준수된 것이라 할 수 있다.[40] 앞에서 祭祀條 기록에 의하면, 惠恭王代의 王廟는 始祖인 味鄒王·太宗大王·文武大王·惠恭王의 二親이기 때문이다. 이 때 惠恭王代 二親이 宣德王代에는 前王인 惠恭이 아니라 亡父인 孝芳을 開聖大王으로 追封하여 편입시키고, 다시 直系祖가 아닌 聖德王을 넣고 있는 점이 주목된다. 이 宣德王代의 五廟에 의해 조상 인식방법을 추측하면 聖德王까지는 廣開土王碑式의 세대수 인식 방법이 잔존요소로 남아 있었으며, 宣德王부터는 五廟制에 의한 直系祖의 인식 방법이 적용되었던 것 같다.[41] 이 같은 추정은 다음의 제38대 元聖王 때의 五廟가 始祖大王·太宗大王·文武大王·祖興平大王·考明德大王으로 王系祖와 直系祖가 서로 공존되고 있어서 더욱 그러하다. 그러면 五廟制가 완성된 惠恭王代까지는 그대로 廣開土王碑式의 조상 인식 방식이 적용되며, 宣德王代 이후에는 새로이 直系祖에 대한 조상 인식 방법이 적용되었음을 알 수 있다. 또 宣德王代 五廟의 대상이 始祖大王·太宗大王·文武大王·聖德大王·開聖大王인 점에 근거하여 興德王陵碑의 「卄四代孫」이란 것을 따져 보자.

앞에서 살펴 본 <표 2>와 文武王陵碑의 「十五代祖星漢王」이란 구절에 따르면 星漢王부터 聖德王까지의 대수는 18대가 된다. 여기서 『三國

---

39) 邊太燮, 1964, 「앞의 논문」, p.70.
40) 邊太燮, 1964, 「앞의 논문」, p.70.
41) 新羅에 있어서 조상의 세대수 인식 방법이 文武王陵碑와 興德王陵碑는 서로 다르나 그 시기가 과연 언제인지는 정확히 말할 수 없다. 앞에서 나온 『三國史記』, 神文王七年條의 기록에 근거하면 神文王代에 그러한 조상 인식이 바뀌었을 가능성이 엿보인다. 五廟에 근거하면 宣德王 전후일 가능성도 클 것 같다. 廣開土王碑式의 조상 인식 방법이 오늘날의 세대수 개념(中國化?)으로 완전히 바뀐 것은 五廟制로 보면 哀莊王代일 가능성이 크다고 본고를 查讀한 李文基 學兄의 교시를 받았다. 앞으로 이 부분에 대한 신중한 검토가 요망된다.

史記』祭祀條와『三國史記』元聖王 元年條의 五廟制에 있어서 惠恭王代의 二親 대신에 宣德王代에는 聖德王과 開聖大王이 추가됨을 보면 宣德王 자신의 系譜도 聖德王과 연결됨을 알 수 있다. 星漢王에서 聖德王까지는 18대이므로, <표 3>을 통해 보면 四炤夫人 곧 孝芳이 19대, 宣德王은 20대가 된다. 다음 元聖王代의 五廟에서도 王系와 直系가 공존하고 있으므로 <표 3>에 의해 元聖王의 세대수를 조사하면 宣德王이 20대이므로 孝讓은 21대, 元聖王은 22대가 된다. 다음 仁謙·義英·禮英은 23대, 興德王은 24대가 된다. 이상에서 文武王陵碑의 「十五代祖星漢王」은 味鄒王을 가리키고, 興德王陵碑片의 「太祖星漢」도 味鄒王일 가능성이 크게 된다.[42]

다시 太祖星漢의 문제를 좀 더 살펴보기 위해 金石文의 관계 자료를 摘記하면 다음과 같다.

……然朕歷數當躬仰紹太祖之墓□承王位兢身自愼恐違乾道……
　(磨雲嶺碑 및 黃草嶺碑, 崔南善編,『新訂三國遺事』附錄, pp.13~14.)
……△太祖星漢王哲千齡之……
(金仁問墓碑,『韓國金石遺文』, p.66.)
大師法諱利嚴 俗姓金氏 其先鷄林人也 考其國史實星漢之苗遠祖世道凌夷斯盧多難偶亐萍梗流落熊川(廣照寺眞澈大師寶月承空塔碑,
『朝鮮金石總覽』上, p.126.)
△△△△△運 俗姓金氏 鷄林人也 其先降自星韓 興於邯勿本枝百世……
　(豊基 毘盧庵眞空大師普法塔碑,
　『朝鮮金石總覽』上, p.135.)

---

42) 이렇게 金石文에 나오는 太祖星漢이 味鄒王으로 추정되는 점과『三國遺事』, 興法, 阿道基羅條에 인용된 我道本碑에「……至二十三法興大王 以簫梁天監十三年甲年登位 及興釋氏距朕未鄒王癸未之歲 二百五十二年……」란 구절을 비교해 보면 味鄒王과 奈勿王 사이의 儒禮·基臨·訖解(昔氏의 3명 尼師今)의 王系와 紀年에 문제가 생기게 된다. 이러한 味鄒王 전후의 昔氏王系의 문제점에 대해서는 國立慶州博物館 韓炳三 館長님의 교시를 받았으나 필자의 능력 부족으로 다루지 못했다. 앞으로 신중한 검토가 요망된다.

위의 자료에 있어서 磨雲嶺碑와 黃草嶺碑의 「太祖」, 金仁問碑의 「太祖漢王」, 眞澈大師碑의 「星漢」, 眞空大師碑의 「聖韓」은 모두 文武王陵碑의 「星漢王」과 꼭 같은 말로 추정된다. 다음 위의 각 비문의 작성 연대에 대해 알아보자. 磨雲嶺碑와 黃草嶺碑의 서두인 「太昌元年歲次戊子 △△卄一日△△」·「△△△△△△△ 八月卄一日癸未」를 대응시키면 두 비가 眞興王 29년(568)에 건립되었음을 알 수 있다.[43] 다음 金仁問碑의 건립 연대에 대해서 조사해 보자. 『三國史記』金仁問傳에

　　　金仁問 字仁壽 太宗大王第二子也……延載元年四月二十九日寢疾薨
　　於帝都 享年六十六……押送靈柩 孝昭大王追贈太大角干 令有司 以延
　　載二年十月二十七日 窆于京西原

이라 한 것에 따르면, 金仁問은 孝昭王 3년(694)에 죽었고, 孝昭王 4년(695)에 당시의 서울인 慶州의 京西原에 장사지낸 것을 알 수 있다. 따라서 金仁問碑의 건립 연대도 695년 이후의 가까운 시기일 것으로 추정된다.[44] 다음 眞澈大師碑와 眞空大師碑는 모두 崔彦撝가 撰한 것이다. 이들은 각각 高麗 太祖 20년(937)과 太祖 22년(939)에 세워졌다.[45] 이상의 금석문 자료를 통해 보면 太祖王에 대한 始祖 전승은 늦어도 眞興王 29년(568)에 확립되어 新羅 末期까지 계속되었고, 眞空大師碑에서 「其先降自星韓 興於□勿」이라 한 것으로 보면, 계보 상으로 星漢과 奈勿王을 결합시키고 있음이 주목된다.[46]

---

43) 葛城末治, 1935, 『앞의 책』, p.135.
44) 末松保和, 1954, 『앞의 책』, p.497.
45) 李基東, 1980, 「앞의 논문」, p.27 참조.
46) 지금까지 『三國史記』에 奈勿王의 후손을 칭한 예는 다음과 같다.
　　異斯夫 或云苔宗 姓金氏 奈勿王四世孫 (異斯夫傳)
　　居柒夫 或云荒宗 姓金氏 奈勿王五世孫 (居柒夫傳)
　　斯多含 系出眞骨 奈密王七世孫也(斯多含傳)
　　大世 奈勿王七世孫 (眞平王 9년조)
　　金歆運 奈密王八世孫也 (金歆運傳)
　　景德王立 姓金氏 諱良相 奈勿王十世孫 (景德王 즉위쪼)

Ⅳ. 맺음말

新羅史에 있어서 奈勿王 이전의 『三國史記』에 기록된 朴·昔·金 三 姓世系와 그 紀年 문제에 대한 여러 가지 견해가 있었다. 이 문제를 취 급하는 연구자의 태도에 따라 복원된 新羅上古史는 많은 차이가 있어서

元聖王立 諱敬信 奈勿王十二世孫(元聖王 즉위조)
王母父叔明 奈勿王十三世孫 (哀莊王 6년조)

眞興王 5碑에 나타난 소속부별 인원수

喙部	6(4)	21(11)	5(2)	15(7)	13(6)	60(30)
沙喙部	3(1)	15(7)	3(1)	5(1)	6(1)	32(11)
本彼部		1(1)		1	2	4(1)
不明		1(1)		1		2(1)
計	9(5)	38(20)	8(3)	22(8)	21(7)	98(43)
部名 \ 碑名	赤 城 碑	昌 寧 碑	北漢山碑	黃草嶺碑	磨雲嶺碑	計

이러한 예들은 眞空大師碑의 「興於□勿」이란 구절이 암시하는 바의 해결에 한 단서가 될 수 있을 것이다. 또 위의 자료에 나오는 異斯夫와 居柒夫는 赤 城碑와 磨雲嶺碑에 근거하면 喙部 소속이므로 奈勿王 내지 奈勿王系의 新羅 中古 왕실도 喙部일 가능선이 크게 되며, 이 같은 것을 밝혀 주는 자료로 蔚 州 川前里書石 「原銘」·「追名」이 있다(구체적인 것은 金昌鎬, 1983, 「新羅中 古 金石文의 人名表記(1)」 『大丘史學』22 참조). 「追名」의 人名分析에서 新羅 中古에 국왕을 金石文에 「王」이라 지칭한 예가 없는 점과 銘文 자체의 구조적 분석에 근거하면 新羅中古 왕실의 소속부가 喙部일 가능성이 클 것 같다. 만 약에 「追名」에 나오는 「徙夫知葛文王」이 入宗葛文王이고 中古王室의 소속부 가 沙喙部라면, 王妃族이라 할 수 있는 牟梁部가 中古 金石文에서 전혀 나온 점이 없는 점도 문제점으로 지적될 수 있을 것이다. 상세한 것은 곧 발표된 <蔚州 川前里書石 銘文의 재검토>를 참조해 주기 바라며, 우선 眞興王代 金石 文에서의 소속부별 사람 수를 제시하면 다음과 같다.
※ 작성의 근거는 金昌鎬, 1983, 「앞의 논문」
( ) 속의 수는 大等의 숫자임.
위의 표에서 眞興王代 金石文의 어느 碑에서나 大等 및 전체 隨駕人數가 모 두 喙部가 沙喙部보다 우세한 것으로 되어 있다.

이에 대한 사료의 실증적인 비판이 요구되어 왔다. 위의 三姓世系 가운데 朴·昔 二姓과는 달리 金姓의 始祖에 대해서는 적지 않은 당시의 금석문 자료가 발견되었다. 이 금석문 자료에서 말하는 金姓 始祖인 太祖星漢이 누구인지 여부가 밝혀진다면 三姓世系의 복원에 한 지침이 마련될 수 있을 것이다.

新羅 금석문에 있어서 金姓 始祖인 星漢에 대한 세대수의 표현은 文武王陵碑의 「十五代祖星漢王」과 興德王陵碑片의 「太祖星漢」·「卅四代孫」이라고 한 예가 있을 뿐이다. 이들을 통한 星漢 문제의 연구는 주로 언어학적인 방법에 의한 熱漢(勢漢)으로 추정하거나 문헌에서는 味鄒王, 金石文에서는 星漢王으로 달리되어 있는 점에 대한 지적이 있었을 뿐이다.[47] 이 같이 선학들의 星漢 문제 추정에 있어서 먼저 해결되어야 할 것은 조상에 대한 新羅의 세대수 인식이 어떠한지 여부이다. 新羅에 있어서는 현재까지 그 단서가 발견되지 않고 있으나 高句麗에서는 그러한 예가 보이고 있다. 廣開土王碑의 「傳至十七世孫」이란 말을 『三國史記』의 高句麗王系譜와 비교하면 「十七世孫」은 17세손이란 뜻이 아니고 왕대수로 17대를 가리키고 있음을 알 수 있다.

본고에서는 廣開土王碑의 「世孫」·文武王陵碑의 「代祖」·興德王陵碑의 「代孫」이 모두 꼭 같은 뜻으로 사용되었음을 토대로, 文武王陵碑의 「十五代祖星漢王」이란 구절을 新羅金氏王系譜와 비교해서 星漢王=味鄒王이 됨을 밝혔다. 그리고 興德王陵碑의 「卅四代孫」은 이 방법이 그대로 적용되지 않았다. 그래서 新羅中代에 새로 만들어진 五廟制와 비교해 이 시기에 있어서의 인식도 太祖星漢이 味鄒王임을 알 수 있었다.

---

47) 李基白·李基東, 1982, 『韓國史講座』1, 古代篇, pp.131~132.

新羅中古 金石文의 人名表記(Ⅰ)

Ⅰ. 머리말

지금까지 발견된 新羅中古의 금석문으로서 職名·部名·人名·官等名의 순서로 기재된 것은 모두 10여기가 된다.[1] 여기에 나타난 인명표기에 대해서는 일찍부터 주목이 되어 왔으나[2] 충분한 검토가 이루어지지 못하였다. 최근에 신라 六部에 관한 연구와 함께 인명표기법에 대한 부분적인 견해가 제시되었다.[3] 곧 신라 시대 部의 표기방식〔필자주 : 인명 표기법〕에는 職名·部名·人名·官等名 순의 전형적인 방식[Ⅰ]과 文章 첫머리나 내용 중에 部名이 나오고 개인의 部名은 생략된 방식[Ⅱ]으로 나누고 있다.

그런데 먼저 蔚州 川前里書石의 내용을 검토한 결과, 전기한 인명표기법에 문제점이 있음을 알게 되었다. 이를 밝혀보기 위해서 眞興王代

---

1) 본고에서는 職名·部名·人名·京位名의 순서로 기재된 新羅中古의 금석문 중 王京人만을 그 대상으로 하였다. 이렇게 部名과 京位名이 나오는 것으로는 新羅中古의 금석문 중 복원에 의한 것과 新羅下古의 금석문까지 포함하면 그 수효는 7~8基 더 늘어날 것이다.
2) 今西 龍, 1922, 「新羅眞興王巡狩菅境碑考」『考古學雜誌』12~11; 1938, 『新羅史研究』再收錄, p.455에서도 北漢山碑의 인명은 職名·部名·人名·官等名의 순서로 끊어 읽고 있다.
3) 李文基, 1981, 「金石文 資料를 통하여 본 新羅의 六部」『歷史敎育論集』2. 인명표기에서 文章 첫 머리나 내용 중에 部名이 나오고 개인의 部名이 생략되었다는 견해는 새로운 착안이라고 생각된다.

에 만들어진 赤城碑·磨雲嶺碑·黃草嶺碑·北漢山碑·昌寧碑의 인명부분만을 검토한 결과 일정한 법칙을 발견하게 되었다. 이 眞興王代 금석문에서 얻어진 인명표기법은 永川 丙辰銘菁堤碑·南山新城碑·蔚州 川前里書石에도 적용되며 이들의 인명분석도 새로운 관점에서 규명될 수 있었다. 이 新羅中古 금석문의 인명표기에 관한 소고가 신라사 연구에 조그만 보탬이 된다면 다행이겠다.

II. 蔚州 川前里書石 銘文의 人名表記

1. 書石 銘文의 判讀

본 銘文은 『韓國金石遺文』에 거의 모든 글자가 판독되어 있다.[4] 그 뒤 현지 조사 등을 통해 부분적인 수정·보완이 이루어졌다.[5] 그 결과 「原名」·「追銘」[6]을 합친 300여자 가운데 10여자 가량을 제외하고 거의 모든 글자가 판독되어졌다. 필자도 1981년 5월 이후 몇 차례 현지를 답사하여 본 결과 몇 군데 달리 읽혀져야 할 곳이 있었다. 우선 기왕의 판독을 주축으로 필자가 새로 읽은 것을 더해 川前里書石의 銘文을 제시하면 다음과 같다.[7]

---

4) 黃壽永編, 1972, 『金石遺文』3, 韓國美術史學會.
    黃壽永編著, 1976, 『韓國金石遺文』, 一志社.
5) 金龍善, 1979, 「蔚州 川前里書石 銘文의 研究」 『歷史學報』81.
6) 이 川前里書石 銘文의 명칭에 대하여 발견자인 黃壽永은 「原名」·「追銘」이라 하였으며(黃壽永編著, 1976, 『앞의 책』, pp.26~27), 武田幸男은 銘文에 나타난 干支의 이름에 따라 「乙巳銘」·「己未銘」이라 하였다(武田幸男, 1977, 「金石文 からみた新羅官位制」 『江上波夫教授古稀記念論集』, 歷史篇). 본고에서는 뒤에서 언급하겠지만 두 銘文의 내용이 서로 연결되기 때문에 「原名」·「追銘」이라 부른 견해에 따르겠다.
7) 이 川前里書石 銘文의 判讀은 黃壽永編著, 1976, 『앞의 책』, pp.26~27과 金龍善, 1979, 「앞의 논문」과 李文基, 1981, 「앞의 논문」을 참조하였다. 그리고 銘文의 판독에서 ( )한 부분은 필자가 복원한 것이고, 〔 〕한 것은 타 견해에 따

<原名>

	1	2	3	4	5	6	7	8	9	10	11	12	13	14
①	ⓐ乙	巳	(年)											
②	沙	喙	部	(葛)										
③	文	王	覓	遊	來	始	淂	見	谷	△				
④	之	古	谷	无	名	谷	善	石	淂	造	△			
⑤	二	以	下	爲	名	書	石	谷	字	作	△			
⑥	ⓑ幷	遊	友	妹	麗	德	光	妙	於	史				
⑦	鄒	安	郎	主	之									
⑧	ⓒ食	多	煞	作	功	人	爾	利	夫	智	奈	[麻]		
⑨	悉	淂	斯	智	大	舍	帝	智	作	食	[人]			
⑩	榮	知	智	壹	吉	干	支	妻	居	知	尸	奚	夫	[人]
⑪	眞	肉	智	沙	干	支	妻	阿	兮	牟	弘	夫	人	
⑫	作	書	人	慕	二	爾	智	大	舍	帝	智			

<追銘>

	1	2	3	4	5	6	7	8	9	10	11	12	13	14	15	16	17	18	19	20	21	22	23
①	ⓐ過	去	乙	巳	年	六	月	十	八	日	昧		沙	喙									
②	部		從	夫	知	(葛)	文	王	妹	於	史	鄒	女	郎									
③	三	共	遊	來	以	後	△	年	八	巳	年	過	去	ⓑ妹	王	考							
④	妹	王	過	人	ⓒ乙	巳	年	王	過	去	其	王	妃	只	沒	尸	兮	妃					
⑤	愛	自	思	ⓓ己	未	年	七	月	三	日	△	王	與	妹	共	見	書	石					
⑥	叱	見	來	谷		比	時	共	三	來		另	卽	知	太	王	妃	夫	乞				
⑦	支	妃	徙	夫	知	王	号	郎	△	△	夫	知	共	來	ⓔ此	時	璽						
⑧	作	功	臣	喙	部	知	礼	夫	知	沙	干	支	△	泊	六	知							
⑨	居	伐	干	支	△	臣	丁	乙	爾	知	奈	麻		作	食	人	眞						
⑩	宍	知	波	珎	干	支	婦	阿	六	牟	呼	夫	人	爾	夫	智	居	伐	干	支	婦		
⑪	一	利	等	次	夫	人	居	礼	次	△	△	干	支	婦	沙	爻	功	夫	人	分	共	作	之

라 복원한 것이며, 글자 위에 「·」한 것은 필자가 새로 읽은 것의 표시이다. 이 같은 약속은 본고 전체에 적용된다. 그리고 본고에서 지면관계로 제시치 못한 川前里書石의 탁본 사진은 黃壽永編著, 1976, 『앞의 책』의 권두 도판을 참조하였다. 본고에 인용된 모든 금석문은 縱書로 된 것을 橫書로 바꾼 것이다. 본고에 사용된 글자는 될 수 있는 대로 六朝體를 현재 쓰이는 글자로 바꾸었다.

먼저 「原銘」의 제①행을 「乙巳〔年六月十八日昧〕」로 복원하는 것은8) 무리가 있다고 생각된다. 「原銘」에서 이와 같이 복원할 경우, 제①행 9자, 제②행 4자, 제③행 10자가 된다. 제②행과 제③행은 문장이 서로 연결되고 있다. 그리고 「原銘」에서 「沙喙部葛文王」이라 한 것을 「追銘」에서 「沙喙部 徒夫知葛文王」으로 부연하고 있어서, 「原銘」의 「乙巳(年)」을 「追銘」에서 「乙巳年六月十八日昧」로 추가 설명한 것으로 판단된다. 다음 「原銘」제②행의 마지막 글자를 「葛」자로 복원해 넣었다.9) 필자가 세밀히 관찰해 보니 「葛」자의 밑부분이 떨어져 나간 것 같았고, 전후 관계로 보면 분명히 「葛」자가 들어가야 되기 때문에 그렇게 복원하였다. 「追銘」제④행의 「15」번째 글자는 종래 「須」자로 판독해 왔으나 「沒」자로 읽었다.

「追銘」에서는 제⑤행의 「11」번째 글자를 「興」자로 판독해 왔으나 필자가 眞興王代 금석문의 「興」자와 비교하여 보니10) 書體에 있어서 차이가 났고, 「興」자의 밑부분 「八」은 「追銘」에서는 너무 복잡하게 되어 있었다. 제⑥행의 「13」번째 글자를 「郞」자로 판독해 왔으나11) 제②행 「14」번째 글자와 다른 「卽」자로 읽었다.12) 제⑨행의 「5」번째 글자를 「禮」로 판독해 왔으나13) 新羅中古의 금석문에서 「禮」자는 「礼」자로 쓰이고

---

8) 金龍善, 1979, 「앞의 논문」
   李文基, 1980, 「新羅中古의 六部에 관한 考察」 『歷史敎育論集』1.
   李文基, 1981, 「앞의 논문」
9) 黃壽永編著, 1976, 『앞의 책』권두 도판 참조.
10) 川前里書石의 乙卯銘에 나오는 「法興太王」의 「興」자와 닮았다. 그리고 眞興王巡狩碑에 나오는 「眞興太王」의 「興」자는 전기한 乙卯銘의 「興」자와 같고 「追銘」의 본 글자와는 차이가 났다(李俁, 『大東金石文』 참조).
11) 黃壽永編著, 1976, 『앞의 책』
    金龍善, 1979, 「앞의 논문」
12) 현지조사에서 「原銘」 제⑦행의 「3」번째 글자는 「追銘」 제②행의 「14」번째 글자인 「郞」자와는 달리 위에 점이 없는 「卽」자로 판독되었다. 新羅中古 금석문에서 「卽」자가 사용된 예는 永川 丙辰銘菁堤碑의 「卽刀」의 「卽」자가 있다. 그리고 「追銘」의 「卽」자는 黃壽永編, 1976 『앞의 책』권두 도판을 육안으로 보아도 식별될 수 있다.

있다. 현지조사 결과 「示」변 다음에 너무 복잡한 자획을 이루고 있어서 판독치 못하였다. 제⑪행 「10」번째 글자는 「沙」자로 판독되기도 하였으나14) 「△△」의 2자로 될 가능성이 클 것으로 읽었다.

2. 書石 銘文의 人名分析

먼저 「追銘」에서 빗금친 제①행의 「乙巳年六月十八日昧」와 제⑤행의 「己未年七月三日△」는 서로 대칭이 될 수 있을 것이다.15) 「昧」와 「△」는 각각 「十八日」과 「三日」의 날짜 다음에 나오고 있으므로 하루 가운데 어느 시간을 가리키는 것으로 판단된다. 그중 「昧」는 『書經』, 周書, 牧誓篇의 「時甲子昧爽」이란 구절로 보면 아침을 가리키는 것으로 사료된다. 이렇게 「追銘」 제⑤행의 「△王」을 「△」과 「王」으로 끊어 읽을 경우, 「△王」의 「△」를 「興」으로 읽어 「興王」이 法興王일 가능성이 크다고 시사한 견해16)에서 출발하여 眞興王으로 추정한 기왕의 견해17)와 커다란 차이가 생긴다. 본 銘文의 이 부분을 본래대로 왕의 호칭으로 해석하면 어떤 모순이 생기는가를 보기 위하여 다른 新羅中古의 금석문에 나타난 국왕의 호칭을 뽑아보면 아래와 같다.

乙卯年 …… 法興太王節
　　　(新羅 蔚州 川前里書石, 法興王 22年, 『韓國金石遺文』, p.30)
法興王乃衆臣等巡狩 …… (新羅 北漢山 眞興王巡狩碑, 眞興王 29年, 『朝鮮金石總覽』上, p.11)
八月廿一日癸未眞興太王 …… (新羅 黃草嶺碑, 眞興王 29年, 『朝鮮金石總覽』上, p.9)

---

13) 黃壽永編著, 1976, 『앞의 책』, p.27에서는 「祀」자로, 金龍善, 1979, 「앞의 논문」과 李文基, 1981, 「앞의 논문」에서는 「禮」자로 판독하고 있다.
14) 金龍善, 1979, 「앞의 논문」
15) 이 점은 李文基 교수의 교시를 받았다.
16) 黃壽永, 1971, 「新羅의 蔚州書石」 『東大新聞』1971년 5월 10일자.
17) 金龍善, 1979, 「앞의 논문」

…… △興太王巡狩△ …… (新羅 磨雲嶺碑, 眞興王 29年, 『朝鮮金石文追補』上, p.2)

이들 자료를 통하여 보면 「法興太王」이나 「眞興太王」으로 되어 있음을 알 수 있다. 이렇게 국왕을 「太王」으로 표기하는 방법은 삼국 통일 전의 마지막 국왕인 太宗武烈王에 있어서도 「太宗武烈大王之碑」(新羅 武烈王陵碑, 『朝鮮金石總覽』上, p.22)에서도 엿볼 수 있다. 이상에서 新羅中古의 금석문에서는 국왕은 「太王」 또는 「大王」으로 불렸다고 결론 지을 수 있다.[18] 따라서 「法興王」 또는 「眞興王」을 금석문에서는 「法興 (太)大王」 또는 「眞興(太)大王」으로 불렸으며 「興王」으로 불릴 가능성이 적다는 것을 알 수 있다.

다음으로 川前里書石에서 인명 분석에 중요한 단서가 되는 자료가 「追銘」 제③행의 「三共」과 제⑥행의 「比時共三來」란 구절이다. 제③행의 「三共」에서 세 사람이란 徒夫知葛文王, (徒夫知葛文王의)妹, 於史鄒安郎이다.[19] 이들은 그 이름이 「原銘」에 葛文王, 麗德光妙, 於史鄒安郎으로 나타나 있어서 徒夫知葛文王=葛文王, 妹=麗德光妙임은 쉽게 짐작이 간다.

「追銘」 제⑥행에 있어서 「比時共三來」의 「三」도 사람의 수를 가리킨 것이다. 이는 제⑤행의 「己未年七月三日△」 다음부터 찾아야 될 것이다. 제⑤행 「王與妹」가 있다. 「王」이란 徒夫知葛文王을 가리키고 있음을 제④행의 「乙巳年王過去其王妃只沒尸兮妃愛自思」란 구절로 분명해진다. 제⑥행과 제⑦행에 걸쳐서 「另卽知太王妃夫乞支妃」가 있으나 다음에 보도록 하고 제⑦행의 「徒夫知王」을 조사해 보자. 徒夫知王으로 끊어 읽

---

18) 국왕의 호칭을 「太王」으로 부른 것은 高句麗의 金石文에서도 보인다. 예를 들면, 廣開土王碑의 「國岡上廣開土境平安好太王 …… 號爲永樂太王」, 中原高句麗碑의 「五月中高麗太王」, 慶州 壺杅塚 출토의 壺杅에 「國岡上廣開土地好太王」 등이 있다. 그러나 百濟에서는 武烈王陵 출토의 誌石에 「斯麻王」으로 표기되어 있다.

19) 金龍善, 1979, 「앞의 논문」, p.23.

는 이유는 제④행에 이미 徒夫知葛文王을 줄여서 「王」·「其王」이라 하고 있고, 제⑤행의 「王」역시 徒大知葛文王이므로 徒夫知葛文王을 줄여서 「徒夫知王」으로 표기했다고 판단되기 때문이다. 제⑦행에서 「徒夫知王号郎△△夫知」를 「徒夫知王」으로 끊어 읽으면 「号郎△△夫知」가 남는다. 이를 한사람으로 보아야 앞의 두 인명과 합쳐 三人이 된다. 만약 「号郎」과 「△△夫知」의 두 사람으로 볼 경우, 제⑥행의 「比時共三來」의 「三」을 초과하기 때문이다. 그리고 号郎=△△夫知일 가능성도 있다.[20]

앞에서 미루어 온 「另卽知太王妃夫乞支妃」에 대해서는 「夫乞支妃」 부분을 따로 떼어서 法興王妃로 추정한 견해가 있다.[21] 法興王妃에 대해서는 『三國史記』, 新羅本紀, 法興王條에 「法興王立 …… 妃朴氏 保刀夫人」과 『三國遺事』, 王曆에 「第二十三法興王 …… 妃巴刀夫人」이라고 각각 밝혀져 있다. 그래서 川前里書石의 「夫乞支」와 『三國史記』의 「保刀」에서 「夫」는 「保」와 「乞」은 「刀」와 각각 대응시키고, 近世 朝鮮 中宗때 편찬된 『訓蒙學會』 「乞」의 音은 「걸」, 「刀」의 訓은 「칼」로 되어 있다는 사실로서 보충한 견해를 볼 수 있다.[22] 따라서 夫乞支妃=保刀夫人=法興王妃라는 관계가 성립된다. 다음 「另卽知太王妃」에서 「太王妃」란 용어는 앞에서 살펴본 「眞興太王」의 경우에서 추론하면 단순히 국왕의 妃를 가리킬 뿐, 조선시대처럼 前王妃〔先王妃〕를 지칭하는 것으로 보기는 어렵다고 판단된다.[23] 다시 「另卽知太王妃」에서 「另卽知太王」이 누구인지를 살펴보자. 新羅中古 眞興王代에 활약하고 『三國史記』에 나오는 金武力은 赤城碑에 「沙喙部武力智△△△」, 昌寧碑에 「沙喙另力迷干」, 磨雲嶺碑에 「沙喙部另力智匝干」으로 나타나 있다.[24] 따라서 「另」자는 新

---

20) 「另卽知太王妃夫乞支妃」·「徒夫知王」과 함께 온 「号郎△△夫知」는 徒夫知葛文王의 王子일 가능성이 클 것으로 추측된다.
21) 金龍善, 1979, 「앞의 논문」
22) 金龍善, 1979, 「앞의 논문」
23) 가령 新羅中古 금석문에 나오는 「法興太王」이나 「眞興太王」의 妃는 「法興太王妃」·「眞興太王妃」라고 해야 될 것이다.
24) 武田幸男, 1979, 「眞興王代における新羅の赤城碑」 『朝鮮學報』93, p.12.

羅中古에는 「武」자에 가깝게 발음되었다고 판단된다. 여기서 「另卽知太王」이 누구인지를 알아보기 위해 「另卽知太王」이 기록된 「追銘」의 기록 연대가 539년임을 참작해 文獻에서 신라 국왕 중 「另卽」에 가까운 이름을 찾아 제시하면 다음과 같다.[25)

> 冊府元龜 姓募名泰(『三國史記』4, 新羅本紀 24, 法興王卽位年條, 挾注)
> 第二十三法興王 名原宗 金氏 冊府元龜 云姓募 名秦(『三國遺事』1, 王曆1, 第二十三法興王)
> 普通二年 王名募秦 毛本作募名泰(『梁書』券54, 列傳, 新羅)
> 梁普通二年 王姓募名泰 泰汲古閣本金陵書局本及梁書作秦(『南史』卷79, 列傳, 夷貊下, 新羅)

普通二年은 法興王 8年(521)이고, 다 아는 바와 같이 新羅中古 왕실의 姓은 金氏이므로『梁書』에서 표기된 「募秦」은 法興王의 신라 고유한 이름의 한자식표기로 추측된다.[26) 그리고 川前里書石의 「另卽知太王」과『梁書』의 「募秦」에 있어서 「另」자는 「募」자와, 「卽」자는 「秦」자와 서로 대응될 수 있어서 另卽=募秦=法興王이 된다.[27) 결국 「另卽知太王妃夫乞支妃」는 「另卽知太王妃인 夫乞支妃」로 해석된다.

---

25) 末松保和, 1954,『新羅史の諸問題』, p.381.
　　李純根, 1980,「新羅時代 姓氏取得과 그 意味」『韓國史論』6, p.13.
26) 李純根, 1980,「앞의 논문」, p.13에서도 「…혹시 募泰 혹은 募秦이 이 당시 王名(法興王)의 固有名)일지도 모르지만 이 경우도 역시 募가 꼭 姓인가의 여부는『梁書』의 기록을 보아도 부정적이다」라고 「募秦」에 대해 언급하고 있다.
27) 法興王=另卽知太王=募秦으로 볼 때, 蔚州 川前里書石의 「乙卯銘」에서는 「法興太王」으로 나타나 있고,「追銘」에서는 「另卽知太王」으로 표기되어 있다. 이는 「乙卯銘」이 新羅라는 측면에서 기록되었고,「追銘」은 沙喙部의 입장에서 기록되었다고 추정된다.「追銘」의 주인공은 徒夫知葛文王인 바, 이는 이름에 葛文王을 붙인 것이다. 여기에 맞추어 法興王을 표기하다보니, 另卽知太王으로 이름에다가 太王을 붙인 것으로 추측된다. 그리고 국왕의 이름에 직접 「王」자를 붙인 예는 眞智王의 경우 舍輪王이라 했고(『三國遺事』, 王曆), 武寧王陵 출토의 誌石에 「斯麻王」이라 한 예 능이 있다.

지금까지 찾아왔던 「追銘」 제⑥행 「比時共三來」의 「三」은 另卽知太
王妃인 夫乞支妃, 徒夫知王, 뮤郞인 △△夫知로 압축되어진다. 「追銘」제
⑤행의 「王與妹」에서 「王」은 앞에서 살펴 본 것처럼 徒夫知葛文王이다.
「妹」는 徒夫知葛文王의 妹이고 「原銘」에는 「麗德光妙」로 나타나 있으
며, 「追銘」에서는 「妹」가 「另卽知太王妃인 夫乞支妃」로 된다. 곧 沙喙
部徒夫知葛文王의 妹인 麗德光妙가 另卽知太王에게 시집을 가 夫乞支
妃가 되었다고 해석된다. 그런데 追銘 제⑤행에서는 「王與妹」로 되어
있고, 제⑥ · ⑦행에서는 「另卽知太王妃夫乞支妃徒夫知王」으로 되어 있
어서 그 서열이 상반된다. 이점은 「原銘」 제⑥행에서 · 「友妹麗德光妙於
史鄒安郞」으로 하여 「友」와 「妹」의 순서를 바꾸어 쓴 예가 있다. 또 另
卽知太王妃가 친정에서의 서열은 오빠보다 아래이므로 「王與妹」라 하
였으며, 另卽知太王妃인 夫乞支妃라고 할 때는 沙喙部의 葛文王보다 서
열이 앞선다. 「追銘」 제③ · ④행에 나오는 「妹王」은 앞서 추정한 대로
徒夫知葛文王의 妹인 麗德光妙가 另卽知太王에게 시집가 夫乞支妃가
되었다. 그래서 누이동생의 남편인 另卽知太王을 川前里書石의 주인공
인 沙喙部徒夫知葛文王은 「妹王」이라고 불러 표기했다고 추측된다.[28]

---

28) 요즘도 「妹」의 남편을 「妹兄」 · 「妹弟」라고 호칭하는 것처럼 新羅에서는 「妹
婿」란 용어를 쓰고 있다(『三國史記』卷44, 金陽傳에 「開城元年丙辰 興德王薨
無嫡嗣 王之堂弟均貞 堂弟之子悌隆爭嗣位 陽與均貞之子阿飧祐徵 均貞妹 禮
徵 奉均貞爲王」). 그리고 「追銘」 제③ · ④행의 「妹王考妹王」 부분을 「妹」 · 「王
考妹」 · 「王」으로 끊어 읽어 「王考妹」를 「王」의 父의 妹로 본 견해도 있다(金
龍善, 1979, 「앞의 논문」, p.24). 그런데 高句麗 平原王13년으로 추정되는 辛卯
銘金銅三尊佛光背에 「亡師父母」(黃壽永編著, 1976, 『앞의 책』, p.237). 高句麗
의 永康七年銘金銅光背에 「亡母」(黃壽永編著, 1976, 『앞의 책』, p.238), 百濟
武王24년으로 추정되는 癸未銘金銅三尊佛光背에 「亡父」(黃壽永編著, 1976, 『앞
의 책』, p.240), 三國時代로 추정되는 金銅釋迦三尊佛像에 「亡妻」(李蘭暎, 1967,
『앞의 책』, p.49), 新羅 聖德王18년의 甘山寺彌勒菩薩造像記에 「亡考仁章一吉
飧之妣觀肖里」(『朝鮮金石總覽』上, p.34), 新羅 聖德王19년의 甘山寺阿彌陀如來
造像記의 「亡考亡妣亡弟小舍梁誠沙門玄度亡妻古路里亡妹古寶里」(『朝鮮金石總
覽』上, p.36) 등의 예로 보면 「王考妹」 또는 「考妹」가 죽은 사람을 가르칠 경
우 「亡」자가 첨가되어야 할 것이다. 필자는 「妹王考妹王」에서 「妹王」으로 끊
어 읽고, 「考」자를 동사로 본다. 그리고 「妹王」이란 호칭은 인류학에서 말하는

마지막 인물로 제④행의 徒夫知葛文王妃인 只沒尸兮妃가 있다. 「追銘」에서의 주요 인물에 관한 분석은 거의 끝났으므로 徒夫知葛文王이 立宗葛文王과 동일 인물인지를 다음의 사료에서 살펴보자.

眞興王立……時年七歲……王幼少 王太后攝政(『三國史記』4, 新羅本紀 4, 眞興王 즉위조)
眞興王卽位 時年十五歲 太后攝政 太后乃法興王之女子 立宗葛文王之妃(『三國遺事』1, 紀異 1, 眞興王)
寡人幼年承其政委輔弼俀智……(新羅 昌寧碑, 眞興王 22년, 『朝鮮金石總覽』上, p.7)

이 자료들은 眞興王이 어려서 왕위에 올랐기 때문에 王太后가 섭정했다는 사실을 말해주고 있다. 『三國史記』에서는 王太后가 구체적으로 누구인지 밝혀 놓지 않았지만, 『三國遺事』에서는 왕태후가 法興王의 딸이자 立宗葛文王의 妃라고 표현되어 있다. 昌寧碑에서는 眞興王이 幼年에 왕위에 올랐음을 증명해 주고 있다. 『三國史記』, 年表에 의하면 法興王은 514~540년, 眞興王은 540~576년까지 각각 王位에 있었던 것으로 되어 있다. 540년에 法興王이 왕위계승을 했다고 해석된다.[29] 만약 立宗葛文王이 이때에도 생존해 있었다면 어린 眞興王이 즉위하고 동시에 立宗葛文王妃가 섭정한 점은 납득이 되지 않는다. 眞興王이 즉위할 때인 540년에는 이미 立宗葛文王이 죽었을 가능성이 클 것이다.[30] 그런데 川前里書石의 「追銘」에서 徒夫知葛文王은 제②행에 「徒夫知葛文王」, 제④행에 「王」과 「其王」, 제⑤행에 「王」, 제⑦행에 「徒夫知王」으로 5곳에

간접 호칭으로 이해된다.
29) 『三國史記』·『三國遺事』의 기록과 川前里書石의 乙未年이 1년의 시차가 생긴 점에 대해서는 金龍善, 1979, 「앞의 논문」, p.22 참조.
30) 村上四男, 1976, 「眞興王と其の時代」『朝鮮學報』81; 1978, 『朝鮮古代史硏究』再收錄, p.79에서는 立宗葛文王이 이미 죽었기 때문에 立宗葛文王의 아들인 眞興王이 幼年에 즉위했다고 하였고, 金龍善, 1979, 「앞의 논문」, p.24에서는 立宗葛文王이 乙巳年(525)에서 乙未年(539) 사이의 어느 때인가에 사망했을 것으로 추정하고 있다.

나타나 있다. 여기서 徒夫知葛文王은 己未年에 온 三人인 가운데 한사람이므로 己未年에도 생존한 것이 된다. 이는 앞서 살펴본 立宗葛文王이 眞興王 즉위년에 이미 생존치 않았다는 추정과 모순된다. 그리고 뒤에서 밝히겠으나 徒夫知葛文王妃인 只沒尸兮妃는 乙巳年에 죽었다고 「追銘」에 표현되어 있다. 『三國遺事』에 있어서는 立宗葛文王妃인 只召夫人은 眞興王 즉위년에 섭정을 한 王太后이므로 「追銘」의 只沒尸兮妃는 只召夫人이 아니다. 이상에서 필자는 徒夫知葛文王과 立宗葛文王은 동일인물이 아니라고 추정하는 바이다.[31]

3. 書石 銘文의 내용

앞에서 살펴 본 人名에 관한 분석을 토대로 銘文의 내용에 대한 해석을 시도해 보겠다. 「原銘」은 脫落된 글자가 많고 그 내용도 「追銘」의 첫 부분에서 반복되고 있기 때문에 편의상 「追銘」부터 먼저 언급하기로 하겠다. 설명의 편의를 위해 銘文은 몇 개의 단락으로 나누어, 그에 따라 해석하고자 한다.

○ 追　銘

「追銘」은 내용상 5단락으로 나누어지므로 ⓐ~ⓔ로 표시한 것을 기준

---

31) 徒夫知葛文王이 立宗葛文王이 아니라면 종래 新羅中古 왕실을 沙喙部로 본 견해는 재고되어야 할 것이다. 그리고 新羅中古의 金石文에서 沙喙部徒夫知葛文王이란 새로운 葛文王을 찾게 되었다. 이를 필자는 沙喙部의 長으로서의 葛文王의 칭호를 사용한 것으로 이해하고 있다. 또 新羅中古의 聖骨문제는 여러 가지 견해가 있어 왔으나 여기서는 우선 『三國遺事』王曆, 善德女王條에 나오는 「聖骨男盡」에 대해 언급코자 한다. 『三國遺事』紀異, 桃花女鼻荊郎條의 「諡眞智王…御國四年 政亂荒婬 國人廢之」와 聖主寺朗慧和尙碑의 「父範淸族降眞骨一等曰得難(필자주 : 六頭品)」을 동시에 생각한다면 眞智王의 후손인 金龍春·金春秋는 聖骨에서 眞骨로 族降一等했다고 판단된다. 따라서 新羅中古 왕실은 聖骨이다. 『三國遺事』王曆에 표시된 모든 新羅王은 陵으로 표시되어 있고 眞智王만은 墓로 표기되어있다.

으로 설명하겠다. ⓐ부분은 지난 乙巳年六月十八日의 昧에 沙喙部의 徒夫知葛文王과 (徒夫知葛文王의)妹와 於史鄒安郞 3사람이 함께 놀러온 이후 「△年八巳年」(이 부분을 추독하면 「年」자는 「十」, 「巳」자는 「四」로 되고 「八」자는 첨가된 글자로 보아 「十四年」이 될 가능성도 있다)이 지나갔다.

ⓑ부분은 (沙喙部의 徒夫知葛文王이) 妹王(필자주 : 另卽知太王)을 생각해보니 妹王은 (己未年에) 죽었다.

ⓒ부분은 乙巳年에 徒夫知葛文王이 지난(=죽은) 其王妃只沒尸兮妃를 사랑하여 스스로 생각하였다.[32] 이 부분의 해석으로 乙巳年에는 徒夫知葛文王妃인 只沒尸兮妃가 죽어서 누이 동생인 妹가 오빠를 데리고 川前里書石谷에 왔다고 판단되고, ⓑ부분에 의해 己未年에는 另卽知太王이 죽어서 另卽知太王妃인 夫乞支妃를 데리고 오빠인 徒夫知葛文王이 여기에 왔다고 추측된다.

ⓓ부분은 己未年七月三日의 △에 (徒夫知葛文)王과 (徒夫知葛文王의) 妹가 함께 書石을 보러 谷에 왔다. 이때에 共히 三人이 왔다. 另卽知太王妃인 夫乞支妃와 徒夫知王과 另郞인 △△夫知가 함께 왔다. ⓔ부분 이하는 徒夫知葛文王의 수행인물이므로, 분석은 뒤로 미룬다.

○ 原　　銘

「原銘」은 내용상 3단락으로 나누어진다. ⓐ부분은 乙巳年에 沙喙部의 葛文王이 놀러 와서 처음으로 谷을 보았다. 古谷인데 이름이 없었다. 谷에서 善石을 얻어 이름을 書石谷이라고 字作하였다. ⓑ부분은 함께 놀러 왔던 友와 妹인 麗德光妙와 於史鄒安郞이 주로(沙喙部葛文王의 위로에 수고를) 하였다. ⓒ부분 이하는 沙喙部葛文王의 수행인물이다. 이

---

32) 이 부분을 金龍善, 1979, 「앞의 논문」에서는 『乙巳年에 立宗葛文王(필자주 : 「追銘」의 「葛文王」을 지칭함)이 그 王妃 只沒尸兮妃와 愛自思－－－結婚하였다』 해석하고 乙巳年에 立宗葛文王과 只沒尸兮妃과 결혼관계를 맺었다는 사실로 추측하고 있다.

에 대한 분석은 뒤로 미룬다.

4. 人名分析의 문제점

이상과 같이 인명분석을 하면 沙喙部徒夫知葛文王의 누이동생인 「妹」
는 「原銘」에 「麗德光妙」로 나타나 있고, 「追銘」에는 「另卽知太王妃夫乞
支妃」로 표현되어 있어서 「麗德光妙」는 「另卽知太王」에게 시집가기 전
의 처녀 때 이름일 가능성이 있다는 점이다. 만약에 乙巳年에 그녀가 另
卽知太王과 결혼하지 않았다면 法興王의 妃는 두 사람이 되어야 한다.
그런데 앞에서의 『三國史記』・『三國遺事』의 기록에서는 法興王妃는 保
刀(巴刀)夫人한 사람뿐이다. 이 川前里書石의 내용과 文獻의 차이점을 조
금이라도 좁히는 방법으로 法興王이 몇 살까지 살았을 가능성이 있는지
를 文獻에서 찾아보기 위해 관계 자료를 뽑아서 제시하면 다음과 같다.

> 智證麻立干……前王薨 無子 故繼位 時年 六十四歲(『三國史記』4, 新
> 羅本紀4, 智證麻立干 즉위조)
> 第二十二 智證麻立干……庚辰立 理十四年(『三國遺事』1, 王曆1, 第
> 二十二 智證麻立干)
> 第二十三 法興王……理二十六年(『三國遺事』1, 王曆1, 第二十三 法
> 興王)

『三國史記』에서는 智證王이 64세에 즉위하였으며, 『三國遺事』에서는
智證王이 14년간 왕위에 있었던 것으로 되어있다. 결국 智證王은 78세
에 죽은 것이 된다.[33) 智證王의 아들이 몇인지 모르지만 『三國史記』・

---

33) 李基東, 1972, 「新羅 奈勿王系의 血緣意識」 『歷史學報』53・54合 및 1976, 『韓
國史論文選集』Ⅱ, 再收錄, p.148에서는 智證王의 즉위 시 연령 그대로 믿어도
좋다고 하면서 「특히, 『三國遺事』紀異의 '智哲老王'條에 智大路라는 이름을
가진 그를 '智哲老王'이라 표기한 것은 그의 지혜・명석함과 아울러 그가 高
齡이었음을 암시하는 것으로 이해된다」고 부연하고 있다. 나아가서 村上四男,
1978, 『앞의 책』, pp.78~79에서는 「智證王は六十四歲の老年で卽位し七十八歲

『三國遺事』에 의하면 法興王과 立宗葛文王은 그의 아들이고, 法興王은 智證王의 元子이다. 78세까지 산 智證王이 法興王을 20~40세에 낳았다고 가정하면 智證王이 죽을 때 法興王의 나이는 58~38세가 된다. 그리고 法興王은 26년간 왕위에 있었으므로 결국 法興王은 (58+26=)84세에서 (38+26=)64세에 죽은 것이 된다. 60세쯤에 法興王이 죽은 것으로 문헌에서 해석되며 川前里書石의 내용처럼 法興王이 두 번 결혼했을 가능성도 있을 것이다. 이상의 고찰을 토대로 川前里書石의 人名 분석을 제시하면 <표 1>과 같다.

<표 1> 蔚州 川前里書石의 인명 분석표

	職 名	部 名	人 名	官等名	비 고
原		沙喙部	(沙喙部葛文王)	葛文王	
		〃	麗德光妙		沙喙部 葛文王의 妹
		〃	於史鄒安郎		沙喙部 葛文王의 友
	作功人	〃	爾利夫智	奈〔麻〕	
	〃	〃	悉得斯智	大舍帝智	
銘	作食人		居知尸奚夫〔人〕		沙喙部 榮知智壹吉干支의 婦
	〃		阿兮牟弘夫人		沙喙部 眞宍智沙干支의 妻
	作書人	〃	慕亇爾智	大舍帝智	
追		沙喙部	徒夫知	葛文王	
		〃	妹		沙喙部 徒夫知葛文王의 妹
		〃	於史鄒安郎		沙喙部 徒夫知葛文王의 友
			妹王		徒夫知葛文王이 另卽知太王을 부른 호칭
			只沒尸兮妃		沙喙部 徒夫知葛文王의 妃
			夫乞支妃		沙喙部 徒夫知葛文王의 妹＝另卽知太王妃
		〃	무郞인 △△夫知		沙喙部 徒夫知葛文王의 아들
銘	作功臣	喙 部	知禮夫知	沙干支	
	〃	〃	△泊六知	居伐干支	
	△臣	?	丁乙爾知	奈麻	
	作食人		阿六牟呼夫人		沙喙部 眞宍知宍珍干支의 婦
	〃		一利等次夫人		沙喙部 爾夫智居伐干支의 婦
	〃		沙爻功夫人		沙喙部 居禮次△△干支의 婦

※「〃」한 부분은 원문에서 생략된 부분의 표시임(본고 전체에 적용됨)

で薨した. それて,˙このあとを繼したい法興王も, かなり老齡で薨し筈である」라고 하고 있다.

Ⅲ. 眞興王代 金石文의 人名表記

1. 赤城碑

본 비는 1978년 1월 단국대학교 조사단에 의해 발견된 뒤, 많은 연구가 있어 왔다.[34] 여기에서는 職名·部名·人名·官等名의 순서로 기재된 인명부분만을 그 고찰 대상으로 하기 때문에 이 부분만을 摘記하면 다음과 같다.[35]

①								(前略)	大	衆	等	喙	部	伊	史	夫	智	伊	干
②	[支	沙	喙	部]	豆	弥	智	彼	珎	干	支	喙	部	西	天	叱	智	大	阿	干
③	[支]	(居 | 朼)	夫	智	大	阿	干	支	內	禮	夫	智	大	阿	干	支	高	頭	林
④	[城	在]	△	主	等	喙	部	比	次	夫	智	阿	干	支	沙	喙	部	武	力	智
⑤	[阿	干	支]	鄒	文	村	幢	主	沙	喙	部	噵	設	智	及	干	支	勿	思	代
⑥	[城	幢	主]	喙	部	助	黑	夫	智	及	干	支	(下略)							

이 비 제②행의 앞부분에 4자가 비어있다. 제①행의 「伊史夫伊干」 다음에 「支」자를 복원 해야 되므로[36] 제②행의 앞부분에는 3자가 남는다. 이는 「豆弥智波珎干支」의 部名이므로 沙喙部로 복원한 견해와[37] 沙喙部이지만 本波部일 가능성도 전혀 배제할 수 없다는 견해가[38] 있어

---

34) 檀國大學校史學會, 1978, 『史學志』12, 丹陽新羅赤城碑特報號.
　　浜田耕作, 1978, 「新たに發見された「丹陽·新羅赤城碑」」『日本歷史』365.
　　武田幸男, 1979, 「앞의 논문」
35) 赤城碑의 판독은 檀國大學校史學會, 1978, 『앞의 책』의 권두에 실린 것을 따랐다.
36) 李基白, 1978, 「丹陽赤城碑 發見의 意義와 赤城碑 王教事部分의 檢討」『史學志』12, p.23.
37) 李基白, 1978, 「앞의 논문」, p.23.
38) 武田幸男, 1979, 「앞의 논문」, p.34.

왔다. 현재까지의 新羅中古 금석문에서 眞骨에 해당되는 官等이 本波部에 소속된 예가 발견되지 않는 점에 의해 沙喙部로 본 견해에[39] 따르겠다. 제③행의 앞부분 4자 중 제일 앞의 빈곳 1자는 「大阿干」 다음에 올 「支」자가 들어가야 된다. 남는 것은 「△△夫智」로 뒤에 「大阿干支」가 나오므로 인명의 부분이다. 이는 뒤의 <표 7>에 의해 「(居杚)夫智」로 추정·복원할 수 있다. 제③행의 끝에 나오는 「高頭林」은 高句麗系 출신의 인명으로 본 견해와[40] 碑片의 복원에 의해 「高頭林城」이란 지명으로 본 견해가[41] 있어 왔다. 「高頭林」을 인명으로 보면 그의 官等은 「大阿干支」가 될 가능성이 크다. 이를 제④행의 첫머리에 넣으면 1자가 남게 되고, 「高頭林」의 官等을 「阿干支」라고 보고 복원해도 다음 「喙部比次夫智阿干支」의 職名이 「主等」이 된다. 본고에서는 이 부분을 碑片에 의해 제⑤행과 함께 복원한 지명으로 본 견해에[42] 따르겠다. 곧 제④행 첫 부분의 「△△主等」은 「〔城在〕△主等」으로 복원된다. 제⑤행의 첫 부분 「△△△」는 碑片에 의해 복원한 견해와[43] 전후 官等으로 보아 「阿干支」로 복원하고 있다.[44] 제⑥행 앞부분 「△△△」는 「勿思伐△△△」로 끊어지는데 본 비의 뒷부분에 「勿思伐城幢主使人」이란 職名에 힘입어 「勿思伐城幢主」로 복원한다.[45] 이상의 고찰을 토대로 赤城碑의 인명분석을 도시 하면 <표 2>와 같다.

---

39) 李基白, 1978, 「앞의 논문」, p.23.
40) 高頭林을 고구려계 인물로 추정한 견해는 任昌淳·李基白·邊太燮 등에 의해 발표된 바 있다(檀國大學校史學會, 1978, 『앞의 책』 참조).
41) 武田幸男, 1979, 「앞의 논문」, p.9.
42) 武田幸男, 1979, 「앞의 논문」, p.9.
43) 武田幸男, 1979, 「앞의 논문」, p.9.
44) 李基白, 1978, 「앞의 논문」, p.24.
45) 李基白, 1978, 「앞의 논문」, p.24.
　　武田幸男, 1979, 「앞의 논문」, p.9.

〈표 2〉赤城碑의 인명 분석표

職　名	部　名	人　名	官等名
大　衆　等	喙　部	伊史夫智	伊干〔支〕
〃	沙喙部	豆弥智	□珎干支
〃	喙　部	西夫叱智	大阿干〔支〕
〃	〃	(居杖)夫智	大阿干〔支〕
〃	〃	內禮夫智	大阿干支
高頭林〔城在〕△主等	喙　部	比次夫智	阿　干　支
〃	沙喙部	武　力　智	〔阿干支〕
鄒文村幢主	沙喙部	噵　設　智	及　干　支
勿思代〔城幢主〕	喙　部	助黑夫智	及　干　支

〈표 2〉에서 赤城碑의 人名 표기는 職名·部名·人名·官等名의 순
서로 기재되며, 동일 부분이 중복될 때 생략되는 부분을 職名과 部名뿐
이다. 職名은 같은 것이 중복될 때 모두 생략된다. 部名은 같은 職名 안
에서 동일한 경우에 한하여 생략된다. 「比次夫智阿干支」의 경우 앞사람
「內禮夫智大阿干支」와 部名이 같아도 그 部名이 기재된 것은 職名이 바
뀌었기 때문에 표시되어 있다.

2. 磨雲嶺碑

본 비는 1929년 발견된 후 몇몇 연구가 있어 왔다.[46] 職名·部名·
人名·官等名의 순서로 표기된 인명부분은 거의 판독되어 있어서 다음
의 黃草嶺碑 등의 복원에 중요한 자료가 된다. 본고에서 다루고자 하는
인명부분은 裏面에 적힌 碑陰에 해당된다.[47]

---

46) 末松保和, 1930,「新羅眞興王戊子巡狩碑」『朝鮮』1930년 1월호.
　　崔南善, 1930,「新羅眞興王在來三碑新出現磨雲嶺碑」『靑丘學叢』2.
　　前間恭作, 1931,「眞興碑につきて-靑丘學叢第二號崔南善氏眞興王碑論文にて
　　き 同氏に寄せたる書翰-」『東洋學報』19-2.
47) 본 비의 자료는 다음과 같은 논문과 저술을 참조하였다.
　　崔南善, 1930,「앞의 논문」
　　前間恭作, 1931,「앞의 논문」

	1	2	3	4	5	6	7	8	9	10	11	12	13	14	15	16	17	18	19	20	21	22	23	24	25
①	于	時	隨	駕	沙	門	道	人	法	藏	慧	忍		太	等	喙	部	居	柒	夫	智	伊	干	內	夫
②	智	伊	干	沙	喙	部	另	力	智	帀	干	喙	部	服	冬	智	大	阿	干	比	知	夫	知	及	干
③	未	知	大	奈	末	及	㖨	喙	部	沒	兮	次	執	駕	人	喙	部	萬	兮	大	舍	沙	喙	部	另
④	大	舍	裏	內	從	人	喙	部	沒	兮	次	大	舍	沙	喙	部	非	尸	知	大	舍	驒	人	沙	喙
⑤	部	爲	忠	知	大	舍	占	人	喙	部	與	難	大	舍	藥	師	篤	支	次	小	舍	奈	夫	通	典
⑥	本	波	部	加	良	知	小	舍	△	△	本	波	部	莫	沙	知	吉	之	及	伐	斬	典	喙	部	夫
⑦	法	知	吉	之	裏	內	(欣	平	小	舍)	△	△	△	名	吉	之	堂	來	客	裏	內	客	五	十	外
⑧	客	五	十	△	△	△	△	△	(軍	主)	(喙	部)	(悲)	智	沙	干	助	人	沙	喙	部	舜	知	奈	末

먼저 제⑦행의 「裏內△△△△△△△名」[48]은 다음의 黃草嶺碑 제⑪행의 「裏公欣平小舍△末買」[49)와 같은 부분일 가능성이 있다. 비록 글자 수는 1자가 차이 나지만[50)「裏內」는 「哀內」와 같고[51)「名」은 「買」와 대

葛城末治, 1935, 『朝鮮金石攷』, pp.134~135.

末松保和, 1930, 「앞의 책」, pp.282~283 및 pp.442~443.

黃壽永編, 1963, 『金石遺文』2, 韓國美術史學會.

李蘭暎, 1967, 『앞의 책』

李基白, 1974, 『新羅政治社會史研究』, pp.71~72.

서울大學校 國史學科編, 1982, 『韓國思想史資料選集』古代篇, pp.65~66.

48) 「裏內△△△△△△△名吉之」만 가지고 인명분석을 하면 「裏內△△」가 職名, 「△△△」가 部名, 「△△名」이 人名, 그 다음 「吉之」가 官等名이 된다. 그런데 黃草嶺碑의 「△△△△△△△△八月卄一日癸未」와 磨雲嶺碑의 「太昌元年歲次戊子△△卄一日△△」에서 黃草嶺碑의 「八月卄一日癸未」를 陳垣, 1978, 『二十史朔閏表』에서 찾으면 戊子年八月卄一日이 癸亥가 되고 21日은 癸未가 되어 黃草嶺碑와 磨雲嶺碑가 戊子年(568) 八月卄一日癸未의 같은 날짜에 세워진 것이 된다. 따라서 磨雲嶺碑에 있어서 이 부분의 인명분석도 黃草嶺碑와 비교하여 고찰되어야 할 것이다.

49) 이 부분을 末松保和, 1954, 『앞의 책』, p.281에서는 「裏公」을 職名, 「欣平」을 人名, 「小舍」를 官等名, 「△末買」를 人名으로 보고 있고, 李基白, 1974, 『앞의 책』, p.73에서도 「裏公」을 「衆公」으로 읽는 점만 다르고 인명분석은 末松保和와 꼭 같다. 그러나 이렇게 인명분석을 하면 부명이 없게 되고, 新羅中古 금석문에서 아직까지 「~公」으로 끝나는 職名은 발견된 예가 없으며, 昌寧碑의 人名에 「珎利△次公」의 예가 있어서 「裏公欣平」을 인명으로 보아야 될 것이다.

50) 마운령비의 「篤支次」・「夫法知」는 황초령비에서 「馬兄」・「分知」로 1자가 술

응될 수 있을 것이다. 제⑧행의 「〔悲〕智沙干」은 黃草嶺碑에 의해 「喙部」까지 복원된다. 그리고 「△△△△△△(喙部)〔悲〕智沙干」에서 「沙干」이란 官等은 17官等 中 8位로 앞의 사람들보다 대단히 높다. 그 다음 사람인 「助人沙喙部舜知奈末」에서 「助人」이란 職名이 軍主의 隸屬官이란 기왕의 견해를52) 참조하고, 후술할 昌寧碑의 「比子我軍主沙喙登△△沙喙尺干」과 「比子我停助人喙部智大奈末」의 職名은 「△△△△△(軍主)」가 될 것이다. 이상을 토대로 磨雲嶺碑의 인명분석을 도시하면 <표 3>과53) 같다.

여서 쓴 예가 있다.
51) 磨雲嶺碑 제⑦행의 「裏」자에 대해 末松保和, 1954, 『앞의 책』에서는 「裏」자에 「?」를 달아 의문을 표시하고 있고, 崔南善, 1930, 「앞의 논문」의 卷頭에 실려 있는 사진(복사판)에서는 희미하게나마 「哀」자임을 확인할 수 있었다.
52) 朱甫暾, 1979, 「新羅中古의 地方統治組織에 대하여」『韓國史硏究』23, p.34.
53) 먼저 「執駕人」이하 부분의 職名 성격에 대해서 「依つて, 執駕人以下の部分は近習供奉集團てあつて, 側近機構の一部と解し得ぬことはない…」(三池賢一, 1971, 「新羅內廷官制考(下)」『朝鮮學報』62, p.34)라고 한 견해가 있다. 필자도 「執駕人」이하 부분을 眞興王代의 近特機構의 일부로 추정하고 싶다. 다음 「堂來客裏內容五十外客五十」의 부분 인명분석에 대한 李基白, 1974, 『앞의 책』, p.72에서는 「外客」 다음의 「五十」이 없이 「堂來客 裏內容 五十」·「外客……(12口字缺)……智沙干」으로 분석하고 있으나 末松保和, 1954, 『앞의 책』, p.443에 의하여 「外客」 다음의 「五十」이 판독되어 있다. 「堂來客裏內容五十外客五十」에서 구조상 우선 「五十」과 「五十」이 대칭된다. 또 「堂來客」과 「裏內容」이 전혀 다른 별개의 職名 역할을 했다고 가정하면 「堂來客△△裏內容△△堂客五十」식으로 표현해야 될 것이다. 그래서 필자는 「堂來客裏內客五十」과 「外客五十」으로 분석하였다. 이렇게 職名이 겹쳐있는 新羅中古 금석문의 예로는 赤城碑 제㉑행의 「…人石書立人非今皆里村……」에서 「…人石書立人」이 職名, 「非今皆里村」이 村名, 다음에 人名과 外位名이 缺落된 것으로 이해된다. 또 다른 예로는 南山新城碑第五碑 제③행의 「…道使幢主喙部吉文知大舍」(秦弘燮, 1965, 「南山新城碑의 綜合的 考察」『歷史學報』36, 및 1976, 『三國時代의 美術文化』 再收錄, p.143)의 「…道使幢主」의 예가 있다. 최근에 南山新城碑第五碑의 이 부분을 「道使△△湪部△文△」라고 판독한 것(金鍾旭, 1974, 「南山新城碑를 통하여 본 新羅의 地方統治體制第五碑」『歷史學報』64, p.2)에 근거하여 「△△湪部」란 것을 牟梁部가 漸湪·牟湪으로 쓰이기도 했다는 사실에 의해 「△△湪部」가 牟梁部라고 추정한 견해가 있다(李文基, 1981, 「앞의 논문」, p.101). 그러나 牟梁部가 漸湪·牟湪으로 쓰였으나 漸牟湪 또는 牟漸湪으로 불리지 않아

〈표 3〉 磨雲嶺碑 인명분석표

職　名	部　名	人　名	官等名
沙門道人		法　藏	
〃		慧　忍	
大　等	喙　部	居杙未智	伊　干
〃	〃	內夫智	伊　干
〃	沙喙部	另力智	匝　干
〃	喙　部	服冬智	大阿干
〃	〃	比知夫智	及　干
〃	〃	未　智	大內干
〃	〃	及珎夫智	奈　干
執駕人	喙　部	萬　兮	大　舍
〃	沙喙部	另　知	大　舍
裏內從人	喙　部	沒兮次	大　舍
〃	沙喙部	非尸知	大　舍
𩥇　人	沙喙部	爲忠知	大　舍
占　人	喙　部	與　難	大　舍
藥　師		篤支次	小　舍
奈夫通典	本□部	加良知	小　舍
△　△	本□部	莫沙知	吉　之
及伐斬典	喙　部	夫法知	吉　之
〃	〃	裏公(欣平)	(小　舍)
〃	〃	△△△名	吉　之
堂來客裏內客	五　十		
外　客	五　十		
△△△△△(軍主)	(喙　部)	〔悲〕　智	沙　干
助　人	沙喙部	舜　知	奈　末

磨雲嶺碑의 인명표기법은 <표 3>에서 보는 바와 같이 赤城碑와 꼭 같다. 곧 職名·部名·人名·官等名의 순서로 기재되는 것 중 생략되는

서 「△△涿部」와 연결되기 어렵다. 계속해서 「다만 △△喙部를 牟梁部에 비정할 때은 涿은 梁과 통하나 앞의 未詳인 2자가 牟(또는 漸)와의 연결이 문제로 된다. 그러나 이것도 漢祇部가 漢只伐部로 기록되고 있는 점을 참고한다면 △△喙部를 牟梁部로 비정하는 것은 별 무리가 없다고 믿어진다」고 했으나 「漢祇部」가 「漢只伐部」로 표현된 것에 따라 「牟梁部」를 적용시키면 「牟梁伐部」가 되고 나아가서 「△△喙部」는 「△△喙伐部」가 되어 여전히 「△△喙部」는 무슨 部인지 알 수 없다. 따라서 필자는 현재까지 牟梁部가 新羅中古의 金石文에 나타난 예가 없다고 추정하는 바이다. 南山新城碑 第五碑의 이 부분에 대한 신중한 검토가 요망된다.

부분은 職名과 部名에 한하며, 職名은 동일한 것은 생략되고, 部名은 동일한 職名內에서 같은 部名일 때 한하여 생략된다. 「藥帥篤支次小舍」의 경우 職名이 바뀌었는데도 部名이 없는 예이다. 黃草嶺碑에는 「藥帥沙喙部篤兄小(舍)」로 되어 있다. 아마도 비문제작자가 착오로 沙喙部를 빠뜨린 것으로 추측된다.[54]

3. 黃草嶺碑

본 비는 일찍이 조선후기에서 알려졌고, 『大東金石書』에 비문의 일부가 탁본으로 실려 있다.[55] 이에 대한 연구는 磨雲嶺碑가 발견된 뒤에 활발히 전개되었다.[56] 인명부분을 摘記하면 다음과 같다.[57]

---

54) 이와 같은 비문 제작자의 착오는 昌寧碑에서도 발견된다. 昌寧碑 제⑮행의 「14 ~15」 사이에 「干」자가 빠진 점과 제⑯행의 「11~12」 사이에 「干」자가 옆에 첨가된 점에서 찾을 수 있다.

55) 李俁, 『앞의 책』

56) 葛城末治, 1935, 『앞의 책』, pp.147~148 참조.

57) 본 비의 판독은 다음의 자료를 참조하였다.
池内宏, 1929, 『1929年度 古跡調査特別報告』6, 眞興王の戊子巡境碑と新羅の東北境.
崔南善, 1930, 「앞의 논문」
前間恭作, 1931, 「앞의 논문」
葛城末治, 1935, 『앞의 책』, pp.147~148.
今西 龍, 1938, 『앞의 책』, p.418.
末松保和, 1954, 『앞의 책』, pp.280~282.
黃壽永編, 1963, 『앞의 책』, p.4.
李蘭暎, 1967, 『앞의 책』, pp.2~3.
李基白, 1974, 『앞의 책』, pp.72~73.
劉燕庭, 1977, 『海東金石苑』下, 亞細亞文化史.
서울大學校 國史學科編, 1982, 『앞의 책』, p.64. 이 가운데 탁본 사진은 池内宏, 1929, 『앞의 책』에 의하였다. 그리고 본 비의 행수 복원은 磨雲嶺碑의 발견 뒤에 시도된 崔南善, 1930, 「앞의 논문」을 따랐다.

	1	2	3	4	5	6	7	8	9	10	11	12	13	14	15	16	17	18
⑦											(前	略)	者	矣		于	時	隨
⑧	知	伊	干	內	夫	知	伊	干	沙	喙	部	另	力	知	迊	干	喙	部
⑨	(及	珎	夫	智	奈	末	△	△	△	△	執	駕	人	喙	部	萬)	兮	大
⑩	(大	舍	△	△	△	△	從	人	沙	喙	部	爲	忠	知	大	舍	?)	人
⑪	(通	典	本	彼	部	加	良	知	小	舍	△	△	△	△	△	△	及	伐
⑫	(吉	之	堂	來	客	裏	內	客	五	十)	外	客	五	十	△	△	△	△

	19	20	21	22	23	24	25	26	27	28	29	30	31	32	33	34	35
⑦	駕	沙	門	道	人	法	藏	慧	忍		大	等	喙	[部	居]	(枛)	夫
⑧	服	冬	知	太	阿	干	比	知	夫	知	及	干	未	知	[大]	奈	末
⑨	舍	沙	喙	部	另	知	大	舍	裏	內	從	人	喙	部	(没)	兮	次
⑩	喙	部	與	難	大	舍	藥	師	沙	喙	部	萬	兄	小	(舍)	奈	夫
⑪	斬	典	喙	部	分	知	吉	之	裏	公	欣	平	小	舍	△	末	買
⑫	(軍	主)	喙	部	非	知	沙	干	助	人	沙	喙	部	尹	知	內	末

　본 비는 그 내용이 磨雲嶺碑와 거의 비슷하고, 건립연대도 같은 眞興王 29년으로 추정되고 있다.[58] 黃草嶺碑의 인명표기법도 磨雲嶺碑와 함께 赤城碑와 같음을 알 수 있다. 이 점에서 의해 黃草嶺碑의 없어진 인명부분을 磨雲嶺碑에 근거하여 복원해 보고자 한다. 제⑧행의 앞부분은 12자가 비어 있다. 「大等喙〔部居〕(枛)夫」 다음부터 「力知迊干」까지를 磨雲嶺碑 제①·②행에서 찾아 넣으면 「(智伊干內夫智伊干沙喙部另)」가[59] 된다. 제⑨행의 앞부분은 16자가 비어 있다. 뒷부분 6자는 「萬兮」의 가운데에서 끊어졌으므로 磨雲嶺碑에 의해 「(執駕人喙部萬)」도 왔다고 복원할 수 있을 것이다.[60] 제⑨행의 앞부분 6자는 「未知〔大〕奈末」의 앞부분을 磨雲嶺碑에 의해 「(及珎夫知奈末)」도 왔다고 복원할 수 있을 것이다.[61] 그러면 제⑨행에서 복원되지 않는 글자수는 4자이다. 여기에 職名·部名·人名·官等名을 모두 넣을 수 없다. 黃草嶺碑에서도 職名과

58) 葛城末治, 1935, 『앞의 책』. 본고를 사독한 李基東교수는 최근 黃草嶺碑의 右側 下段部가 북한에서 발견되어 磨雲嶺碑와 본 비의 건립년월일이 같은 것임을 일깨어 주었다.
59) 武田幸男, 1979, 「앞의 논문」, p.12에 의하면 「沙喙部另」까지는 복원하고 있다.
60) 黃壽永編, 1963, 『앞의 책』, p.4.
　　李蘭暎, 1967, 『앞의 책』, p.1.
61) 黃壽永編, 1963, 『앞의 책』, p.4.
　　李蘭暎, 1967, 『앞의 책』, p.1.

部名이 생략될 수 있음에 의해 人名과 官等名의 부분으로 추정된다. 제
⑩행의 앞부분은 17자가 비어 있다. 「裏內從人喙部〔沒〕兮次」 다음부터
「人喙部與難大舍」의 앞부분까지를 磨雲嶺碑에서 찾아 넣으면 「大舍沙喙
部非尸知大舍□人沙喙部爲忠知大舍□」의 21자가 되어 4자가 남는다. 제
⑩행에서 앞뒤로 연결되어 복원이 가능한 것은 앞부분의 「大舍」 2자와
뒷부분의 「占」 1자이다. 그러면 「沙喙部非尸知大舍」・「占人沙喙部爲忠知
大舍」 중에서 4자를 줄여서 복원해야 한다. 위의 두 사람이 모두 바뀌었
다고 보면 복원이 불가능하다. 「占人」・「藥帥」란 職名을 가진 사람의 경
우는 동일인이 黃草嶺碑와 磨雲嶺碑에 모두 나타나 있어서 「占人」이란
職名을 가진 사람도 黃草嶺碑에 나타날 가능성이 크므로 이와 같이 복원
하기로 하자. 그러면 제⑩행에서 복원되지 않는 글자는 「△△△△」의 4
자가 남게 된다. 이도 또한 人名과 官等名으로 해석될 수 있다.

    제⑪행의 앞부분은 19자가 비어 있다. 제⑩행 끝 「奈夫」 다음의 연결
부분을 磨雲嶺碑에서 찾아 넣으면 「通典本彼部加良知小舍」로 복원된다.
제⑪행의 「典喙本分知吉之」 앞의 부분도 磨雲嶺碑에 의해 복원하면 「及
伐斬」이 들어가야 된다. 그러면 제⑪행의 앞부분에서 복원되지 않는 글
자수는 6자이다. 여기에 職名・部名・人名・官等名이 모두 들어가지 못
한다. 職名은 생략되고, 部名・人名・官等名 또는 人名・官等名이 들어
갈 수 있다. 제⑫행의 앞부분에도 20자가 비어 있다. 앞에서 언급한 것
처럼 黃草嶺碑 제①행의 끝부분 「裏公欣平小舍末買」와 磨雲嶺碑의 제
⑦행의 「裏內△△△△△△名」은 서로 대응될 수 있다고 추정된다. 그
래서 본 비 제⑫행의 앞부분에, 磨雲嶺碑 「裏內△△△△△△名」 다음
부터 「(喙部)〔悲〕智沙干」의 앞부분까지인 「吉之堂來客裏內客五十外客
五十△△△△△(軍主)」을 넣으면 21자로 1자가 모자라게 된다. 磨雲嶺碑
의 「篤支次」・「夫法知」・「△△△名」은 각각 黃草嶺碑에서 「篤兄」・「分
知」・「△末買」로 줄여서 표기되어 있고, 南山新城碑 第二碑의 경우 동
일지명이 같은 금석문에서 「阿大兮村」과 「阿旦兮村」, 「沙刀城」과 「沙戶
城」으로 불리운 점으로[62] 추정하면 磨雲嶺碑의 「△△△△△(軍主)」가

黃草嶺碑에서 「△△△△△(軍主)」로 불릴 가능성도 클 것이다. 이상에서 黃草嶺碑의 인명부분석을 도시하면 <표 4>와[63] 같다.

〈표 4〉 黃草嶺碑의 인명부분석표

職　名	部　名	人　名	官等名
沙門道人		法　藏	
〃		慧　忍	
太　　等	喙　[部]	[居柁] 夫(知)	(伊　干)
〃	〃	(內 夫知)	(伊　干)
〃	(沙喙部)	[另] 力知	迊　干
〃	喙　部	服 冬 知	太阿干
〃	〃	比知夫知	及　干
〃	〃	夫　　知	[大] 奈末
〃	〃	及珎夫知	奈　末
〃	〃	△　△	△　△
(執駕人)	(喙　部)	(萬) 兮	大　舍
〃	沙喙部	另　知	大　舍
裏內從人	喙　部	[沒] 兮次	(大　舍)
〃	〃	△ △	△　△
(騶　人)	(沙喙部)	(爲 忠 知)	(大　舍)
(占) 人	喙　部	與　難	大　舍
藥　師	沙喙部	萬　兄	小 (舍)
奈　夫(通典)	(本 彼 部)	(加 良 知)	(小　舍)
〃	△　△	△ △	△　△
(及)伐斬典	喙　部	分　知	吉　之
〃	〃	裏公欣平	小　舍
〃	〃	△ 末買	(吉　之)
(堂來客・裏內客)	(五　十)		
(外　客)	(五　十)		
△△△△(軍主)	喙　部	非　知	沙　干
助　人	沙喙部	尹　知	奈　末

4. 北漢山碑

본 비는 일찍이 金正熹에 의해 발견되어 昌寧碑 등의 발견과 함께

---

62) 秦弘燮, 1976, 『앞의 책』, p.133.
63) 「奈夫通典」의 職名을 가진 「△△△△△△」의 경우는 물론 「△△△△」가 人名, 「△△」가 官等名일 가능성도 있다.

부분적인 연구가 있어 왔다.[64) 여기에서도 다루고자 하는 인명부만을 摘記하면 다음과 같다.[65)

⑧	(于	時	隨	駕	太	等	喙	居	杮	夫)	智	一	尺	干	內	夫	智
⑨	△	△	△	△	△	△	△	△	△	(喙	比	知)	夫	智	及	干	未
⑧	一	尺	干	沙	喙	另	力	智	迊	干	南	川	軍	主	沙	[喙]	
⑨	智	大	奈	△	△	△	奈	沙	喙	屈	丁	次	奈				

위에서 보면 「內夫智一尺干」 앞에 部名과 職名이 없으므로 北漢山碑의 인명표기법도 赤城碑와 꼭 같음을 알 수 있다. 먼저 제⑨행의 24번째 글자를 탁본 사진과 대조로 「奈」자로 새로 읽었다.[66) 그리고 제⑨행의 「夫智大奈」의 다음과 「沙喙屈丁次奈」 다음에 「末」자를 복원한 견해도[67) 있으나 「未智大奈」 다음의 글자는 「末」자가 아니고, 「杮」자에 가깝게 판독되었다.[68) 그래서 필자는 北漢山碑에서는 「大奈末」·「奈末」이 「夫奈」·「奈」로 표기된 것으로 본다. 제⑧행의 「內夫智一尺干」은 磨雲嶺碑에 의해 喙部소속이므로 그 앞의 「⋯智一尺干」도 喙部소속이 분명하다. 그리고 「⋯智一尺干」의 복원을 <표 7>과 磨雲嶺碑·赤城碑를 참조해 「于時隨駕太等喙居杮夫」로 하였다. 제⑨행의 첫부분 일부도 磨雲嶺碑와 대조하여 「(喙比知)夫智及干」으로 복원하였다. 「未智大奈」의 部名은 磨雲嶺碑에 의해 喙部임이 추정되었다. 이상을 토대로 北漢山碑의 인명분석을 도시하면 <표 5>가[69) 된다.

---

64) 葛城末治, 1935, 『앞의 책』, pp.152~153.
65) 본 비의 판독 자료는 註(57)과 동일함.
66) 池內 宏, 1929, 『앞의 책』의 탁본 사진 참조.
67) 今西 龍, 1938, 『앞의 책』, p.446.
    末松保和, 1954, 『앞의 책』, p.50.
68) 池內 宏, 1929, 『앞의 책』의 탁본 사진 참조.
69) 南川軍主의 人名과 官等名인 「△△△△△」과 그 다음의 職名인 「△△△△△」
    사이에 1~2자가 서로 오고가고 할 가능성도 있다.

〈표 5〉 北漢山碑의 인명분석표

職　名	部　名	人　名	官　等　名
(太　　等)	(喙)	(居杜夫) 智	一 尺 干
〃	〃	內 夫 智	一 尺 干
〃	沙 喙	另 力 智	迊 干
南川軍主	沙 喙	△ △ △	△ △
△△△△	(喙)	(比知)夫智	及 干
〃	〃	未 智	大 奈
〃	〃	△ △ △	奈
〃	沙 喙	屈 丁 次	奈

5. 昌寧碑

	1	2	3	4	5	6	7	8	9	10	11	12	13	14	15	16	17	18	19	20	21	22	23	24	25	26
⑪		爵		于	時	會	△	△	△	△	△	△	△	爵	葛	文	王	△	△	△		未	漢	尸	△	△
⑫	屈	珎	智	大	一	伐	干	沙	喙	△	△	智	一	筏	干	(喙)	居	折	[夫]	智	一	尺	干	(喙)	內	礼
⑬	(夫)	智	一	尺	干	喙	(比)	(次)	夫	智	迊	干	沙	喙	另	力	智	迊	干	喙	△	利	夫	智	(大)	(阿)
⑭	干	沙	喙	都	設	智	(阿)	尺	干	沙	喙	△	△	智	一	吉	干	沙	喙	忍	利	智	一	(吉)	干	喙
⑮	珎	利	△	次	公	沙	尺	干	喙	△	△	智	沙	尺	喙	△	迲	智	沙	尺	干	喙	△	△	△	智
⑯	沙	尺	干	喙	比	叶	△	△	智	沙	尺	干本□	未	智	及	尺	干	喙	△	△	智	(及	尺)	干		
⑰		沙	喙	刀	下	智	及	尺	干	沙	喙	△	尸	智	一	尺	干	喙	鳳	安	智	(及	尺)	干	△	大
⑱		等	喙	居	七	夫	智	一	尺	干	沙	喙	△	智	一	尺	干	喙	吉	力	智	△				
⑲			大	等	喙	未	淂	智	[一]	尺	干	沙	喙	毛	聰	智	及	尺	干	四	方	軍	主	比	子	伐
⑳			軍	主	沙	喙	登	△	△	智	沙	尺	干	漢	城	軍	主	喙	竹	夫	智	沙	尺	干	比	利
㉑				城	軍	主	喙	㡓	登	智	沙	尺	干	甘	文	軍	主	沙	喙	心	麥	夫	智	及	尺	干
㉒				上	州	行	使	大	等	沙	喙	宿	欣	智	及	尺	干	喙	次	叱	智	奈	末	下	州	行
㉓					使	大	等	沙	喙	春	夫	智	大	奈	末	喙	就	舜	智	大	舍	于	抽	悉	直	河
㉔					西	阿	郡	使	大	等	喙	比	尸	智	大	奈	末	沙	喙	湏	兵	夫	智	奈	末	旨
㉕						爲	人	喙	德	文	兄	奈	末	比	子	伐	停	助	人	喙	□	薩	智	大		
㉖						奈	末	書	人	沙	喙	導	智	大	舍	(下 略)										

　본 비는 1914년 발견되어 이에 대한 많은 연구가 있어 왔다.70) 新羅
中古의 다른 금석문보다 인명이 많이 나오고 있다. 여기서도 인명부분
을 摘記하면 다음과 같다.71)

---

70) 葛城末治, 1935, 『앞의 책』, pp.121~122 참조.
71) 본 비의 판독자료는 註(57)과 동일함. 昌寧碑의 판독은 선학늘의 견해를 선부

이 비는 앞의 赤城碑 등과는 다르게 인명이 표기되어 있다. 職名이 동일한 경우에 한해서 생략되고 있으나 部名은 동일한 職名내에서도 생략되고 있지 않다. 제⑫행 앞부분에 나오는 「屈珎智大一伐干」은 『三國史記』, 居柒夫傳에 나오는 仇珍大角湌과 동일한 인물로 추정되고 있다.72) 제⑫행의 다음 사람인 「沙喙△△智一伐干」은73) 종래 「沙喙△△智一尺干」으로 읽어 왔다.74) 제⑪행과 제⑫행의 「(喙居)折(夫)智一尺干(喙內禮夫)智一尺干喙比次智迊干」의 복원은75) 뒤의 <표 7>에 의거하였고, 그 뒤 관등부분은 전후 관계에 따라 추정·복원하였다. 제⑪행 끝에 있는 「未漢尸」는 「者漢△」라고도 판독되어 있다.76) 이 「未漢尸」는 앞의

대조하여 池內□, 1929, 『앞의 책』의 圖版第九와 第一○과 비교하여, 필자가 읽을 수 없는 것은 글자 위에 「°」표로 표시하고, 몇 군데 새로 읽은 것은 앞에서와 같이 글자 위에 「·」표를 하였다.

72) 今西 龍, 1938, 『앞의 책』, pp.485~486.
   三池賢一, 1970, 「新羅官位制度(上)」, 『法政史學』22, p.18.
73) 『三國史記』의 「耽知 迊湌」·「伊湌耽知」일 가능성이 크다고 생각하고 있다. 武田幸男, 1979, 「앞의 논문」, p.13에서는 적성비의 「豆弥智」를 『三國史記』의 「耽知」와 동일인물로 추정하고 있다.
74) 今西 龍, 1938, 『앞의 책』, p.468. 그러나 末松保和, 1954, 『앞의 책』, p.277에서 「伐」로 읽었다. 三池賢一도 이 부분을 「一伐干」으로 읽었다고 판단된다(三池賢一, 1970, 「앞의 논문」, p.18 및 p.21).
75) 종래에는 『三國史記』의 「居柒夫」를 본 비 제⑰·⑱행에 나오는 「△大等居七夫智一尺干」과 연결시켜 왔다(今西 龍, 1938, 『앞의 책』, p.430; 武田幸男, 1979, 「앞의 논문」, p.13). 이는 「大等」이란 職名에 대한 견해 차이에 기인하는 것으로 이해된다(註 (82)참조). 大等은 현재까지 眞骨이상 귀족이 모인 和白會議의 구성원으로 이해되어 왔으나 필자는 大等의 구성원으로 六頭品도 있었다고 판단되며(가령 昌寧碑에서 大等에 소속된 예가 있는 본피부출신자가 신라 중고 금석문에서 眞骨에 해당되는 官等에 오른 예가 없는 점), 또 화백을 내물왕계 여러 리니이지 집단의 대표들로 구성된 일종의 씨족회의로 규정하는 견해(이기동, 1976, 「앞의 논문」, p.157)를 흥미롭게 생각하며, 필자는 대등을 진골을 주축으로 성골·육두품으로 구성된 일종의 喙部·沙喙部·本彼部의 각 리니이지 집단의 대표로 생각하고 있다.
76) 葛城末治, 1935, 『앞의 책』, p.116.
   이 부분에 대한 다른 견해도 있다(李基白, 1974, 『앞의 책』, p.75). 그리고 「未漢尸」란 官等名은 현재까지의 문헌에서는 찾지 못하였다.

<表 6> 昌寧碑의 인명분석

職　　名	部　　名	人　　名	官等名
(大　　等)	…………………		爵 葛 文 王
〃	△△△△		未 漢 尸
〃	△　　△	屈 珎 智	大一伐干
〃	沙 喙 部	△ △ 智	一 伐 干
〃	(喙)	(居)折〔夫〕智	一 尺 干
〃	(喙)	(內禮夫)智	一 尺 干
〃	喙	(比次)夫智	迊 干
〃	沙 喙 部	另 力 智	迊 干
〃	喙	△里夫智	(大 阿) 干
〃	沙 喙 部	都 設 智	(阿) 尺 干
〃	沙 喙 部	△ △ 智	一 吉 干
〃	沙 喙 部	忍 利 智	一 (吉) 干
〃	喙	珎 利△次公	沙 尺 干
〃	喙	△ △ 智	沙 尺
〃	喙	△ 述 智	沙 尺 干
〃	喙	△△△智	沙 尺 干
〃	喙	比叶△△智	沙 尺 干
〃	夲 □	未 △ 智	及 尺 干
〃	喙	△ △ 智	(及 尺) 干
〃	沙　　喙	刀 下 智	及 尺 干
〃	沙　　喙	△ 尸 智	及 尺 干
〃	喙	鳳 安 智	(及 尺) 干
△ 大 等	喙	居七夫智	一 尺 干
〃	喙	△ 夫 智	一 尺 干
〃	沙　　喙	吉 力 智	△ △ 干
△ 大 等	喙	未 淂 智	〔一〕尺 干
〃	沙　　喙	毛 聰 智	及 尺 干
四方軍主　比子伐軍主	沙　　喙	登 △ 智	沙 尺 干
漢城軍主	喙	竹 夫 智	沙 尺 干
碑利城軍主	喙	福 登 智	沙 尺 干
甘文軍主	沙　　喙	心 麥 夫智	及 尺 干
上州行使大等	沙　　喙	宿 欣 智	及 尺 干
〃	喙	次 叱 智	奈 末
下州行使大等	沙　　喙	春 夫 智	大 奈 末
〃	喙	就 舜 智	大 舍
于抽悉直河西阿郡使大等	喙	比 尸 智	大 奈 末
〃	沙　　喙	湏兵夫智	奈 末
旨 爲 人	喙	德 文 兄	奈 末
比子伐停助人	喙	覓 薩 智	大 奈 末
書 人	沙　　喙	導 智	大 舍

1~3자로 포함하여 관등명일 가능성이 크다. 그 앞의 人名과 部名이 들어가야 되므로 적어도 「△△△爵」까지는 「葛文王」과 관계되는 부분이다. 그 앞의 「于時會△△△△△△」에는 部名·人名·官等名이 들어갈 자리가 없고, 이 부분에 「于時會……隨駕太等式」의 표기가 들어가야 된다고 추정된다.77) 이상을 토대로 昌寧碑의 인명분석을 도시하면 <표 6>과 같다.

6. 연대 고찰

眞興王代 금석문 중 黃草嶺碑와 磨雲嶺碑는 「△△△△△△△△△八月廿一日癸未」와 「太昌元年歲次戊子△△廿一日△△」을 대비시키고, 黃草嶺碑文안에 「戊子」란 干支銘이 나옴에 의해 眞興王 29년(568)으로 추정하고 있다.78) 昌寧碑는 碑文 첫머리에 나오는 「辛己年二月一日立」이란 干支銘에 의해 眞興王 22년(561)으로 추정하고 있다.79) 北漢山碑의 건립연대는 碑文 중의 「南川軍主」를 『三國史記』, 眞興王 29年條의 「冬十月廢北漢山州 置南川州」에 연결시켜 眞興王 29년(568)으로 추정한 견해가 있다.80) 赤城碑의 건립연대에 대해서 여러 가지 견해가 있어 왔을 뿐 뚜렷한 결론이 없었다.81) 여기에서는 赤城碑의 건립연대를 알아보기 위해 지금까지 살펴본 眞興王代 금석문의 인명분석에서 동일인을 조사

---

77) 昌寧碑의 이 부분 書法은 赤城碑와 다르고, 마운령비와 비슷한 것으로 추정된다. 磨雲嶺碑에서 「沙門道人」이란 職名을 가진 「法藏」·「慧忍」은 「大等」이 포함되지 않고 있어서 「葛文王」이 「大等」에 속하는지 여부는 좀 더 검토되어야 할 것이나 잠정적으로 <표 6>과 같이 「大等」에 속하는 것으로 파악하였다.

78) 葛城末治, 1935, 『앞의 책』 참조.

79) 今西 龍, 1922, 「앞의 논문」

80) 葛城末治, 1935, 『앞의 책』, p.51. 또 磨雲嶺碑와 北漢山碑에 「非里」란 동일지명이 나온 점으로 보면 北漢山碑의 건립연대가 668년일 가능성이 크다(葛城末治, 1935, 『앞의 책』, p.136 및 p.150).

81) 檀國大學校史學會, 1978, 『앞의 책』
浜田耕策, 1978, 「앞의 논문」
武田幸男, 1979, 「앞의 논문」

해 도시하면 <표 7>과 같다.82)

〈표 7〉 眞興王代 金石文의 인명분석

赤城碑			昌寧碑			北漢山碑			三國史記
部名	人名	官等名		部名	人名	官等名	部名	人名	官等名	
[喙]	伊史夫智	伊干[支] 2							異斯夫
				屈珎智	大一伐干 1				仇 珍
喙部	西夫叱智	大阿干[支] 5				(喙)	(居杜夫)智	一尺干 2	西力夫(?) 居柒夫
喙部	(居杜)夫智	大阿干支 5	(喙)	(居杜夫)智	一尺干 2	喙	內夫智	一尺干 2	奴 夫 弩里夫
喙部	內禮夫智	大阿干支 5	喙	(居杜夫)智	一尺干 2				比次夫
喙部	比次夫智	阿干支 6	喙	(比次)夫智	迊干 3	沙喙	另力智	迊干 3	武 力
沙喙部	武力智	[阿干支] 6	沙喙	另力智	迊干 3	(喙)	(比知)夫智	及干 9	
沙喙部	灣設智	及干支 9	沙喙	都設智	(阿尺)干 6	喙	未智	大奈 10	

磨雲嶺碑			黃草碑			三國史記
部名	人名	官等名	部名	人名	官等名	
喙部	居杜夫智	伊 干 2	喙[部]	[居杜]夫(知)	(伊 干) 2	居柒夫
喙部	內夫智	伊 干 2	喙部	內夫知	(伊 干) 2	奴 夫 弩里夫
沙喙部	另力智	匝 干 3	沙喙部	(另)力智	迊 干 3	武 力
喙部	比知夫智	及 干 9	喙部	比知夫知	及 干 9	
喙部	未 知	大奈末 10	喙部	未 知	[大]奈末 10	

82) 이 표의 작성기준은 大等의 職에 올라간 적이 있는 사람을 대상으로 하였고, 『三國史記』와 연결이 가능한 사람이나 2碑 이상에 나오는 사람을 그 대상으로 하였다. 단, 黃草嶺碑와 磨雲嶺碑에만 공통으로 나올 때에는 제외했다. 그리고 今西 龍, 1938, 『앞의 책』, p.431과 三池賢一, 1970, 「앞의 논문」, p.18 등에서 지적된 昌寧碑의 「碑利城軍主 喙福登智沙尺干」과 黃草嶺碑의 「喙部服冬知大阿干」, 昌寧碑의 「春夫智 大奈末」과 『三國史記』, 眞興王 26年條의 「阿湌春賦」를 각각 동일인으로 보고 있다. 그런데 561년에 昌寧碑의 福登智가 沙尺干(8)에서 568년에 服冬知가 大阿干(5)으로 3등급이 올라가 <표 7>에서 昌寧碑와 黃草嶺碑에서 관등의 차이가 없는 점과 모순된다. 또 春夫智는 561년에 大奈末(10)에서 565년에 阿湌(6)으로 4년 만에 4등급이나 올라가게 된다. 이 같은 이유에서 위의 두 사람을 필자는 동일인으로 보지 않았다. 또 『三國史記』의 「居柒夫」를 昌寧碑의 「居七夫」와 이름이 유사한 점에 따라 동일인으로 본다면 『三國史記』, 眞興王條의 眞興王의 이름이 「彡麥宗」 또는 「深麥夫」이고 昌寧碑에 나오는 甘文軍主의 이름이 「心麥夫」로 유사함으로 동인으로 보아야 될 것이다. 따라서 「深麥夫」와 「心麥夫」가 동일인이 아니면 필자의 추정대로 「居七夫」와 「居柒夫」도 동일인이 아닐 가능성이 클 것이다.

赤城碑에 나오는「伊史夫智」는『三國史記』에 나오는「異斯夫」와 동일 인물이고 昌寧碑의「屈珎智」와『三國史記』의「仇珍」은 동일 인물로 추정된다.[83]「居杺夫智」와「內禮夫智=內夫智」는 뒤에서 살펴보기로 하자. 昌寧碑의「△△夫智」는 赤城碑와의 비교에서 部名이 같고 官等이 3 등급 차이 나므로「△△夫智」와「比次夫智」의 대응에 의해「(比次)夫智」로 복원될 수 있을 것이다.「武力智=另力智」의 경우는 赤城碑・昌寧碑・北漢山碑・磨雲嶺碑・黃草嶺碑에 모두 인명이 나오고 있고, 赤城碑와 他碑에서의 관등차이는 3등급이다. 그 밑에 나오는「都設智」・「比知夫智」・「未智」등의 복원은 쉽게 해결된다. 다시 위로 올라가서「內禮夫智=內夫智」부터 살펴보자. 赤城碑의「內禮夫智」는 北漢山碑・磨雲嶺碑에「內夫智」로 표현되어 있다. 赤城碑와 昌寧碑에서 동일인의 관등차이가 3등급인 점과 部名이 喙部인 점에 의해 昌寧碑에 복원하면「一尺干」인 두 사람 중 뒷사람에 해당된다. 昌寧碑에서「內禮夫智」앞의「△折夫智一尺干」은 磨雲嶺碑의「喙部居杺夫智伊干」과 비교하면「折」자와「杺」자는『三國史記』「居柒夫」의「柒」자와 서로 통할 수 있을 것이다. 赤城碑의「喙部△△夫智大阿干支」와 昌寧碑의「△△折夫智一尺干」은 3 관등의 차이가 난다. 이러한 점들에 의해 部名과 人名을 복원해 넣으면 赤城碑・昌寧碑에 각각「(居杺)夫智」・「(喙居)折(夫)智」가 복원될 수 있을 것이다.[84] 이렇게 복원하면 赤城碑와 昌寧碑에 함께 나오는「居杺夫智」・「內禮夫智」・「比次夫智」・「武力智」・「都設智」5명의 배열순서가 같고, 관등차이가 전부 3등급이 된다. 이 <표 7>을 문헌과 비교해 보자.『三國史記』, 新羅本紀의 眞興王條・眞智王條・眞平王條와『三國史記』, 居柒夫傳에서 人名과 官等名이 표시된 주요인물을 제시하면 <표 8>이 된다.

---

83) 李基白, 1978,「앞의 논문」, p.28.
　　武田幸男, 1979,「앞의 논문」, pp.12~13 등에서는 적성비의「內札夫智」가『삼국사기』의 弩里夫와 동일인으로 추정하고 있다.
84) 이 부분의 동일한 비정의 다른 견해는 註(75) 참조.

<표 8> 『三國史記』에 나타난 新羅中古 주요인물의 관등표

年 度	人 名	官等名
眞興王 6年(545)	異 斯 夫	伊 飡(2)
〃	居 柒 夫	大阿飡(5)→波珍飡(4)
眞興王 6年(545)	異 斯 夫	伊 飡(2)
眞興王 6年(545)	仇 珍	大 角 飡(1)
〃	西 力 夫	波 珍 飡(4)
〃	奴 夫	波 珍 飡(4)
〃	比 次 夫	大 舍 帝 智
眞興王 6年(545)	武 力	阿 飡(7)
眞興王 6年(545)	居 柒 夫	伊 飡(2) ※上大等
眞興王 6年(545)	弩 里 夫	伊 飡(2) ※上大等

<표 7>과 <표 8>에서 赤城碑의 「內禮夫智大阿干支」·「比次夫智阿干支」는 각각 551년에 「奴夫波珍飡」·「比次夫大阿飡」으로 되어 있는 바, 赤城碑에서의 官等이 낮으므로 551년 이전에 건립된 것이 된다. 赤城碑의 「(居柒)夫智大阿干支」는 『三國史記』, 居柒夫傳에 「修撰國史」하여 545년에 「大阿飡」에서 「波珍飡」으로 관등이 올라갔다. 이로 보면 赤城碑가 545년 이전에 건립된 것이 된다. 「武力」의 경우로 보아도 赤城碑는 553년 이전에 건립된 것이 된다. 이상을 종합하면 赤城碑는 545년 이전에 건립되어야 <표 7>과 <표 8>는 서로 모순이 없게 된다. 따라서 赤城碑가 545년 이전에 건립되었다고 추정하고자 한다.[85]

---

85) 赤城碑의 건립연대가 545년 이전일 가능성에 대해서는 이미 시사된 바 있다 (檀國大學校史學會, 1978, 『앞의 책』, p.51 및 p.107의 邊太燮敎授談, 武田幸男, 1979, 「앞의 논문」, p.31).

Ⅳ. 其他 金石文의 人名表記

1. 永川 丙辰銘菁堤碑

이 비는 1968년 12월 新羅三山學術調査團에 의해 처음으로 학계에 소개된[86] 후, 몇몇 연구가 있어왔다.[87] 우선 본 비의 인명 부분은 기왕의 견해[88]와 필자가 현지조사에서 대로 읽은 부분을 더해 제시하면 다음과 같다.[89]

⑤	使	人	喙	尒	尺	利	知	大	舍	弟	
⑥	尺	次	鄒	小	舍	弟	述	利	大	烏	弟
⑦	尺	父	小	烏	未	弟	小	烏	(後	略)	

---

86) 鄭永鎬, 1969,「永川 菁堤碑의 發見」『考古學術』102.
87) 李基白, 1970,「古代における日本の稅制と新羅の稅制」『古代朝鮮と日本』
   吳星, 1978,「永川 菁堤碑 丙辰銘에 대한 再檢討」『歷史學報』79.
88) 吳星, 1978,「앞의 논문」, p.174.
89) 1982년 7월 1일에 永川 臨皐中學校 李在秀敎師(歷史擔當)와 함께 현지조사를 하였다. 현장의 안내와 判讀에 조언을 준 데 대해 이 기회를 빌어 사의를 표한다. 그리고 본 비의 제⑦행 이하의 인명표기를 참고적으로 도시하면 다음과 같다.

職　　　名	人　　　名
一支△人	次　　△
〃	爾　　利
〃	乃　　利
〃	丙丁平
使作人	只　珎
〃	巴　伊
〃	卽　刀
〃	衆札利
〃	只尸△利
〃	于　支
〃	徙爾利

본 비의 건립연대에 대해서 원보고자는 서두에 나오는 「丙辰年」이란 干支銘을 眞平王 18년(596)과 法興王 23년(536) 중 法興王 23년일 가능성이 크다고 지적하였고,[90] 그 뒤에 본 비의 官等名 아래에 붙은 「弟」자가 尊待의 뜻이란 점과 蔚州 川前里書石과 『梁書』・『南史』에 新羅의 官等 뒤에 「支」자가 붙는 것에 착안하여 法興王 23년에 동의하고 있는 견해가 있다.[91] 본 비에 나오는 「大舍弟」・「小舍弟」・「大烏弟」의 「弟」자가 蔚州 川前里書石의 「原名」에 나오는 「大舍弟智」의 「帝」자와, 赤城碑에 나오는 「大烏之」의 「之」자와 같다고 판단된다.[92] 따라서 본 비의 건립연대도 『梁書』・『南史』와 蔚州 川前里書石의 「原名」, 赤城碑의 연대를 참고하면 法興王 23년일 가능성이 크다고 추정된다.[93] 다음으로 본 비는 인명을 職名・部名・人名・官等名의 순서로 기재되고 職名과 部名이 생략됨에 의해 끊어 읽으면, 제⑤행의 「使人」은 職名이고, 「喙」은 部名이고 「災尺利知」는 人名, 「小舍弟」는 관등명이 된다. 제⑥행의 「尺次鄒小舍弟述利大烏弟」에서 「尺次鄒」・「述利」는 人名, 「小舍弟」・「大烏弟」는 官等名이 뚜렷하다. 제⑦행의 「尺父小烏未弟小烏」[94]에서도 「尺父」・「未弟」는 人名, 「小烏」・「小烏」는 官等名으로 본다.

---

90) 李基白, 1969, 「永川 菁堤碑 貞元銘l의 考察」『考古美術』102, p.7.
91) 武田幸男, 1977, 「앞의 논문」, p.60. 丙辰銘 菁堤碑의 연대문제는 考를 달리하여 다시 검토해 보고자 한다.
92) 赤城碑의 「大烏之」에서 「烏」・「之」자는 달리 판독할 가능성도 있다.
93) 『梁書』・『南史』와 6C前半의 新羅 官等制에 대해서는 武田幸男, 1977, 「앞의 논문」, p.66 참조.
94) 종래에는 「尺父」를 「△△」 또는 「尺人」으로 읽어 職名으로 보아 왔다. 이러한 인명 분석의 특이함에 대해서는 다음과 같은 지적이 있다(李基東, 1978, 「新羅 官等制度의 成立年代問題와 赤城碑의 發見」『歷史學報』78 및 『史學志』12에 再收錄, p.142; 李文基, 1981, 「앞의 논문」, p.81).

<表 9〉永川 丙辰銘菁堤碑의 인명분석표

職　名	部　名	人　名	官 等 名
使　人	喙	灾尺利知	大舍弟
〃	〃	尺次鄒	小舍弟
〃	〃	述　利	大烏弟
〃	〃	尺　父	小　烏
〃	〃	未　弟	小　烏

2. 南山新城碑

남산신성비는 현재까지 7기가 발견되었다고 한다.[95] 여기에서는 職名·部名·人名·官等名의 순서로 기재된 제일·제이비의 인명분석을 도시하면 <표 10>이 된다.[96]

<표 10〉南山新城碑의 인명분석표

碑區分	職　名	部　名	人　名	官 等 名
第一碑	阿良邏頭	沙　喙	灾尺利知	大　舍
	奴含道使	沙　喙	合　親	大　舍
	營坫道使	沙　喙	△△儆知	大　舍
第二碑	阿旦兮村道使	沙　喙	勿生次	小　舍
	仇利城道使	沙　喙	級　知	小　舍
	苔大支村道使	沙　喙	所叱△知	大 (烏)

<표 10>에서도 眞興王代 금석문의 인명표기법이 지켜지고 있다. 다음은 部名이 職名앞에 나와 표기된 南山新城碑第二碑를 살펴보자. 이 비의

---

95) 黃壽永編著, 1976, 『앞의 책』에 南山新城碑 7基가 판독·수록되어 있다. 그런데 秦弘燮, 1976, 『앞의 책』, p.116의 사진에는 第七碑가 第六碑로 命名되어 있다. 黃壽永編著, 1976, 『앞의 책』, p.42의 第六碑는 글자수가 너무 작아 南山新城碑 第一·二·三·四·五碑와 비교해 본 결과 南山新城碑가 아닐 가능성도 있음을 알게 되었다. 南山新城碑·永川 丙辰銘靑堤碑·大邱 戊戌銘塢作碑의 판독과 인명표기에 대해서는 따로이 필자의 소견을 밝히겠다.
96) 본 비의 자료는 주로 秦弘燮, 1976, 『앞의 책』의 판독을 따랐다.

判讀은 기왕의 견해를 참조하고 拓本 사진에 의해 새로 읽은 전문을 다음과 같이 싣고 이를 통한 인명분석은 <표 11>과 같이 제시한다.[97]

　　南山新城碑第二碑에서는 部名인 「喙部」가 職名 앞에 한번만 나오고, 그 뒤에는 일체 생략되어 있는 점이 특이하다. 職名의 경우는 동일한 「部監等」과 「里作上人」과 「面石捉人」에서 각각 생략되어 있다.

	1	2	3	4	5	6	7	8	9	10	11	12	13	14	15	16	17
①	辛	亥	年	二	月	廿	六	日	南	山	新	城	作	節	如	法以	作
②	後	三	年	崩	破	者	罪	敎	事	爲	聞	敎	令	誓	事	之	喙
③	部	主	刀	里	受	作	廿	一	步	一	寸	部	監	等	△	△	大舍
④	仇	生	次	大舍	文尺	仇	△	小石	里	作	上	人	只	冬	大舍	文	知
⑤	小舍	文尺	久	匠	吉士	面	石	捉	人	△	△	△	△	△	△	者	△
⑥	大烏	△	石	捉	人	俀	下	次	△	小	石	捉	上	人	利	△	小烏

〈표 11〉 南山新城碑 第三碑의 인명분석표

職　　名	部　　名	人　　名	官　等　名
部 監 等	喙　　部	△　　△	大　　舍
〃	〃	仇 生 次	大　　舍
文　　尺	〃	仇　　△	小　　舍
里作上人	〃	只　　冬	大　　舍
〃	〃	文　　知	小　　舍
文　　尺	〃	久　　匠	吉　　士
面石捉人	〃	△　△　△	△
〃	〃	△△者△	大　　烏
△石捉人	〃	俀 下 次	△
小石捉人	〃	利　　△	小　　烏

---

97) 南山新城碑 第三碑의 판독은 다음과 같은 자료를 참고하였다.
　　邊弘燮, 1965, 「앞의 논문」
　　李鍾旭, 1974, 「앞의 논문」
　　石上英一, 1974, 「앞의 논문」
　　黃壽永編著, 1976, 『앞의 책』
　　탁본 사진은 『朝鮮學報』19에 실려 있는 것을 참고하였다.

3. 蔚州 川前里書石

앞에서 지금까지 미루어 온 川前里書石에 나타난 徒夫知葛文王의 수행인물에 대한 인명분석을 해 보자. 「追銘」에 있어서 제⑧행 「作功臣」다음에 「喙部」란 部名이 나오고 「知禮夫知」란 人名이 나오고, 「沙干支」란 官等名이 나온다. 다음 사람은 職名과 部名이 생략된 경우로 「△泊六知」란 人名과 「居伐干支」란 官等名이 나온다. 다음 제⑨행의 「△臣丁乙尒知奈麻」에서 길지만 「△臣丁乙尒知」를 人名으로, 「奈麻」를 관등명으로 볼 수 있다. 또 「△臣」을 職名, 「丁乙尒知」을 人名, 「奈麻」를 官等名으로 보면, 部名이 없다.[98] 이는 앞에서 살펴본 磨雲嶺碑의 「葛支次」와 같이 착오로 직명을 빠뜨렸을 가능성도 있다. 「追銘」 제⑨ · ⑩행의 「作食人眞宍知波珎干支婦阿六牟弘夫人」의 경우는 「原名」에 「作食人眞宍智沙干支妻阿兮牟弘夫人」으로 나와 있어서 동일인으로 추정되고 있다.[99] 「原名」의 경우 인명표기는 南山新城碑第三碑와 같이 部名이 文頭에 나온 예[100]이므로 「眞宍智」는 沙喙部 소속으로 해석된다. 「追銘」에서 職名과 部名이 바뀌었는데도 眞興王代 금석문의 인명표기와는 달리 「眞宍知」의 部名이 표시되지 않은 다른 숨은 이유가 없을까?

「作食人」이란 職名은 밥 짓는 것과 관련되는 것이다. 밥 짓는 일이 주로 여자의 일로 보면 「作食人」 다음의 인명들은 女子를 표시할 가능성도 있다. 그리고 앞에서 살펴본 것처럼 「追銘」에서 「其王妃인 只沒尸兮妃」 · 「另卽知太王妃인 夫乞支妃」란 식으로 王室의 경우도 남편의 뒤에서 아내의 이름을 붙여서 표현하고 있다. 따라서 「作食人」 이하의 부분은 眞興王代 금석문의 인명표기에서 職名 · 部名 · 人名 · 官等名의 순서로 기재되는 중 職名과 部名은 생략될 수 있으므로, 남편의 人名과

---

98) 李文基, 1980, 「앞의 논문」, p.76에서는 「丁乙尒知」를 「喙部」소속으로 보고 있다.
99) 武田幸男, 1977, 「앞의 논문」, pp.63~64.
100) 李文基, 1981, 「앞의 논문」, p.100.

官等名만 적고 거기에 「婦」 또는 「妻」인 「××夫人」이란 식으로 표기된
것으로 이해된다.[101] 이렇게 인명분석을 하면 「作食人」이란 職名 다음
에 部名이 안 나오는 이유도 해결이 가능해진다. 그리고 「阿六牟呼夫
人」 등은 部名과 官等名이 없다. 部名과 官等名이 안 나오는 경우로 마
운령비·황초령비에서 「沙門道人法藏慧忍」이라고 한 중〔僧〕의 예가
있다.

<표 12> 蔚州 川前里書石의 인명 분석표

		職 名	部 名	人 名	官等名	비 고
原			沙喙部	(沙喙部葛文王)	葛文王	
			〃	麗德光妙		沙喙部 葛文王의 妹
			〃	於史鄒安郎		沙喙部 葛文王의 友
		作功人	〃	爾利夫智	奈〔麻〕	
		〃	〃	悉淂斯智	大舍帝智	
銘		作食人		居知尸奚夫〔人〕		沙喙部 榮知智壹吉干支의 婦
		〃		阿兮牟弘夫人		沙喙部 眞宍智沙干支의 妻
		作書人	〃	慕ㄷ爾智	大舍帝智	
追			沙喙部	徒夫知	葛文王	
			〃	妹		沙喙部 徒夫知葛文王의 妹
			〃	於史鄒安郎		沙喙部 徒夫知葛文王의 友
				妹王		徒夫知葛文王이 另卽知太王을 부른 호칭
				只沒尸兮妃		沙喙部 徒夫知葛文王의 妃
				夫乞支妃		沙喙部 徒夫知葛文王의 妹= 另卽知太王妃
			〃	导郞인 △△夫知		沙喙部 徒夫知葛文王의 아들
銘		作功臣	喙 部	知禮夫知	沙干支	
		〃	〃	△泊六知	居伐干支	
		△臣	?	丁乙爾知	奈 麻	
		作食人		阿六牟呼夫人		沙喙部 眞宍知宍珍干支의 婦
		〃		一利等次夫人		沙喙部 爾夫智居伐干支의 婦
		〃		沙爻功夫人		沙喙部 居禮次△△干支의 婦

※ 「〃」한 부분은 원문에서 생략된 부분의 표시임(본고 전체에 적용됨)

---

101) 蔚州 川前里書石 癸亥銘도 黃壽永編著, 1976, 『앞의 책』, p.34와 李文基,
1981, 「앞의 논문」, p.99를 참조해 필자의 현지조사를 토대로 판독하면 다음
과 같다. ①癸亥年二月六日 ②沙喙路陵智小舍 ③婦非德汋遊 ④行時書. 이를
해석하면 「癸亥年 二月六日에 沙喙路陵智小舍의 婦인 非德汋가 遊行할 때에
썼다」로 되어 역시 여자의 인명을 표기한 것으로 이해된다. 癸亥年은 小舍
다음에 「第」나 「帝智」가 없어서 543년보다 603년일 가능성이 크다.

V. 맺음말

먼저 川前里書石의 인명분석은 「追名」 제①행의 「乙巳年六月十八日昧」와 제⑤행 「己未年七月三日△」가 대칭된다는 구조적 분석에서 출발하였다. 다시 「追名」 제③행의 「三共」과 제⑥행의 「比時共三來」에 근거하여 각각 3사람씩을 찾았다. 이러한 인명분석 과정에서 「另卽知太王」의 「另卽」은 『梁書』, 新羅傳에 「普通二年 王名募秦」의 「募秦」과 대응됨을 밝혔고, 「追名」 제④행의 「乙巳年王過去其王妃只沒尸兮妃愛自思」란 구절과 文獻에 의해 「沙喙部徒夫知葛文王」이 「立宗葛文王」이 아님을 밝혔다. 그래서 法興王代에 文獻에 없는 새로운 葛文王을 찾게 되었다. 아울러 종래의 「徒夫知葛文王」의 수행 인명분석에 모순점이 있음을 알게 되었다.

그래서 眞興王代에 만들어진 赤城碑・磨雲嶺碑・黃草嶺碑・北漢山碑・昌寧碑l의 인명분석을 통하여 다음과 같은 결론을 얻게 되었다. 眞興王代 금석문에서의 인명표기는 職名・部名・人名・官等名의 순서로 표기되며, 이 가운데 職名이 동일한 경우에는 반드시 생략되고, 部名은 동일한 職名內에서 部名이 같은 경우에는 생략될 경우가 많다는 것이다. 이러한 인명표기법은 永川 菁堤碑丙辰銘・南山新城碑・川前里書石 등에 적용하여 새로운 관점에서 인명분석을 시도하였다.

본고에서 미처 언급치 못한 新羅中古의 인명표기의 始源과 관련된 六部 문제, 職名・部名・人名・官等名이 나오는 新羅中古 지방민의 인명 표기 문제, 이러한 인명표기의 소멸 과정과 시기 문제, 葛文王・大等 등을 포함한 新羅의 官等과 骨品制에 관한 문제 등은 후일의 과제로 삼겠다.

新羅中古 金石文의 人名表記(Ⅱ)

Ⅰ. 머리말

新羅中古 금석문 가운데 인명이 나오는 것으로 10여 예가 알려져 있다.[1] 이들 중 部名이 나오는 인명표기에 대해서는 간단히 살펴본 바 있다.[2] 곧 이 시기 王京人의 인명표기는 職名·部名·人名·京位名의 순서로 기재된다. 職名은 동일한 경우에 생략되며 部名은 同一職名 내에서 같은 部名 일 때에만 생략될 수 있다는 것이다. 이러한 인명표기법이 職名·村名(또는 城名)·人名·外位名이 나오는 지방민의 인명에도 적용되는지 여부를 永川 丙辰銘菁堤碑·大邱 戊戌銘塢作碑·慶州 南山新城碑·丹陽 赤城碑 등을 통해서 살펴보고, 다시 이들 인명표기를 중심으로 新羅中古 지방통치체제에 대한 소견을 밝혀보고자 한다.

Ⅱ. 永川 丙辰銘菁堤碑의 인명표기

이 비는 1968년 12월 新羅三山學術調査團에 의해 발견된 후 학계에

---

1) 연대순으로 제시하면 蔚州 川前里書石 原銘·永川 丙辰銘菁堤碑·蔚州 川前里書石 追銘·丹陽 赤城碑·昌寧碑·北漢山碑·黃草嶺碑·磨雲嶺碑·大邱 戊戌銘塢作碑·南山新城碑 등이다.

2) 金昌鎬, 1983, 「新羅中古 金石文의 人名表記(Ⅰ)」『大邱史學』22.

소개되었다.[3] 주로 水利관계 금석문으로 그 연대설정과 官等銘에 주목
되었을 뿐,[4] 판독에 대한 검토나 인명표기에 대해서는 충분한 검토가
없었던 것 같다. 이의 검토를 위해 필자는 1982년 7월 이후 몇 차례 慶
北 永川郡 琴湖邑 道南洞에 소재된 본 비의 현지조사를 하였다. 이제
지금까지 선학들의 견해를 주축으로 필자가 읽은 부분을 더해 판독된
전문을 제시하면 다음과 같다.[5]

먼저 본비는 제①행에서 제④행까지와 제⑤행에서 제⑩행까지의 두
단락으로 크게 나눌 수 있다. 앞단락은 建碑日과 塢의 이름과 크기, 동
원인원과 공사규모에 대해 적고 있다. 뒷단락은 공사관계 감독자 및 기
술자에 대해 적고 있다. 제①행의 「丙辰年二月八日」에서 「丙辰年」은 法
興王23년(536)으로 추정되고 있다.[6] 「二月八日」은 工事始日이라기보다
는 建碑日로 이해된다.[7] 「△△△大塢」의 「△△△」는 「郞把古」에 가깝
게 판독될 수 있었다. 이 부분은 貞元十四年銘菁堤碑[8]에 나오는 「菁堤」
의 法興王代 이름으로 추측된다. 제②, ③행에 걸쳐서 塢의 크기가 냐오
고 있다. 제②행 「六十一淂」 앞에 「△」자는 大邱 戊戌銘塢作碑의 예에

---

3) 鄭永鎬, 1969, 「永川 菁堤碑의 發見」『考古美術』102.
4) 李基白, 1970, 「永川 菁堤碑의 丙辰築堤記」『考古美術』106·107合.
   石上英一, 1974, 「古代における日本の稅制と新羅の稅制」『古代朝鮮と日本』
   吳星, 1978, 「永川 菁堤碑 丙辰銘에 대한 再檢討」『歷史學報』79.
5) 金石文의 판독에 있어서 ( )한 부분은 필자가 복원한 것이고, [ ]한 것은 타격
   해에 따라 복원한 것이며, 글자위에 「··」한 것은 필자가 새로 읽은 것의 표시
   이다. 이같은 약속은 본고 전체에 적용된다. 그리고 본고에 인용된 모든 금석
   문은 縱書로 된 것을 橫書로 바꾸었다. 그리고 본고에 사용된 글자는 인쇄 관
   계상 현재 사용되는 것으로 바꾸었다.
6) 李基白, 1969, 「永川 菁堤碑貞元銘의 考察」『考古美術』10, p.7.
   武田幸男, 1977, 「金石文資料からみた新羅官位制」『江上波夫敎授古稀記念論集』
   歷史篇, p.60.
7) 李基白, 1970, 「앞의 논문」, pp.31~32. 그러나 吳星, 1978, 「앞의 논문」, p.175에
   서는 「二月八日」을 工事始日로 보고 있다.
8) 李基白, 1969, 「앞의 논문」
   盧在環·朴洪培, 1969년 9월 1일과 9월 19일자, 「永川 菁堤碑에 대한 小考」『매
   일신문』

비추어 추측하면 「長」자로 복원될 가능성이 크다. 제②행의 마지막 글자인 「△」부분은 「澤」자에 가깝게 판독되었다.[9] 제③행의 「作人」은 職名이라기보다는 그저 일한 사람이란 뜻으로 그 수가 「七千人」이었다로 해석된다. 제④행의 「△二百八千方」의 해석은 「作人七千人」과 비교하여 「△」가 「二百八千方」이었다고 공사규모를 말하는 것으로 추측된다.

	1	2	3	4	5	6	7	8	9	10	11	12
①	丙	辰	年	二	月	八	日	△	△	△	大	
②	塢	△	六	十	一	淂	鄧	九	十	二	淂	△
③	廣	廿	二	淂	高	八	淂	上	三	淂	作	人
④	七	千	人	△	二	百	八	十	方			
⑤	使	人	喙	灾	尺	利	知	大	舍	第		
⑥	尺	次	鄒	小	舍	第	述	利	大	烏	第	
⑦	尺	父	小	烏	未	第	小	烏	一	支		
⑧	△	人	次	△	爾	利	乃	利	丙	丁	平	
⑨	使	作	人	只	珎	巴	伊	卽	刀			
⑩	衆	礼	利	夏	戶	△	利	于	支	徙	尔	利

〈표 1〉永川 丙辰銘菁堤碑의 인명 분석표

職名	部名	人名	官等名
使人	喙	灾尺利知	大舍第
〃	〃	尺次鄒	小舍第
〃	〃	述利	大烏第
〃	〃	尺父	小烏
〃	〃	未第	小烏
一支△人		次△	
〃		爾利	
〃		乃利	
〃		丙丁平	
使作人		只珎	
〃		巴伊	
〃		卽刀	
〃		衆礼利	
〃		夏尺△利	
〃		于支	
〃		徙爾利	

---

9) 이 글자는 「鄧」・「高」・「上」등과 구조적으로 비교하면 「廣」이 되어 글자가 아닐 가능성도 있다. 「鄧」・「高」・「上」등의 문제와 貞元銘 菁堤碑에 대해서는 고를 달리하여 필자의 견해를 밝힐 예정이다.

제⑤~⑩행이 본고에서 다루고자하는 인명표기 부분이다. 제⑤행에 있어서 「人」자는 「今」지 또는 「令」자일 가능성도 크며, 「喙」자는 「彔」부분만 판독되었다. 「6」번째 글자인 「利」자는 「祈」자일 가능성도 있다. 제⑧행의 「1」번째 글자를 「湄」자로 읽었으나, 무슨 글자인지 알 수 없었다.

제⑩행에 있어서 「6」번째 글자는 초두머리(艹)까지 판독되었으나 그 밑부분은 읽지 못하였다. 「徙」자는 「徙」자일 가능성도 있다. 제⑤행에서 제⑦행의 중간부분까지는 職名·部名·人名·京位名의 순서로 기재된 인명표기이다. 처음에 한번 職名과 部名이 나오고 그 다음부터는 이들이 眞興王代 金石文의 인명표기에서와 같이 생략된 예이다.[10] 제⑦·⑧행에서 「一支△人」은 職名에 해당되고, 그 다음에 村名 등의 출신지에 해당될 수 있는 부분은 없다. 「次利」·「爾利」·「乃利」·「丙丁平」은 모두 인명에 해당된다. 제⑨·⑩행에 있어서 「使作人」은 職名에 해당되고 「只珎」·「巴伊」·「卽刀」·「衆礼利」·「尸△利」·「丁支」「徙爾利」등은 모두 인명으로 분석된다.[11] 이상과 같은 관점에서 본 비의 인명분석을 도시하면 <표 1>이 된다.

Ⅲ. 大邱 戊戌銘塢作碑의 인명표기

1946년 발견된[12] 본 비는 현재 大邱市 慶北大學校附屬博物館에 진열되어 있다. 원보고자가 판독·소개한 이후 몇몇 연구가 있어 왔다.[13] 대개 村名에 주목하거나 力役體制에 주목하여 왔을 뿐 판독에 대한 검토

10) 金昌鎬, 1983, 「앞의 논문」
11) 新羅中古 금석문에서 職名과 人名만 표기되고 出身地名과 官等名이 없는 경우는 黃草嶺碑·磨雲嶺碑의 승려, 蔚州 川前里書石의 여자 등의 예가 있다.
12) 任昌淳, 1958, 「戊戌塢作碑小考」『史學硏究』1.
13) 石上英一, 1974, 「앞의 논문」
    濱田耕策, 1978, 「新羅の城·村社會と郡縣制の施行」『朝鮮學報』84.

가 행해지지 않았다. 선학자들의 견해를 발판으로 필자가 새로 읽은 부분을 더해 전문을 제시하면 다음과 같다.

	1	2	3	4	5	6	7	8	9	10	11	12	13	14	15	16	17	18	19	20	21	22	23	24	25	26	27
①	戊	戌	年	四	月	朔	十	四	日	另	冬	里	村	高	△	塢	作	記	之	此	成	在	△				
②	个	者	都	唯	那	寶	藏	阿	尺	干	都	唯	那	慧	藏	阿	尺	[干]									
③	大	△	人	仇	利	支	村	壹	△		兮	貴	干	△	△	上	△	壹	△	利	干						
④	道	尺	辰	主	家	之	△	△	柯	主	一	伐	夫	作	村	茟	令	一	伐	只	奈	主	之	一	伐		
⑤	△	毛	村	代	丁	一	伐	另	多	里	村	沙	木	乙	一	伐	珎	淂	所	利	村	也	淂	失	利	一	伐
⑥	塢	珎	此	只	村	△	述	爪	一	尺	△	△	一	尺	另	所	丁	一	伐	△	伊	叱	木	利	一	尺	
⑦	伊	助	只	彼	日	此	塢	大	廣		步	高	五	步	四	尺	長	六	十	步	此	作					
⑧	起	數	者	三	百	十	二	人	功	夫	如	十	三	日	了	作	事	之									
⑨	文	作	人	壹	利	兮	一	尺																			

〈표 2〉 大邱 戊戌銘塢作碑의 인명분석표

職名	部名	人名	官等名
都唯那		寶藏	阿尺干
都唯那		慧藏	阿尺 [干]
大△人	仇利支村	壹利刃兮	貴干
〃	△ △ 上 △	壹△利	干
道尺	辰主家之△	△柯主	一伐
〃	夫作村	茟令	一伐
〃	〃	只奈主之	一伐
〃	△毛村	代丁	一伐
〃	另多里村	沙木乙	一伐
〃	珎淂所利村	也淂失利	一伐
〃	塢珎此只村	△述爪	一尺
〃	〃	△ △	一尺
〃	〃	另所丁	一伐
〃	〃	△ 伊 叱 木 利	一尺
〃	〃	伊助只	彼日
文作人		日利兮	一尺

먼저 「戊戌年」이란 干支銘에 대해 원보고자는 新羅統一前이나 眞興王代이상을 소급할 수 없다고 전제하였다.[14] 그리고 戊戌年을 眞智王 3

---

14) 任昌淳, 1958, 「앞의 논문」, pp.5~7. 그런데 「戊戌年四月朔十四日」은 陣垣, 1978, 『二十史朔閏表』에 의하면 578년 四月의 朔은 '戊戌'이라 '戊戌'이 생략된 것

년(578)과 善德王 7년(638) 중 전자로 보았다. 그 전거로 먼저 碑자체의 양식과 書風을 들고 다음으로 防衛上 필요한 塢의 축조시기를 들고 있다. 그 뒤「塢」의 의미는 永川 菁堤碑丙辰銘의 발견으로 수리시설임이 밝혀졌다.[15] 그래서 이 비의 연대도 다른 각도에서 검토되어야 할 필요가 요청된다. 塢作碑의 연대설정에 중요한 단서로서「阿尺干」이란 官等名을 들 수 있다.『三國史記』, 職官志에도 나오는「阿尺干」은 594년에 찬술된『隋書』에 나타나 있다.[16] 561년에 건립된 昌寧碑 제⑭행「沙喙部都設智(阿)尺干」의「阿尺干」이 나오고 있어서,[17]「戊戌年」은 眞智王 3년일 가능성이 크게 된다. 제②행이하의 인명표기를 職名・出身地名・人名・官等名의 순서로 기재된 점에 의해 분석하여 도시하면 <표 2>가 된다.

이 <표 2>에 있어서 우선「都唯那」[18]란 職名을 가진 寶藏・慧藏은 部名이 없이「阿尺干」이란 경위를 갖고 있다.「都唯那」란 동일한 職名이 생략되지 않고 반복해 쓰이고 있다. 그 다음「大△人」職名을 가진 2명과「道尺」이란 職名을 가진 11명의 인명표기는 眞興王代 王京人인 경우와 꼭 같다. 곧 인명표기는 職名・村名・人名・外位名의 순서로 기재되며, 職名은 동일한 경우 생략되며, 村名은 職名이 동일한 경우에 한하여 생략되고 있다.「文作人壹利兮一尺」인 경우 村名이 나오지 않고 있다.[19]

으로 이해된다.
15) 李基白, 1969,「앞의 논문」, p.13.
16) 6세기 史書・金石文에 표기된 官等에 대해서는 武田幸男, 1977,「앞의 논문」참조.
17) 金昌鎬, 1983,「앞의 논문」
18) 李弘稙, 1959,「新羅僧官制와 佛教政策의 諸問題」『白性郁博士頌壽紀念佛教論文集』참조.
19) 후술할 南山新城碑에서도「文尺」・「書尺」등의 직명 가진 사람의 출신지명은 나오지 않고 있다.

Ⅳ. 慶州 南山新城碑의 인명표기

1934년 처음으로 南山新城碑가 발견된 후, 현재까지 10基가 알려져 있다.[20] 이들에 대한 기왕의 연구에서는 力役體制나 地方統治組織에 집중되어 왔고, 五碑전부에 관한 인명표기나 판독 자체에 대한 충분한 검토가 없었다. 여기에서는 우선 五碑전부를 기왕의 견해를 주축으로 필자가 다시 읽은 부분을 더해 제시하면 다음과 같다.

먼저 第一碑에 있어서 제③행 「7」번째 글자를 「含」자[21] 또는 「合」[22] 자로 읽어왔다. 拓本[23]에 의하면 「舍」[24]자로 판독되었고, 이는 中國 六朝에 있어서 「含」자의 異體이다.[25] 제⑥행 「7」번째 글자는 「亻」변 다음의 부분이 불분명하였다. 제⑦행의 「2」번째 글자는 「匠」자로 추독해 왔으나[26] 第二碑에서와 같이 「互」자일 가능성이 크다고 판단된다. 제⑧행의 「2」번째 글자는 「面」자로 판독해 왔다.[27] 그런데 이 글자를 자세히

---

20) 大坂金太郎, 1934, 「大坂金太郎의 南山新城碑」『朝鮮』235.

藤田亮策, 1935, 「朝鮮金石瑣談(1)」『靑丘學報』19.

小場恒吉, 1940, 『慶州南山の佛跡』

末松保和, 1954, 「近時發見의 新羅金石文」『新羅史의 諸問題』

秦弘燮, 1960, 「新發見 南山新城碑小考」『歷史學報』13.

秦弘燮, 1965, 「南山新城碑의 綜合的考察」『歷史學報』26.

石上英一, 1974, 「앞의 논문」

李鍾旭, 1974, 「南山新城碑를 통하여 본 新羅의 地方統治體制」『歷史學報』64.

21) 大坂金太郎, 1934, 「앞의 논문」; 藤田亮策, 1935, 「앞의 논문」; 小場恒吉, 1940, 『앞의 책』; 末松保和, 1954, 「앞의 논문」; 李鍾旭, 1974, 「앞의 논문」

22) 秦弘燮, 1965, 「앞의 논문」

23) 慶北大 尹容鎭교수의 소장 탁본을 차람하였다.

24) 石上英一, 1974, 「앞의 논문」

25) 예컨대 「唅」을 龍門古陽洞 魏藏造像記에서는 「 」로 표기되어 있다(下中邦彦 編, 1955, 『書道全集』6, 中國 6, 南北朝 Ⅱ, 圖版 47. 및 p.173).

26) 秦弘燮, 1965, 「앞의 논문」

李鍾旭, 1974, 「앞의 논문」

관찰해 보면 「面」자 중 「目」의 부분이 보인다. 이 부분이

第一碑

	1	2	3	4	5	6	7	8	9	10	11	12	13	14	15	16	17	18	19	20
①	辛	亥	年	二	月	廿	六	日	南	山	新	城	作	節	如	法	以	作	後	三
②	年	崩	破	者	罪	教	事	爲	聞	教	令	誓	事	之	阿	良	邏	頭	沙	喙
③	音	乃	古	大	舍	奴	舍	道	使	沙	喙	合	親	大	舍	營	坫	道	使	沙
④	喙	△	△	傲	知	大	舍	郡	上	村	主	阿	良	村	今	知	撰	干	柒	吐
⑤	△	△	知	爾	利	上	干	匠	尺	阿	良	村	末	丁	次	干	奴		村	次
⑥	△	叱		干	文	尺	△	文	知	阿	尺	城	使	上	阿	良	沒	奈	生	上
⑦	[干?]	尺	阿	柒	丁	次	干	文	尺	竹	生	次	一	伐	面	捉	上	珎	巾	
⑧	△	△	捉	上	知	礼	△	石	捉	上	首	爾	次	干	石	捉	上		△	次
⑨	△	△	△	受	十	一	步	三	尺	八	寸									

第二碑

	1	2	3	4	5	6	7	8	9	10	11	12	13	14	15	16	17	18	19	20
①		阿	大	兮	村															
②	辛	亥	年	二月	廿	六	日	南	山	新	城	作	節	如	法	以	後	三		
③	年	崩	破	者	罪	教	事	爲	聞	教	令	誓	事	之	阿	旦	兮	村		
④	道	使	沙	喙	勿	生	次	小舍	仇	利	城	道	使	沙	城	級	知	小舍		
⑤	答	大	支	村	道	使	沙	喙	所	叱	△	知	△	郡	中	[村主]	沙			
⑥	刀	城	平	西	利	之	貴	干	久	利	城	首		利	之	撰	干	匠		
⑦	尺	使	戶	城	可	沙	里	知	上干	文	尺	美	吹	[利]	之	一伐	阿	大		
⑧	兮	村	作	上	人	所	平	之	上干□	尺	可	尸	[利]	之	一伐	文	尺			
⑨	淂	毛	疋	之	一尺	面	石	捉	人	仁	爾	之	一伐	△	石	捉	人	△		
⑩	自	叱	兮	之	一尺	△	石	捉	人	一	安	爾	之	彼日	小	石	捉	人		
⑪	兮	利	之	彼日	受	作	七	步	四	尺										

---

27) 秦弘燮, 1965, 「앞의 논문」
　　李鍾旭, 1974, 「앞의 논문」

第三碑

	1	2	3	4	5	6	7	8	9	10	11	12	13	14	15	16	17	18	19	20
①	辛	亥	年	二	月	廿	六	日	南	山	新	城	作	節	如	法以	作			
②	後	三	年	崩	破	者	罪	教	事	為	聞	教	令	誓	事	之	喙	/		
③	部	主	刀	里	受	作	廿	一	步	一	寸	部	監	等	△	△	大舍			
④	仇	生	次	大舍	文尺	仇	△	小舍	利	作	上	人	只	彡	大舍	文	知			
⑤	小舍	文尺	久	匠	吉士	面	石	捉	人	△	△	△	△	△	△	者	△			
⑥	大烏	△	石	捉	人	倭	下	次	△	小	石	捉	上	人	利	△	小烏			

第四碑

	1	2	3	4	5	6	7	8	9	10	11	12	13	14	15	16
①	(辛	亥	年	二月	廿	六	日	南	山	新	城	作)	節	如	法	以
②	(作	後	三	年	崩	破	者	罪	教	事	為)	聞	教	令	誓	事
③	(之)	△	△	△	△	△	△	△	△	(古	生)	撰	頭	沙	喙	奴
④	△	△	△	△	△	△	△	△	△	△	△	太	舍	一善	△	
⑤	△	△	△	△	△	△	△	△	△	△	△	古	生	村	珎	
⑥	△	△	△	△	△	△	△	△	△	△	△	利	上干	匠	尺	
⑦	△	△	△	△	△	△	△	△	△	△	△	古	一伐	古	生	
⑧	△	△	△	△	△	△	△	△	△	△	△	只	一尺	書	尺	夫
⑨	△	△	△	△	△	△	△	△	△	玖	△	□	石	捉	上人	
⑩	△	△	△	△	△	△	△	△	△	△	次	□	小	石	捉	上人

第五碑

	1	2	3	4	5	6	7	8	9	10	11	12	13	14	15	16
①	辛	亥	年	二	月	廿	六	日	南	山	新	城	作	節	如	以
②	崩	破	者	罪	教	事	為	聞	(教	令	誓	事	之)			
③	道	使	幢	主	喙	部	吉	文	知	大舍						
④	向	村主	△	知	上干	向	村(主)									
⑤	步	城	作	上人	加											
⑥	文	尺	利	△												
⑦	另	△	△													

제⑧행의 중심선에서 좌측으로 기울어져 있어서 「面」자가 아닐 가능성이 크다. 제⑧행 「8」번째 글자도 면자로 판독해 왔으나[28] 「石」자로 읽었다. 제⑨행 「受十一步三尺八寸」 앞에 몇 자를 비울 것인가에 대해 여러 가지 견해가 있어 왔으나 拓本에 의해 3자를 비웠다.

第二碑에 있어서[29] 먼저 두 글자가 합쳐서 한글자로 표시된 것부터 살펴보자. 제②행에서 「二月」, 제④행의 「8」번째와 「18」번째의 「小舍」, 제⑤행 「13」번째의 글자(윗부분은 「大」자가 분명하고, 앞에 「沙喙」이란 部名이 나와 京位이므로 「大舍」나 「大鳥」가 합친 것으로 추정된다. 전후 관계로 보아 후자일 가능성이 크다), 제⑦행 「9」번째 글자인 「上干」과 「16」번째 글자인 「一伐」, 제⑧행의 「9」번째 글자인 「上干」과 「16」번째 글자인 「一伐」, 제⑨행의 「5」번째 글자인 「一尺」과 「14」번째 글자인 「彼日」, 제⑪행의 「4」번째 글자인 「彼日」 등이다. 다음 제⑥행의 「13」번째 글자는 「伙」자로 판독되었고, 제⑦·⑧행의 「14」번째 글자는 「利」자로 추독되어 왔으나[30] 읽을 수 없었다. 제⑧행의 「10」번째 글자는 「匠」자로 판독되어 왔으나[31] 「互」자로 읽었다. 제⑨행의 「1」번째 글자는 「淂」자로 새로 읽었고 「3」번째 글자는 「爾」자로 판독되어 왔으나[32] 「疋」자일 가능성이 크고, 「14」번째 글자는 「面」자로 판독해 왔으나[33] 읽을 수 없었다.

第三碑에 있어서[34] 먼저 두 글자가 한 글자로 합쳐서 표시된 것부터 살펴보자. 제①행의 「16」번째 글자인 「法以」, 제③행의 「17」번째 글자인 「大舍」, 제④행의 「4」번째 글자인 「大舍」와 「5」번째 글자인 「文尺」

---

28) 秦弘燮, 1965, 「앞의 논문」
29) 第二碑의 탁본사진은 李蘭暎編, 1968,『韓國金石文追補』圖版一과 黃壽永, 1963,『金石遺文』에 실린 사진을 이용하였다.
30) 秦弘燮, 1965, 「앞의 논문」
31) 秦弘燮, 1965, 「앞의 논문」
32) 秦弘燮, 1965, 「앞의 논문」
33) 秦弘燮, 1965, 「앞의 논문」
34) 第三碑의 탁본사진은『朝鮮學報』19의 권두에 실린 것을 이용하였다.

과 「8」번째 글자인 「小舍」와 「15」번째 글자인 「大舍」, 제⑤행의 「1」번째 글자인 「小舍」와 「2」번째 글자인 「文尺」과 「5」번째 글자인 「吉士」, 제⑥행의 「1」번째 글자인 「大烏」와 「17」번째 글자인 「小烏」 등이 있다. 제③행의 「14」번째 글자는 「等」자로 읽었고, 제⑤행의 「16」번째 글자는 「者」로 있었다. 제⑤행의 끝부분에 「面石」[35] 또는는 「捉人」[36]으로 파독한 견해도 있으나 필자는 확인할 수 없었다.

第四碑에 있어서[37] 먼저 두 글자가 합쳐서 한글자로 표기된 것부터 살펴보자. 제④행의 「一善」, 제⑥행의 「上干」, 제⑦행의 「一伐」, 제⑧행의 「一尺」, 제⑨행과 제⑩행의 「上人」 등이다. 제⑧행의 끝글자를 「老」자[38]와 「夫」자[39]로 판독한 견해가 있으나 「夫」자일 가능성이 크다. 다음에는 이 비를 복원해 보자. 제①행의 「節如法以」 다음부터 제②행 「聞教令誓事」의 앞부분까지를 第一・二・三碑에서 찾아 넣어 보자. 「作後三年罪破者罪敎事爲」가 제②행의 앞에 들어가야 된다.[40] 이렇게 복원된 제②행의 글자수에 근거하여 제①행의 앞부분을 복원하면 「辛亥年二月廿六日南山新城作」이 들어가게 된다. 제③행의 「1」번째 글자는 第一・二・三碑의 예에 따라 「之」자가 복원될 수 있다. 제③행 「邏頭」의 앞에는 지명이 들어가야 되므로 「2~5」자가 필요하게 된다. 그러면 제③행에서 복원되지 못한 글자수는 「5~8」자가 된다. 여기에 職名・部名・人名・京位名인 「……道使沙喙△△△大舍」式의 인명이 들어가면 글자수가 모자란다. 따라서 이 부분에는 第三碑에서와 같이 「受作廿一步一村」式으로 「受作」의 임무가 들어갈 수 있을 것이다. 그리고 第一碑에 있어서 「阿良村」이 담당한 데에는 그 감독한 사람으로 맨 먼저 「阿良邏頭」가 나오고, 第二碑에 있어서 「阿大兮村(阿旦兮村)」이 담당한 데에는 맨

35) 秦弘燮, 1965, 「앞의 논문」
36) 李鍾旭, 1974, 「앞의 논문」
37) 秦弘燮, 1976, 『三國時代의 美術文化』, p.116의 사진을 이용하였다.
38) 秦弘燮, 1965, 「앞의 논문」
39) 李鍾旭, 1974, 「앞의 논문」
40) 秦弘燮, 1965, 「앞의 논문」

먼저 감독한 사람으로 「阿旦兮村道使」가 나온다. 第四碑에 있어서 「古生」이란 지명으로 추정되는 부분이 두 번 나와 第四碑는 「古生」이 담당한 것으로 이해된다. 따라서 제③행 「邏頭」의 앞부분에 「古生」을 넣어 「古生邏頭」로 복원할 수 있을 것이다.

第五碑에 있어서[41] 먼저 두 글자가 한 글자로 합쳐서 표기된 것부터 알아보자. 제③행의 「大舍」, 제④행의 「村主」와 「上干」, 제⑤행의 「上人」이 있다. 제④행의 「6·7」번째 글자는 「向村」으로 판독하여 「村」자 밑에 「主」자를 복원하였다. 제①행에 있어서 「辛亥年」 다음에 第一·二·三碑의 예에 따르면, 「二月卄六日南山新城 作箭如法以後三年」이 들어가야 된다. 「二月」과 「法以」는 두글자가 한글자로 합쳐서 쓰인 예가 각각 第二碑, 第三碑에서 보이므로 복원은 어렵게 된다. 그리고 제②행에는 「教令誓事之」가 第一·二·三碑의 예에 의해 복원 될 수 있다. 지금까지의 판독을 주축으로 선학들의 견해를 참조하여 南山新城碑의 인명분석을 도시하면 <표 3>이 된다.

<표 3>에서 먼저 第五碑 제⑤행의 뒷부분에 「文尺」과 「匠尺」의 직명을 가진 두 사람 중 한명이 들어갈 글자수밖에 없어서 第三碑에 있어서 「俊下次」의 관등을 기왕의 견해에 따라[42] 「大烏」로 복원하였다. 인명표기에 있어서는 먼저 第一·二碑는 거의 꼭 같다. A·B·C집단에 있어서 職名·出身地名·人名·官等名의 순서로 기재되며, 동일직명은 생략되고 있다. 「文尺」의 職名을 가진 사람은 출신지의 표시가 없다. 이러한 예로는 앞에서 살펴본 塢作碑 「文作人壹利兮一尺」이라고 표기된 것이 있다. D집단의 인명표기에 있어서 특히 주목되는 것은 第二碑이다. 제⑦·⑧행에 걸쳐서 「阿大兮村」이란 村名이 職名앞에 나올 때 그뒤의 部名은 모두 생략되는 경우와 같다.[43] 따라서 第一·二碑에 있어서 D집단

---

41) 秦弘燮, 1976, 『앞의 책』, p.116에 실린 사진을 이용하였다.
42) 秦弘燮, 1965, 「앞의 논문」
43) 李文基, 1981, 「金石文 資料를 통하여 본 新羅의 六部」 『歷史敎育論集』2, pp.89~104.

〈표 3〉 南山新城碑 人名表記 석표

第 一 碑						第 二 碑						
職名	出身地名	人名	官等名	京位	外位	職名	出身地名	人名	官等名	京位	外位	集團區分
阿良撰頭	沙喙	音乃古	大舍	12		阿旦兮村道使	沙喙	勿生大	小舍	13		A
奴含道使	沙喙	合親	大舍	12		仇利城道使	沙喙	級叱知	小舍	13		
營坫道使	沙喙	△△傲知	大舍	12		答大支村道使		所叱△知	大(烏)	15		
郡上村主	阿良村	今知	撰干	(11)	5	郡中[村主]	沙刀城	平西利之	貫干	(10)	4	B
〃	柴比叱(村)	△知爾利	上干	(12)	6		久利城	首△利之	撰干	(11)	5	
匠尺	阿良村	未丁大	干	(13)	7	匠尺	沙戶城	可沙里知	上干	(12)	6	C
〃尺	奴舍村	大△比叱	干	(13)	7	文尺		美吹[利]之	一伐	(14)	8	
文尺	阿良	△文知	阿尺	(17)	11	作上人	阿大兮村	所叱之	上干	(12)	6	D
城使上	〃	沒奈生大	上[干]	(12)	6	匠尺	〃	可尸[利]之	一伐	(14)	8	
文尺	〃	阿袋丁大	一伐	(13)	7	文尺	〃	得毛尼之	一尺	(15)	9	
面捉上	〃	竹生大	△	(14)	8	面石捉人	〃	仁爾之	一伐	(14)	8	
△捉上	〃	珎巾	△			△石捉人	〃	△自比今之	一尺	(15)	9	
石捉上	〃	知氾	干	(13)	7	小石捉人	〃	一安爾之	彼日	(16)	10	
石捉上	〃	首△大	△				〃	今利之	彼日	(16)	10	
	〃	□△△大										

第三碑・第五碑・第四碑 対照表

集團區分	第三碑 職名	出身地名	人名	官等名	等級(京位)
A	部監等	喙部 / "	△△-大 / 仇-生-大	大舍 / 大舍	
B					
C	文尺	"	仇 △	小舍	13
D	里作上人	"	只多	大舍	12
	面△	"	文知	小舍	13
	文尺捉人	"	久匠	吉士 △	14
	△石捉人	"	△△△各△ □下-大	大烏[大烏]	15
	小石捉人	"	利 △	小烏	16

第五碑 職名	出身地名	人名	官等名	等級 京位	外位
…道使幢主	喙部(喙部)	吉文知	大舍(大舍)	12 / 12	
向村主 / 向村主		△知	上干(上干)	(12) / (12)	6 / (6)
(阿尺) / (文尺)			里作上人		
步城作上人 加 / (万尺) / 文尺	利	另 …			

第四碑 職名	出身地名	人名	官等名	等級 京位	外位
(古生還頭) / 一普	沙喙 / (沙喙)	奴 / 珎 / 利	(大舍) / 大舍 / (大舍)	12 / 12 / 12	
(村主)	古生村	古	上干	(12)	6
匠尺 / (書尺)	古生 / "	村	一伐	(14)	8
作上人 / (万尺) / 書尺	" / "	只 / 玖	一尺 / △	(15)	9
杯石捉上人	"	大	□(一尺)	(15)	(9)
小石捉上人	"				

은 직명이 바뀌어도 村名이 생략된 예로 이해된다. 그리고 第一碑에서 「石捉上」이란 職名이 동일하나 반복해서 적고 있는 점도 특이하다. 第三碑의 인명표기는 「喙部」란 부명이 文頭에 한번 나오고 그 뒤에 일체 생략되었고,[44] 職名·人名·官等名의 순서로 적되 職名은 동일한 경우에 생략되는 眞興王代 금석문의 인명표기의 전형적인 예이다.[45] 第四碑의 인명표기는 第一·二碑와 꼭 같은 것으로 추정된다. 第五碑의 인명표기는 좀 주의해야 될 것 같다. 「道使幢主」란 직명이 낯설고, A集團에 소속된 王京人이 第五碑와 같이 2명뿐이다. 「向村主」의 경우, 출신지가 第一·二·四碑와 달리 표시되어 있지 않고[46] 職名인 「向村主」가 반복되어 표시되어 있다.

第三碑와 第五碑에 있어서 A·B·C집단의 사람수는 第三碑에 B집단이 없는 점(이를 통해 第三碑의 喙部 主刀里에서는 「村主」에 상응되는 力役 감독 담당자가 없다고 해석할 수 있다)을 제외하면 그 인원구성이 꼭 같다. 第一·二·三碑에 있어서 집단을 비교해보면, 職名의 기재순서가 거의 같다. 그런데 官等을 비교해 보면 第三碑에서는 관등이 높은 순서로 기록된데 대해 第一·二碑에서는 그렇지 않고, 職名의 순서만 第三碑를 따르고 있다. 이러한 점에서 추측하면 第一·二·四·五碑의 力役體制조직은 第三碑를 모방한 것 같다. 나아가서 第一·二·四·五碑의 力役體制는 南山新城 축조를 위한 임시적인 편제일 가능성이 엿보인다.[47]

---

44) 李文基, 1981, 「앞의 논문」, pp.89~104.
45) 金昌鎬, 1982, 「앞의 논문」
46) 新羅中古 금석문에서 출신지가 표시되지 않는 예로는 昌寧碑에 표시된 2명의 「村主」가 있다(뒤의 <표 5> 참조). 그리고 第五碑의 「向村主」는 「鄕村主」와 같은 뜻으로 이해된다.
47) 이외에도 黃壽永編, 1978, 『韓國金石遺文』에는 南山新城碑. 第六碑·第七碑(秦弘燮, 1976, 『앞의 책』, p.167에는 第六碑라 명명되어 있음)가 실려 있다. 第六碑는 너무 작은 파편이고, 第七碑는 第一~五碑와는 다른 식의 인명표기를 하고 있어서 앞으로 남산신성비 여부는 좀 더 신중히 연구되어야 할 것이다.

Ⅴ. 丹陽 赤城碑의 인명표기

본비는 1978년 1월 단국대학교 조사단에 의해 발견된 뒤 종합적인 연구가 행해졌다.[48] 여기서는 설명의 편의를 위해 본비의 전문을 기왕의 견해를 주축으로 제시하면 다음과 같다.

먼저 제①~⑥행의 인명표기에 대하서는 타고에서 간단히 언급한 바 있다.[49] 여기에서는 그때 미진한 부분만을 설명하기로 한다. 제①행의 「3」번째 글자는 昌寧碑·南山新城碑 등의 예에 비추어 「年」자가 복원될 수 있다. 제④행의 「3」번째 글자는 「軍」자로 복원한 견해가 있어 왔다.[50] 「高頭林」을 人名으로 보아서 「軍」자의 복원에 대해 의문이 제기되어 왔다.[51] 碑片에 의한 새로운 견해에서는 「高頭林」이 지명임이 밝혀졌다.[52] 그래서 제③행의 「3」번째 글자에 「軍」자가 들어갈 수 있게 되었다. 이렇게 되면 「高頭林城在軍主等」의 職名을 갖는 사람이 2명이 된다. 제⑧행의 「9」번째 글자를 「妾」자로 읽은 견해도 있다.[53] 제⑩행의 「9」번째 글자는 뒤의 「後者」란 말에 대칭이 되게 「前」자가 들어갈 수도 있을 것이다.[54] 제⑫행의 「15」번째 글자와 제㉒행의 「11」번째 글자를 모두 「烏」자로 판독해 왔다.[55] 拓本에 의하면 두 글자 자체에서도 자획이 서로 달랐고, 永川 丙辰銘菁堤碑나 南山新城碑의 「烏」자와 자획

---

48) 檀國大學校 史學會, 1978, 『史學志－中原高句麗碑 特輯號－』12, 丹陽新羅赤城碑特輯號.
49) 金昌鎬, 1982, 「앞의 논문」
50) 李基白, 1982, 「丹陽赤城碑 發見의 意義와 赤誠碑 王教事部分의 檢討」『史學志』12, p.23.
51) 檀國大學校 史學會, 1978, 『앞의 책』, pp.93~96.
52) 武田幸男, 1979, 「眞興王代における新羅の赤城經營」『朝鮮學報』93, pp.7~8.
53) 武田幸男, 1979, 「앞의 논문」, p.9.
54) 南豊鉉, 1978, 「丹陽赤城碑의 解讀 試攷」『史學志』12, p.20.
55) 檀國大學校 史學會, 1978, 『앞의 책』

이 다르다. 앞으로 이들 글자 판독에 세심한 주의를 해야 될 것이다. 제 ㉒획의 끝 글자를 「之」자로 판독해 왔으나56) 제⑧행의 「14」번째 글자 와 제⑩·⑬행의 「17」번째 글자인 「之」자와 너무 많은 자획의 차이가 있다.

	1	2	3	4	5	6	7	8	9	10	11	12	13	14	15	16	17	18	19	20
①	△	△	[年]	△	月	中	王	教	事	大	衆	等	喙	部	伊	史	夫	智	伊	干
②	[支	沙	喙	部]	豆	弥	智	波	珎	干	支	喙	部	西	夫	叱	智	大	阿	干
③	[支	(居	杬	夫]	智	大	阿	干	支	內	礼	夫	智	大	阿	干	支	高	頭	林
④	[城	在	軍]	主	等	喙	部	比	次	夫	智	阿	干	支	沙	喙	部	武	力	智
⑤	[阿	干	支]	郎	文	村	幢	主	沙	喙	部	導	設	智	及	干	支	勿	思	伐
⑥	[城	幢	主]	喙	部	助	黑	夫	智	及	干	支	節	教	事	赤	城	也	爾	次
⑦	△	△	△	△	中	作	善	△	懷	懃	力	使	作	人	是	以	後	其	妻	三
⑧	△	△	△	△	△	△	△	△	△	許	利	之	四	年	小	女	師	文		
⑨	△	△	△	△	△	△	△	△	公	兄	郎	文	村	巴	珎	妻	下	干	支	
⑩	△	△	△	△	△	△	△	[前]	者	更	赤	城	烟	法	使	之	後	者	公	
⑪	△	△	△	△	△	△	△	異	葉	耶	國	法	中	分	與	雖	然	伊		
⑫	△	△	△	△	△	△	子	刀	只	小	女	△	礼	兮	撰	干	支			
⑬	△	△	△	△	△	使	法	赤	城	佃	舍	法	爲	之	別	官	賜			
⑭	△	△	△	△	弗	兮	女	道	豆	只	又	悅	利	巴	小	子	刀	羅	兮	
⑮	△	△	△	△	合	五	人	之	別	教	自	此	後	國	中	如	也	爾	次	
⑯	△	△	△	△	懷	懃	力	使	人	事	若	其	生	子	女	子	年	少		
⑰	△	△	△	△	兄	弟	耶	如	此	白	者	大	人	耶	小	人	耶			
⑱	△	△	△	△	[喙]	部	奈	弗	耽	郝	失	利	大	舍				□	文	
⑲	[村]	△	△	△	△	勿	思	伐	城	幢	主	使	人	那	利	村				
⑳	△	△	△	△	人	勿	支	次	阿	尺	書	人	喙	部						
㉑	△	△	△	△	人	石	書	立	人	非	今	智	里	村						
㉒	△	△	△	△	△	△	△	大	△	△										

만약에 제㉒행의 「11」·「12」번째 글자를 각각 「烏」자와 「之」자로 보 면 「…人石書立人非今皆里村△△△△△△△△△大烏之」에서 「…人石書 立人」은 직명, 「非今皆里村」은 출신지명이므로, 그 다음에 인명과 관등

---

56) 檀國大學校 史學會, 1978, 『앞의 책』

명이 들어가야 되므로 최소한 4자가 필요하게 된다. 그러면 「大烏之」란 관등명 앞에 남은 글자 수는 5자인데, 여기에 職名·部名·人名이 모두 들어갈 수 없게 된다.[57] 따라서 앞으로 본 비의 이 부분에 대한 치밀한 조사가 요망된다.

<표 4> 丹陽 赤城碑의 人名分析表

區分	職名	出身地名	人名	官等名	比考
王	大衆等	喙部	伊史夫智	伊干[支]	
	"	沙喙部	豆弥智	波珎干支	
教	"	喙部	西夫叱智	大阿干支	
	"	"	(居朼)夫智	大阿干支	
事	"	"	內礼夫智	大阿干支	
	高頭林[城在軍]主等	喙部	比次夫智	阿干支	
	"	沙喙部	武力智	[阿干支]	
	鄒文村幢主	沙喙部	導設智	及干支	
	勿思伐[城幢主]	喙部	助黑夫智	及干支	也爾次의 表
	公兄	鄒文村	三······		
			許利之 }	小子	
			四年		
			師文 ······		
			巴珎妻	下干支	
			······	[小]子	
			刀只	小女	
			△礼兮	撰干支	
			△△弗兮	女	
			道豆只 }	小子	
			又悅利巴		
			刀羅兮 }	△△	
立	······	[喙]部	奈弗耽郝失利	大舍	外位
碑	鄒文······	······	······	······	外位
關	勿思伐城幢主使人	那利村			
係	······人		勿支次	阿尺	
者	書人	喙部	······	······	京位
	······人石書立人	非今皆里村	······	······	外位

제⑥행이하의 인명표기에 대해 살펴보기로 하자. 官等을 가진 인명은 제⑨행의 「公兄鄒文村巴珎婁下干支」·제⑫행의 「△礼兮撰干支」·제

---

57) 武田幸男, 1979, 「앞의 논문」, p.17에는 이 부분에 대한 다른 관점에서 인명이 분석되고 있다.

⑱행의 「〔喙〕部奈弗耽郝失利大舍」·제⑲행의 「勿思伐城幢主使人那利村……」·제⑳행의 「……人勿支次阿尺」과 「書人喙部……」·제㉑행의 「……人石書立人非今皆里村……」이 있다. 이 가운데 「……人勿支次阿尺」은 직명·인명·관등명 만이 표기되어 있어서 직명 안에 출신지명이 포함되어 있는지도 모르겠다.58) 제⑮행의 「合五人之別敎」의 「五人」은 제⑭, ⑮행의 「……弗兮女道豆只又悅利巴小子刀羅兮……」에서 찾고 있다.59) 지금까지 선학들의 견해를 토대로60) 본 비의 인명분석을 도시하면 <표 4>가 된다.61)

---

58) 「……喙部奈弗耽郝失利大舍」에서 「奈弗耽郝失利」의 인명은 너무 길어서 「喙部奈弗」이 직명, 「耽郝失利」가 인명이고, 출신지명은 직명 속에 포함되었을 가능성도 있다. 「……人石書立人非今皆里村……」에서 「……人」과 「石書立人」이란 2개의 직명이 중복되어 있는 것으로 이해된다. 그러나 「……人勿支次阿尺」의 경우는 <표 5>에서 外位를 가진 昌寧碑 村主도 출신지명이 표시되어 있지 않는 예로 보면 원래부터 출신지명이 표시되지 않았을 가능성이 크다.

59) 武田幸男, 1979, 「앞의 논문」, p.25.

60) 檀國大學校 史學會, 1978, 『앞의 책』
   武田幸男, 1979, 「앞의 논문」, p.9.

61) 본 비의 인명분석에 있어서 제⑮행 「合五人之別敎」와 제⑬행 「別官賜……」의 부분이 서로 대칭이 될 수 있다면 본 비의 제⑥행에서 제⑬행까지의 인명분석이 달라질 가능성도 조금 있다. 武田幸男, 1979, 「앞의 논문」, p.27에 따르면 「合五人之別敎」의 「五人」은 제⑭행의 「…弗兮女道豆只又悅利巴小子刀羅兮…」를 가리킨다고 한다. 그렇다면 이들 「合五人」에게는 「別敎」가 내렸다고 해석되므로, 그 대상이 뚜렷이 명시되어 있다. 「合五人之別敎」와 대칭이 될 수 있는 「別官賜」의 대상은 누구일까? 제⑫, ⑬행에서는 「……使法赤城佃舍法爲之」로 문장이 끝나고 있다. 그러면 「別官賜」의 대상을 다른 곳에서 찾아야 될 것이다. 바로 「別官賜」에 이어지는 제⑭행의 앞부분은 글자가 없어진 부분이다. 그런데 碑片 가운데에 「六家」란 말이 있다(鄭永鎬, 1978, 「丹陽新羅眞興王赤城碑片의 收拾發掘調査略報」『史學志』, p.89). 이 「六家」를 「別官賜」와 관계있는 말로 보면 본 비의 인명분석이 조금 변화되어야 할 것이다. 「別官賜…六家……」에서 「六家」의 대상을 제⑥행에서 제⑬행까지에서 찾아보자. 우선 제⑥행에 「一家」로 「節敎事赤城也爾次……」가 있다. 제⑦행과 제⑧행의 첫부분까지는 「也爾次」의 妻인 「三……」와 자녀에게 준 특권에 대한 기록으로 추정된다. 「二家」는 제⑧행의 중간 부분에 인명이 들어갈 수 있을 것이다. 「……許利之四年小女師文……」 이하 제⑨행의 없어진 글자 부분까지가 「二家」의 특권과 가족에 관한 기록으로 판단된다. 「三家」는 「公兄鄒文村巴珎婁

Ⅵ. 인명표기를 통해 본 地方統治體制

먼저 新羅中古의 지방통치체제에 대한 기본자료로 昌寧碑 제⑤·⑥ 행에 나오는 「大等与軍主幢主道使与外村主」가 있다. 이에 대한 몇몇 해석이 시도되었으나62) 아직 의견의 일치를 보지 못하고 있다. 이 부분의 이해를 위해서는 昌寧碑의 뒷부분에 나오는 지방관의 구체적인 인명과 비교해 보자. 昌寧碑의 隨駕人名 중 지방관을 摘出해서 제시하면 <표 5>가 된다.

下干支」이고 「四家」는 제⑩행의 앞부분에 들어갈 수 있을 것이다. 「三家」는 「前者」이고 「四家」는 「後者」를 각각 본 비에서 가리키는 것으로 추측된다. 이들에 대한 특권이 제⑩, ⑪행에 걸쳐서 적혀 있다. 「五家」는 제⑫행의 첫부분에 들어갈 수 있고 제⑫행의 「……子刀只小女」는 「五家」의 가족으로 짐작된다. 「六家」는 「△禮兮天干支」로 추측되며, 제⑬행의 「……使法赤城佃舍法爲之」는 「六家」인 「△禮兮天干支」의 특권에 대한 기록으로 추정된다. 이같은 것은 어디까지나 막연한 추정일 뿐이다. 앞으로 본 비에 나오는 「佃舍法」이 신라 민정문서와 어떻게 관계되는지 신중히 검토되어야 할 것이며, 「六家」란 말에서 「家」의 뜻이 과연 요즈음처럼 「집」을 나타내는지 아니면 다른 의미가 있는지 세밀히 연구하여 본 비의 이 부분에 대한 새로운 관점에서의 연구가 기대된다.

62) 木村 誠, 1976, 「新羅郡縣制の確立過程と村主制」『朝鮮史研究會論文集』13, p.18 에서는 「大等(州行使大等·那使大等)은 君主·幢主와 道使는 外村主 와 함께」라 해석하였고, 李鍾旭, 1974, 「앞의 논문」, p.42에서는 「大等과 더불어 君主·幢主·道使 그리고 外村主云云」으로 해석하였고, 朱甫暾, 1979, 「新羅 中古의 地方統治組織에 대하여」『韓國史研究』23에서는 「大等과 君主, 幢主·道使와 外村主」로 해석하였다. 필자는 「大等과 君主·幢主·道使와 外村主」로 후술한 관점에 기초하여 해석하고자 한다.

<表 5> 昌寧碑에 나타난 地方官

職 名		出身地名	人名	官等名
四方軍主	比子伐軍主	沙喙	登△△智	沙尺干
	漢城軍主	喙	竹夫智	沙尺干
	碑利城軍主	喙	福登智	沙尺干
	甘文軍主	沙喙	心麥夫干	沙尺干
上州行使大等		沙喙	宿欣智	及尺干
〃		喙	次叱智	奈末
下州行使大等		沙喙	春夫智	大奈末
〃		喙	就舜智	大舍
于抽悉直河西阿郡使大等		沙喙	比尸智	大奈末
〃		喙	湏兵夫智	奈末
旨爲人		喙	德文兄	奈末
比子伐停助人		喙	覓薩智	大奈末
書人		沙喙	導智	大舍
村主			奕聰智	述干
〃			麻叱智	述干

<표 5>와 「大等与軍主幢主道使与外村主」에서 「大等」은 昌寧碑의 앞
부분에 나오는 22명을 가리키는 것이 분명하다. 「軍主」는 「四方軍主」인
「比子伐軍主」・「漢城軍主」・「碑利城軍主」・「甘文軍主」를 가리키고, 「外
村主」는 「村主」인 2명을 지칭하는 것으로 짐작된다. 그런데 「幢主」・「道
使」란 직명을 가진 사람을 <표 5>에서는 찾을 수 없다. 최근에 赤城碑
등을 참조해 「行使大等」의 직명을 가진 두 사람 중 위에 있는 「宿欣智
尺干」・「春夫智大奈末」・「比尸智大奈末」을 「幢主」에, 아랫사람인 「次叱
智奈末」・「就舜智大舍」・「湏兵夫智奈末」을 「道使」에 각각 비정한 견해
가 있다.[63] 「上州行使大等」・「下州行使大等」・「于抽悉直河西阿郡使大等」
의 직명에서 공통적인 「(行)使大等」을 뽑아내면 「上州＝下州＝于抽悉直河
西阿郡」이 된다. 기왕의 연구에 의하면 昌寧碑에 나타난 「上州」는 「甘
文」을 가리키고, 「下州」는 「比子伐」을 가리킨다고 한다.[64] 「于抽悉直河
西阿郡」에서 「于抽」은 寧海・蔚珍지방, 「悉直」은 三陟, 「河西阿」는 江

---

63) 朱甫暾, 1979, 「앞의 논문」
64) 今西 龍, 1933, 「新羅上州下州考」『新羅史研究』, p.290.

陵을 각각 지칭한다.[65] 그리고 「于抽悉直河西阿郡」은 「于抽」・「悉直」・「河西阿」의 三郡을 가리킨다.[66] 「于抽悉直河西阿郡」은 3개의 郡이 합쳐서 된 이름이고, 「上州」・「下州」와 대등하게 「州」에 상당될 수 있을 것이다. 결국 「于抽悉直河西阿郡使大等」이란 職名을 통해보면 三郡에 2명의 「使大等」이 파견된 것을 알 수 있다. 또 「下州行使大等」의 職名을 담당한 사람의 官等인 「大奈末」・「大舍」로 「于抽悉直河西阿郡使大等」의 職名을 담당한 사람의 官等인 「大奈末」・「奈末」보다 한 사람은 오히려 낮다. 이상과 같은 관점에서 昌寧碑 제⑤・⑥행에 나오는 「幢主」・「道使」를 「使大等」에 해당되는 것으로 파악한다.

이제 昌寧碑에서 얻은 新羅中古의 지방통치체제에 대한 지식을 토대로 赤城碑・南山新城碑 등에 나타난 地方官을 조사해 보자. 먼저 「軍主」는 「軍主等」이라고 표기되어 있고, 「高頭林城」에 2명의 「軍主」가 파견되어 있다. 이들 「軍主等」이란 職名을 가진 「比次夫智」・「武力智」의 官等은 모두 「阿干支(6)」로 昌寧碑・黃草嶺碑・磨雲嶺碑[67]에서의 「軍主」란 職名 가진 官等인 「沙尺干(8)」~「及尺干(9)」보다 훨씬 높다. 職名과 部名의 관계에 있어서는 赤城碑에 「軍主等」의 職名을 가진 2명은 「喙部」와 「沙喙部」출신이다. 昌寧碑의 「四方軍主」에 있어서 2명은 「喙」, 다른 2명은 「沙喙」으로 되어있다. 「軍主」나 그 예속관인 「助人」의 관계에 있어서[68]도 昌寧碑에서는 「比子伐軍主」는 「沙喙」이나 「比子伐停助人」은 「喙」으로 되어 있다. 黃草嶺碑・磨雲嶺碑에 있어서도 「……(軍主)」의 출신은 「喙部」이나 「助人」은 「沙喙部」출신으로 되어 있다. 그리고 昌寧碑의 「上州行使大等」・「下州行使大等」・「于抽悉直河西阿郡使大等」의 職名을 가진 2명도 각각 「沙喙」와 「喙」로 되어있다. <표 5>와 <표 3>에서 昌寧碑와 南山新城碑에 나타난 「村主」를 비교해 보자. 昌寧碑의

---

65) 末松保和, 1954,「新羅六部考」『新羅史の諸問題』, p.305.
66) 末松保和, 1954,「新羅幢停考」『新羅史の諸問題』, p.339.
67) 金昌鎬, 1982,「앞의 논문」에서 黃草嶺碑・磨雲嶺碑에 나타나 있는 「悲(非)智沙干」의 職名을 「軍主」로 파악하였다.
68) 朱甫暾, 1979,「앞의 논문」, p.34.

「村主」2명은 모두 「述干(2)」이란 外位를 갖고 있다. 南山新城碑의 「村主」는 第一碑의 「郡上村主」는 각각 「撰干(5)」·「上干(6)」, 第二碑의 「郡中村主」는 각각 「貴干(4)」·「撰干(5)」, 第四碑의 「…村主」는 「上干(6)」, 第五碑의 「向村主」 2명은 모두 「上干(6)」으로 되어있다. 「村主」의 관등 역시 「軍主」에서와 같이 昌寧碑와 南山新城碑의 사이에서 차이가 난다.

<표 3>에서 南山新城碑에 나타난 「道使」를 村 또는 城의 지배자로 본 견해도 있다.[69] 그런데 앞의 昌寧碑에서 「(行)使大等」이 「幢主」·「道使」에 해당되는 점과 南山新城碑에 있어서 第五碑의 「道使幢主」란 직명과 「道使」란 직명 밑에 있는 「村主」가 직명이 「郡上村主」·「郡中村主」·「向村主」인 점 등으로 보면 「道使」 역시 郡에 해당되는 지역의 지방관으로 추측된다. <표 3>·<표 4>·<표 5>에서 赤城碑에 나타난·「幢主」의 관등은 「及干支(9)」·「大奈末(10)」·「奈末(11)」·「大舍(12)」, 南山新城碑에 나타난 「邏頭」「道使」「道使幢主」의 관등은 「大舍(12)」·「小舍(13)」·「大烏(15)」로 되어 있어서 「軍主」와 「村主」의 경우와 같이 그 관등이 시대가 내려갈수록 낮아지고 있다.[70] 이러한 점은 赤城碑의 「高頭林城在軍主等」의 직명을 가진 사람이 2명, 昌寧碑에서 「使大等」·「村主」의 직명을 가진 사람이 각각 2명, 南山新城碑에서 「郡上村主」·「郡中村主」·「向村主」가 각각 2명씩인 점과 함께 新羅中古의 지방통치체제가 정비되어가는 과정을 나타내주는 것으로 이해해야 될 것이다.

Ⅷ. 맺음말

新羅中古의 금석문 가운데 永川 丙辰銘菁堤碑·大邱 戊戌銘塢作碑·

---

69) 李鍾旭, 1974, 「앞의 논문」, p.48.
70) 昌寧碑와 南山新城碑에 있어서 村主를 비교해 보면 그 外位가 차이가 난다. 이러한 점으로 미루어 추측하면 종래 「嶽干」의 존재를 부정한 견해는 재고되어야 할 것이다.

南山新城碑·丹陽 赤城碑 등을 통해「村名」이나「城名」의 출신지가 표시된 지방민의 인명표기를 간단히 살펴보았다. 그 결과 금석문에 표기된「職名」·「人名」·「官等名」 등에 대한 종래의 해석에 부분적인 수정을 할 수 있었다. 赤城碑·昌寧碑·南山新城碑 등에 나타난「軍主」·「幢主」·「道使」·「村主」 등의 지방관은 시대에 따라 官等이 낮아진다는 점과 한 지역에 2명씩의 지방관이 파견된 점 등에 의해 지방통치체제의 정비과정의 일단면을 파악할 수 있었다.

한국의 금석문

Ⅰ. 한국의 금석문

1. 금석문의 의의

문자는 일반적으로 종이에 쓰거나 인쇄되어 그 내용이 널리 알려져 후세에까지 전해지고 있다. 종이 이외의 소재 가운데에서 특히 구리·철 등의 금속에 새긴 것을 金文, 돌에 기록한 것을 石文이라 부르고 이를 합쳐서 金石文이라고 부른다. 중국에서 殷代에 龜甲과 牛肩胛骨에 문자를 새기는 것은 갑골문이라고 하며, 한자의 기원이 되었다. 殷나라 때에는 청동기에 새긴 명문이 있는데 이를 金文이라고 부른다. 이 명문을 새긴 그릇의 종류를 鐘鼎이라고 통칭하였다. 이 문자들을 집성한 것으로는 송나라 薛尙功의 『鐘鼎彝器款識』라든지 청나라 阮元의 『積古齋鐘鼎彝器款識』가 있다. 청동으로 만든 그릇은 위와 같은 제기 이외에도 악기·무기 등 여러 종류가 있다. 石에 해당되는 것으로는 전국시대의 것으로 추정되는 石鼓가 있다. 어로와 수렵의 사실을 아름다운 시가 형태로 서술한 장편 서사시인데, 큰 돌덩이 열 개를 북모양으로 다듬어서, 거기에다가 시를 새긴 것이다. 이 석고가 중국에서는 石文 가운데에서 가장 오래된 것이라고 한다. 진나라 시황제가 천하를 통일한 뒤에 글자체를 小篆으로 정리하고 泰山·瑯琊 등 석벽에 자기의 공적을 새긴 것이 있고, 漢代 이후에는 무덤에 세우는 묘비나 건물 안에 세운 많은 기념비들이 있다.

湖南省 長沙에서 한 대의 목간이 각각 발견되고 있다. 종이는 후한 때 蔡倫에 의해 발명되었다고 전해지고 있지만 중국 화남지방에서 널리 이용하였다. 수당대에 전 중국에 걸쳐서 종이를 대신하여 木簡이 보급되었다.

고대에는 석벽에 새긴 예가 있으나 碑碣類가 주류를 이룬다. 紀蹟碑·墓誌 등이 있고, 금문으로는 鐘銘에서 글씨를 쓰는데 사용한 것으로 보인다. 붓의 발견이나 고려 초에 세워진 석가탑속의 無垢淨光大陀羅尼經을 목판으로 인쇄한 종이가 존재한 점으로 볼 때 樂浪을 통해 종이가 들어 왔고, 삼국 시대에는 종이를 일부 계층에서 사용했을 가능성이 클 것으로 판단된다.

2. 연구 소사

우리나라의 금석문 연구는 크게 3시기로 나눌 수가 있다. 1700년까지의 實學이전시대, 1700년에서 1900년까지의 실학 시대, 1900년 이후의 근대 사학의 영향을 받은 이후의 시대가 그것이다. 금석문에 관한 연구는 이른 시기에 시작되었다고 판단된다. 그 예로『삼국사기』나『삼국유사』에도 금석문 자료에 대해 언급한 구절이나 실제로 금석문을 수록하여 이용한 예가 있었다. 실학 이전 시대에는 금석문의 내용보다 서예를 중시하였다.『世宗實錄』에도 비문을 탁본케 했다는 기록이 있으며, 양난후에는 탁본이 많이 만들어졌는데 이 시기의 대표적인 업적은 李俁의『大東金石帖』이다. 실학 시대에도 중국 청나라에서 유행한 고증학의 영향을 받아 금석문 연구가 많은 진전을 보였다. 이 시기에는 金正喜, 金命喜, 洪良浩, 吳慶錫 등이 활약하였다. 그 가운데에서 김정희는『金石過眼錄』에서 북한산비와 황초령비를 신라 진흥왕비로 추정하면서, 비문의 내용에 주목하였고, 史實의 고증에도 힘을 기울였다. 이 시기 우리나라의 금석문 자료는 청나라의 劉燕庭이 1831년에 완성한『海東金石

苑』16권이 집성되었다.

근대 사학의 영향후의 금석문 자료는 1913년에서 1917년까지 자료 수집을 거쳐서 1919년에 간행된 『朝鮮金石總攬』을 들 수가 있다. 교감 기가 없는 단점은 있으나 문집이나 탁본으로 전래된 금석문 자료도 부 록에 싣고 缺字를 보완하지 않았다. 1935년에는 葛城末治에 의한 『朝鮮 金石攷』란 금석문 연구서가 나왔다. 1967년 李蘭暎은 고려시대의 묘지 명을 중심으로 『조선금석총람』 이후의 자료를 모은 『韓國金石文追補』 를 내놓았고, 1976년에 黃壽永은 『韓國金石遺文』을 내놓았다. 1984년에 許興植은 지금까지의 금석문 자료를 전부 모은 『韓國金石全文』 3권을 내놓았다.

3. 금석문 연구의 부수적인 방법

먼저 우리 나라말을 중국의 한자로 표기함에 있어서 音과 訓을 빌려 서 쓴 吏讀가 있다. 고구려와 신라 금석문에서 年干支에 뒤이어 나오는 중(中)자는 '~에'란 뜻의 조사로 해석된 예 등이 있다. 이두의 연구는 홍 기문의 『리두연구』가 유명하다.

다음으로 이체문자와 우리나라에서만 사용되는 한자를 만들어 쓴 점 이다. 삼국시대에는 肉자로 표기하는 등 이체문자가 사용되고 있으며, 신라 냉수리비의자는 중국에서도 그러한 예가 없으며, 창녕비에는 '논' 을 나타내는 畓자가 나오고 있다.

그 다음으로 避諱와 缺筆이 사용된 점이다. 신라 문무왕릉비에 丙辰 을 景辰으로 표기한 것은 전자의 예이고, 고려 玄化寺碑에서 堯를 奉로 표기한 것은 후자의 예이다.

마지막으로 서체에 대해 간단히 언급하고자 한다. 중국에서는 한자 를 殷周 시대의 古文, 東周 시대의 大篆, 秦 대의 小篆, 漢 대의 隷, 魏 晉 이후의 楷書 등으로 시대에 따라서 문자가 변천되었고 상용하는 字 體가 달랐다. 고구려에서는 광개토태왕비는 隷書로, 모두루묘지는 楷書

로, 평양성 성벽석각은 行書로 각각 썼다. 백제에서는 무녕왕릉의 買地券과 砂宅智績碑가 있는데, 전자는 남조풍이고, 후자는 북조풍으로 모두 해서이다. 신라에서는 진흥왕의 순수비 등 대개의 금석문 자료는 六朝風으로 된 해서이다.

통일신라에 와서는 처음에는 王羲之體가 주축을 이루다가 뒤에는 歐陽詢體를 많이 썼다. 興福寺碑・鍪藏寺碑・奉德寺神鐘銘 등은 전자에 속하고, 眞鑑禪師碑・誓幢和尙碑는 후자에 속한다. 이 때에 활약한 서예가 金生은 왕희지체의 대가이다.

고려시대 전기에는 구양순체가 유행했고, 서예가 坦然은 왕희지체로 文殊院記 등을 써서 서예풍의 변화를 가져오게 했다. 고려말기에는 趙孟頫體가 새로이 들어와 조선시대에 크게 유행하였다. 安平大君은 조맹부체 곧 松雪體의 대가였다. 조선중기의 서예가 韓石峯은 왕희지체로 썼고, 그 뒤의 김정희는 독창적인 秋史體로 썼다.

4. 歷史

1) 선사 시대

선사 시대의 금석문으로는 여러 곳의 암각화가 있다. 경남 울주군 대곡리 반구대, 울주군 천전리, 경북 고령군 양전동 알터, 경북 영일군 인비리, 영일군 칠포리, 전남 여수시 오검동, 경남 함안 도항리, 경북 영주군 가흥동, 경북 영천군 봉수리, 경북 경주시 석장동 금장대 등에서 발견되고 있다. 이들 암각화는 반구대와 같이 고래 사슴 등의 동물 문양을 그린 예도 있고, 인비동과 오검동처럼 마제석검을 그린 예도 있으며, 고령 알터를 비롯한 나머지 유적에서는 이른바 방패형 등의 기하학적인 무늬를 그린 예가 있다. 이들 암각화는 반구대처럼 문양 전체를 쪼아서 새긴 것에서 시작하여 X선 사진 촬영처럼 투시된 것을 거쳐서 굵게 선각한 것으로 발전했다고 보고 있다. 이 암각화는 현재까지 영남지방과 호남지방에서 집중적으로 발견되고 있다. 경남 남해군 상주리에 있는

南海石刻은 종래에 한국 고대문자로 보아서 '사냥을 하러 이곳에 물을 건너와 기를 꽂다'로 해독되기도 했고, '徐市拜日出'로 해독되기는 했으나 암각화의 일종으로 판단된다.

2) 낙랑시대

우리나라에 중국의 한자가 언제쯤 들어왔는지 그 정확한 시기를 알수가 없다. 중국 전국시대 말기부터 秦漢 교체기에 전쟁의 환난을 피해 우리나라에 들어온 流移民 집단의 이주와 더불어 한자가 들어 왔다고 짐작되며, 이 시기를 반영하는 유물로 평양 근처에서 발견된 B.C. 222년의 명문이 있는 秦戈가 있다. B.C. 108년 한사군의 설치와 더불어 중국의 한자로 기록된 금석문 자료가 발견되고 있다. 瓦當, 封泥, 塼 등에 새긴 문자 자료가 출토되고 있으며 그 가운데에서 평안남도에서 발견된 秥蟬縣神祠碑는 유명하다.

3) 고구려 시대

중국 문화를 일찍부터 받아들인 나라로 부여를 들 수가 있으나 6세기에 고구려에 병합된 부여의 고고학적인 자료나 금석문 자료는 현재까지 알려진 바가 없다. 부여에 뒤이어 일어난 고구려는 수많은 전적과 금석문 자료를 남겼을 것으로 추정된다. 당시의 역사서로는 『留記』와 『新集』이란 서명만 전해올 뿐이다. 고구려의 금석문 자료는 경주 서봉총의 은합명문, 廣開土太王碑, 중원고구려비, 경주 호우총 출토의 호우명문, 평양성 석각, 태천 봉오리 산성 마애석각, 연가7년명금동여래입상 등의 불상 조상기 등이 있다. 이들 가운데 광개토태왕비는 100년여 동안에 연구 업적이 쌓이고 있으며, 이른바 辛卯年條 등을 근거로 한일 양국의 고대 관계사 연구에 중요한 근거가 되고 있다.

4) 백제 시대

백제는 건국 이후에 수도를 3번이나 바꾸었다. 최초의 수도인 한성 시대의 금석문 자료로는 일본에 전래되고 있는 칠지도 명문이 유명하나 그 제작 시기와 내용 등에는 아직도 논란이 계속되고 있다. 熊津城 시대에도 공주 무령왕릉에서 출토된 買地券 2점 등이 중요하다. 무령왕릉의 발굴은 20세기 한국 고고학의 최대의 발견으로 평가되고 있다. 泗沘城시대의 금석문 자료로는 도교적인 문틀로 쓴 砂宅智積碑가 유명하다. 그밖에 백제의 망국의 한이 서린 平濟塔碑, 劉仁願碑 등은 중국인에 의해 작성되었다.

5) 신라 시대

신라의 금석문 자료는 고구려나 백제에 비해 풍부하게 발견된다. 신라의 금석문 자료는 크게 3가지 부류로 나눌 수가 있다.

첫째로 개인적인 차원에서 작성된 금석문이 있다. 두 화랑도의 맹서가 기록된 壬申誓記石과 개인의 묘지명 역할을 한 順興於宿知述干墓의 명문이 있고 신라 왕족의 사적인 생활의 일단을 엿볼 수 있는 蔚州川前里書石 原銘과 追銘을 비롯한 을묘명, 계해명, 을축명, 계사명 등이 있다.

둘째로 국가적인 차원에서 기록된 금석문이다. 여기에는 국왕과 이에 관련된 王京人과 지방민이 등장하고 있으며, 사건의 전말이나 기록의 이유 등이 적혀 있다. 이에 대해서는 먼저 節居利의 財에 대한 신라 왕실의 확인과 그 상속자와 보증인들이 기록된 冷水里碑를 들 수가 있다. 아직까지 비의 성격 규명이 불가능하지만 祭儀와 관련된 것이 분명한 蔚珍鳳坪碑가 있으며, 신라가 주변 지역을 拓境하면서 세운 赤城碑와 昌寧碑가 있으며, 巡狩管境이란 구절이 비문에 나오는 순수와 관련된 北漢山碑・磨雲嶺碑・黃草嶺碑가 있다. 이러한 거국적인 의미에서 작성된 금석문들은 마운령비와 황초령비를 끝으로 종언을 고하게 된다.

셋째로 공적인 입장에서 기록되기는 둘째의 유형과 같지만 국왕이나 당시의 고급 관료가 전혀 비문에 나오지 않으며, 지방민의 力役을 주로 기록하고 있는 금석문이다. 여기에서는 築城과 築堤 부분으로 다시 나누어진다. 축성과 관련된 금석문으로는 明活山城作城碑・雁鴨池出土碑・南山新城碑 등이 있고, 축제와 관련된 금석문으로 永川菁提碑丙辰銘과 大邱戊戌銘塢作碑가 있다. 냉수리비에 개인 재산에 대한 두 차례에 걸친 보증에 신라의 왕과 신하들이 관여한 점이라던지 적성비에서처럼 개인이 신라를 위해 죽었을 때에는 그 자식이 아들이던 딸이던 포상을 하겠다는 점 등을 돌에 새긴 예는 고구려나 백제 금석문에서는 그 유례가 없어서 지방민의 민심을 얻는 데에 도움이 되었고 나아가서는 삼국통일의 한 요인이 되었을 것으로 판단된다.

6) 통일신라시대

신라 시대의 금석문은 인명 표기의 나열이 중요한 몫을 차지하고 있었는데 비해 통일 신라가 되면 이 인명 표기에 있어서 중요한 변화가 일어난다. 그러한 최초의 예가 태종무열왕릉 앞에 서 있는 무열왕릉비로 판단된다. 현재 이 비석은 螭首와 龜趺만이 남아 있고, 비신은 결실되어 그 내용을 알 수 없지만 그 뒤의 문무왕릉비나 金仁問墓碑처럼 중국식으로 인명이나 내용을 적었을 것으로 보인다. 경주 흥덕왕릉에서 興德王陵碑片들이 발견되었으나 아직까지 비문의 복원은 엄두조차 내지 못하고 있다. 통일신라의 우수한 비로는 禪宗 승려의 비가 있는데 寶林寺의 普照禪師碑, 최치원이 지은 朗慧和尙碑, 智證大師碑, 崇福寺碑 등의 四山碑銘이 있다. 불상의 편년에 중요한 甘山寺의 두 석불 造像記가 있다. 금속에 글씨를 새긴 예로는 奉德寺神鐘의 명문과 황룡사 목탑의 심초석에서 나온 皇龍寺九層木塔刹柱本記 등이 있다. 종이에 기록된 자료로는 석가탑속에서 출토되어 목판 인쇄물 연구에 중요한 無垢淨光

大陀羅尼經과 당시의 그림연구에 중요한 신라 화엄경의 변상도 및 명문, 그리고 신라 西原京 근처의 4개 촌락의 행정문서가 발견되어 신라의 토지제도를 살필 수 있고 역역 동원, 인구, 가족, 촌 등의 연구에 중요한 新羅屯田文書 등이 있다.

7) 고려 시대

나말여초에 선종계통의 승려들은 禪師碑를 많이 세웠다. 그 가운데에서 고려 초에는 황해도 海州 광조사 廣照寺眞澈大師塔碑 등 수많은 예가 남아 있다. 경북 칠곡의 선봉사 僊鳳寺大覺國師碑는 나말 여초의 불교계의 종파 문제에 있어서 선종9산설을 수정하는데 근거가 되고 있다. 경북 예천에 소재한 開心寺石塔記는 고려 초의 군사제도나 신앙조직 공동체 연구에 중요한 자료가 되고 있다. 이 시기의 민간 조직을 아는 데에는 비록 종이에 기록되어 있으나 경북 약목의 淨土寺形止記가 중요하다. 通度寺國長生石標 등은 사원 경제 연구에 도움이 되고 있다. 경남 거제의 河晴部曲北寺鐘銘은 전기의 부곡제 연구에 중요하며, 충북 청주의 龍頭寺鐵幢竿記는 나말여초의 지방 학교 제도 해명에 도움이 되고 있다.

고려 전기부터 관료 중 3품 이상은 무덤 안에 묘지를 넣었는데, 당시의 서울이었던 개성근처에서 많이 출토되어 과거제 연구의 자료가 되고 있다.

12세기부터 13세기까지는 여진과 몽고의 침입 등으로 대장경이 만들어졌다. 현재까지 합천 해인사에 보관되어 있는 8만대장경은 유명하며, 상대적으로 이 시기의 금석문 자료는 부족하다. 전남 승주에 소재한 月南寺眞覺國師塔碑는 수선사 해명에 도움이 되고 있다. 『삼국유사』의 저자인 一然禪師의 麟角寺普覺國師塔碑는 왕희지체로 집자되어 있어서 그 내용뿐만 아니라 서체의 연구에도 중요하다.

8) 조선 시대

조선 시대에 있어서 금석문 자료의 비중은 상대적으로 그리 높지 못하다. 이 시기에 관한 사료인 『조선왕조실록』이나 『비변사등록』·『승정원일기』가 일차적인 사료이고, 문집·고문서·읍지 등의 사찬 사료도 풍부하여 이 시기 금석문의 연구는 거의 진전이 없다. 조선시대에는 무덤과 관련하여 왕의 勅命에 의해 작성되는 묘비, 4품 이하의 관리가 세우는 墓碣, 누구나 세울 수 있는 墓標, 무덤 안에 넣는 墓誌가 있다. 이 가운데 중요한 것은 문집에 실린 경우가 거의 대부분이다. 조선 시대의 금석문 자료로 서울 송파동에 소재한 三田渡碑는 한자·몽고자·만주자의 세 가지 문자로 된 점이 유명하다. 이 비가 인조 때 청에 항복한 내용을 담고 있어서 인위적인 파실이 심하다. 한글로 된 비로는 서울시 하계동에 이찬묘비가 있다.

考古 자료로 본 新羅 三國統一 原動力

..

    신라의 통일과정에 대해서는[1] 비교적 많은 성과가 나와 있는데[2] 신라가 삼국을 통일한 원동력에 대해서는 당시 김춘추의 대당 외교나 화랑정신 등에 무게를 두어 설명해오고 있는 듯하다. 지금까지 제시한 수많은 가설 가운데에서 삼국의 통치조직에 대한 포괄적인 연구를 바탕으로 신라의 삼국통일에 관한 이유를 논리 있게 제시한 연구도 있다.[3]

    삼국 가운데에서 가장 먼저 고대 국가를 구축했던 나라는 고구려였다. 고구려의 고대 국가 조직은 중국의 영향과 대립 아래에서 이루어졌다. 고대 국가 체제를 형성하지 않으면 당시 훨씬 발달된 중국의 연나라 등의 침입으로부터 재산과 백성들의 목숨을 지키기 어려웠다.[4] 그래서 고구려는 消奴部, 桂屢部 등 5부족을 중심으로 뭉쳐서 고대 국가를 성급하게 만들어서 중국의 약탈을 방어했다. 이렇게 만들어진 고구려의 고대 국가는 지배층이 단결되었을 때에는 국가의 운영이 잘되어 수나라의 100만 대군도 물리칠 수가 있었다. 그렇지만 당 태종의 침략을 물리친 뒤[5] 고구려 권력의 구심점 역할을 했던 연개소문의 사후에는 그의

---

1) 본고는 몇 차례에 걸친 교양 강좌의 내용을 기초로 한 것이다.
2) 이에 대표적인 연구 성과로는 李昊榮, 1997, 『新羅三國統一과 麗 · 濟 敗亡 原因研究』가 있다.
3) 金哲埈, 1964, 「韓國古代國家發展史」 『韓國文化史系』 I.
4) 고구려, 백제, 신라의 고대 국가 형성에는 외부의 침략을 격퇴하는 방어시설이 주목되는 바, 신석기시대부터 있었던 환호시설은 3세기경에 없어지고 그 뒤에는 성이 이를 대신하지만, 신라에 있어서 3~5세기의 성에 대해서는 거의 모르고 있다.

자식들인 남산·남생·남건의 후계자 다툼으로 지배층의 내부 분열이 일어나 당과 신라의 연합군의 공격을 막지 못했다. 고구려의 멸망은 고대 국가 형성 과정의 약점은 설익은 고대 국가의 한계를 벗어나지 못했던 것으로 사료된다.

한강 유역에 자리를 마련하여 고대 국가를 이룩했던 백제는 북방계 8대성 등 유이민이 지배 세력을 형성했고, 한강 유역의 토착세력들은 고대 국가가 무엇인지도 모르는 채 창칼로[6] 위협 당해서 고대 국가를 만들었다. 토착적인 기반없이 무기로 위협해서 만들어진 고대국가인 까닭에 관제가 3국 가운데에서 가장 세련되었고, 고대 국가 완성의 상징인 정복 군주도 가장 먼저 등장해서 4세기에 이미 근초고왕이 북쪽으로 고구려를 공격해 평양성 근처의 싸움에서 광개토왕의 할아버지인 고국원왕을 전사케 했다. 기초가 튼튼하지 못했던 백제는 3국 가운데에서 가장 먼저 멸망되는 비운을 맞게 되었다.

신라는 한반도의 남동쪽에 있으면서 중국과의 대립에 따르는 전쟁 비용의 손실도 없었으며, 불교 전래, 율령 공포, 정복 군주의 등장 등 고대 국가 구성에 필요한 어느 요소에서나 삼국 가운데에서 꼴찌를 않는 것이 없었다. 가령 고대 국가란 집을 지을 때에도 불교 전래라는 서까래를 올릴 때에도 이차돈의 순교 후 국민의 합의 아래 비로소 행하였다고 사료된다.[7]

신라가 고대 국가라는 집을 지을 때 고구려나 백제에 비해 그 기초가 튼튼했다고 판단되며, 이러한 상황에서 볼 때 신라의 삼국통일은 역사적인 필연성이라고 결론짓고 있다.

여기에서는 신라의 삼국통일의 원동력을 『三國史記』등의 문헌 기록

---

5) 중국 당태종의 침략을 격퇴한 것을 『三國志』魏書, 東夷伝에 나타난 우리 조상의 생활 모습과 비교해보면 우리 민족의 가능성을 이야기해 주며, 1960년대 이후의 놀라운 발전과 함께 주목되어야 할 것이다.
6) 고고학적인 용어로는 창과 모는 구별되며 이 시기의 고분에서 출토된 유물 등에 근거할 때 창의 사용은 없었지만 여기에서는 관례에 따라 사용했다.
7) 和白회의의 결과에 따라 신라 불교가 공인되었음은 주지의 사실이다.

이 아닌 당시의 금석문 고고학적인 자료들을 통해 검토해 보기로 하자.8)

현존하는 신라의 금석문자료는 거의가 6세기대의 것이다. 이 시기 금석문 자료 가운데에서 임신서기석과 울주 천전리서석 등을 제외하면 대부분은 지방민을 그 대상으로 하고 있다. 곧 국왕이 등장하고, 건비의 내용이 적힌 국가 차원의 금석문 자료들은 한결같이 그 대상을 지방민으로 하고 있다. 냉수리비, 봉평비, 적성비, 창녕비, 북한산비, 마운령비, 황초령비 등이 그 예이다. 신라 금석문의 구체적인 내용을 살펴보기에 앞서서 우선 고구려나 백제의 금석문부터 일별해 보기로 하자.

고구려 금석문을 대표하는 비문으로서는 광개토대왕비, 중원고구려비가 있고, 묵서명으로서는 안악 3호분, 덕흥리고분, 모두루묘지 등이 있고, 석각으로는 평양성 석각과 농오리산성 마애석각이 있으며, 불상명문으로는 연가 7년명 금동여래입상 등의 명문이 알려지고 있다. 이들 금석문의 주요내용을 검토해보자. 광개토태왕비에서는 고구려의 건국

---

8) 신라에 있어서 중국 한자의 수용이 언제부터인지는 잘 알 수가 없다. 경남의 창군 다호리 유적에서 출토된 붓이 글씨를 쓰는 데 사용된 것으로 보는 가설도 제시되고 있다. 다호리 붓 자체가 글씨를 쓰는 것이든지 아니면 칠기의 칠을 칠하는 데에 사용된 붓이든지 간에 기원 전후에 있어서 한자의 수용을 증명하는 것과는 관계가 멀 가능성도 있다. 굳이 고고학적인 자료를 이야기 한다면 銅鉈는 중국 전국시대 楚나라에서 木簡을 만드는 것과 관계가 있는 것이라고 한다. 다호리의 붓이나 銅鉈가 한자 수용과 관련되기 위해서는 기원전 3세기경부터 기원전후까지의 우리 조상의 손으로 작성된 문자 자료 출토로 이를 밑받침하지 않으면 안 될 것이다.
『三國史記』에 나오는 신라의 사신인 衛頭를 중국의 전진에게 파견했다는 기사가 중복된다. 이때에(서기 381년) 신라에 있어서 한자 수용은 중국과의 外交를 하려고 하면 기본적인 부분은 어느 정도 인정해야 될 것 같지만 4세기 후반이나 5세기의 신라에서 글자 수용과 관련되는 문자 자료는 없다. 현재 신라 금석문 가운데 가장 오래된 냉수리비에 있어서 5번이나 나오는 者는 당시의 중국에서도 없는 글자이다. 창녕비에서의 한국식글자인 喆자의 사용 등에서 적어도 냉수리비의 건립 이전에 신라에 있어서 한자의 수용은 상당한 수준이었다고 사료된다.

전설과 시조 전승, 광개토태왕의 정복활동, 수묘인연호에 대한 규정 등이 기록되어 있다.[9] 중원 고구려비에서는 장수왕의 왕자인 太子共의 일대기가 기록되어 있는 것으로 이해되고 있다.[10] 안악 3호분, 덕흥리고분, 모두루묘지의 묵서명에서는 한결같이 무덤 주인공과 관련된 것이고, 평양성 석각과 농오리 산성의 마애석각은 그 당시 고구려의 축성 역역과 관련된 자료이고, 연가7년명금동여래입상 등의 불상 명문은 어떤 사람이 누구를 위해 불상을 만든다는 정도의 내용이 기록되어 있다.

백제의 금석문 자료는 그 숫자나 양이 얼마되지 않고 있다. 100여년의 연구 역사를 갖고 있으면서도 아직까지 논의가 계속되고 있는 七支刀명문,[11] 무녕왕릉에서 출토되어 백제사에서 유일하게 왕릉임이 밝혀지는데 공헌한 매지권 등의 문자 자료, 아무개가 누구를 위해 만들었다는 내용을 담고 있는 불상 명문들, 사택지적이라 백제말의 귀족이 만년에 노장사상에 젖어서 불당을 만들어서 현실사회에서 은퇴를 암시하고 있는 사택지적비[12] 등이 있다. 고구려의 광개토대왕비, 중원 고구려비 등과 백제의 사택지적비 등에서는 그 어느 부분에도 지방민이 등장하지 않고 있다.[13]

그러면 신라의 금석문 자료에서 지방민에 대한 배려가 어떠했는지를 구체적으로 살펴보기로 하자.

가장 먼저 세워졌던 냉수리비부터 검토하기 위해 관계 전문을 해석해 제시하면[14] 다음과 같다.

---

9) 이는 현재 학계의 일반적인 통설이다.
10) 金昌鎬, 1987, 「中原高句麗碑의 재검토」『韓國學報』47.
11) 神保公子, 1981, 「七支刀銘文の解澤をめぐって」『東アヅア世界における日本古代史講座』3.
12) 供思俊, 1954, 「百濟 砂宅智積碑에 대하여」『歷史學報』6.
13) 고구려와 백제 금석문에서는 역역과 관련된 평양석각 등에서 지방민의 상정되나 신라 금석문에서처럼 지방민을 위한 지방인을 주인공으로 한 국가차원의 것은 없다.
14) 金昌鎬, 1994, 「영일 냉수리 신라비의 건립 연대 문제」『구곡 황종동 교수 정년 기념 사학논총』

斯羅(新羅)喙部斯智王과 乃智王이 이 二王이 敎를 내린다. 珍而麻村의 節居利를 위해 하여금 證尒를 하는 것이다. 財를 얻게 하는 敎이다.

癸未年 九月 卄日 沙喙部 至都盧葛文王과 (沙喙部) 德智阿干支와 (沙喙部) 子宿智居伐干支와 本波部豆腹智干支와 斯彼 暮斯智干支의 이 七王들이 함께 논의해 敎를 내린다. 前世二王의 敎를 위해 證尒다. 財物을 다 節居利로 하여금 얻게 하는 敎이다. 別敎에 節居利가 만약에 먼저 죽은 後는 그 아우인 兒斯奴가 이 財를 얻는 敎이다. 別敎에 未鄒斯申支 이 二人은 뒤에 이 財의 (상속의) 그는 길을 바꾸지 말라. 만약에(상속의) 가는 길을 바꾸는 者는 重罪를 내린다는 敎이다.

典事人 沙喙部 壹夫智奈麻, 到盧弗, 須仇你, 喙部耽須道使心訾公, 喙部沙部那 斯利, 沙喙部蘇那支의 이 七人이 무릎 꿇고 고하는 것을 마친다. 제사에 소를 죽이고, 말을 한 까닭을 기록한다. 村主 臾支干支, 須支 壹今智 이 二人이 모든 것을 마치고 제사의 까닭을 기록한다. 이 냉수리비에서는 당시의 서울이었던 경주 근처의 興海 지역의 節居利란 지방민의 財에 대한 보증을 하기 위해[15] 신라의 왕이 두 번이나 회의를 한 모습이 기록되고 있다. 지방민의 재산 보증은 말이나 나무 등에 기록할 수도 있으나 영원히 남을 돌에 새겨서 한 것은 지방민으로 하여금 신라 왕실을 믿게 만드는 역할을 했다고 쉽게 추정할 수가 있다.

그 뒤의 봉평비에도 지방민이 등장하고 있어서 지방민을 위한 신라 왕실의 배려에 대한 이야기가 있었을 것으로 짐작되나[16] 아직까지 비석의 전문을 해석할 수가 없다. 봉평비 다음에 신라에서 세운 비석으로는 적성비가 있다.

---

15) 현재까지 財에 대한 정확한 성격 규명은 그 단서조차 잡지 못하고 있다. 최근에 발굴조사된 냉수리고분(국립경주박물관, 1995, 『냉수리고분군』)의 경우는 석실분에 한정할 때 그 석실의 규모나 봉분의 크기는 6세기전반의 경주 지역보다 우위에 있어서 냉수리비의 節居利 재가 객관적으로 납득이 될 수가 있다.

16) 봉평비의 제의도 지방민을 위한 것이므로 杖을 통한 律令 집행으로 해석하는 것은 재고의 여지가 있는 듯하다. 이에 대해서는 따로이 소견을 밝힐 기회를 갖고자 한다.

이에 대해 살펴보기 위해 우선 비의 전문을 해석하여 제시하면 다음
과 같다.17)

△△년 △月에(또는 △△ △△月에 王(眞興王)이 大衆等인 喙部의 伊
史夫智伊干支, (沙喙部의) 豆彌智 波珍干支, 喙部의 西夫叱智大阿干支,
(居漆)夫智大阿干支, 內禮夫智大阿干支, 高頭林城在軍主等인 喙部의 比
次夫智阿干支, 沙喙部의 武力智阿干支, 鄒文村幢主인 沙喙部의 導設智
及干支, 勿思伐城幢主인 喙部의 助黑夫智及干支에게 敎하시었다.
　그 때에 赤城의 也尒次가 한 속에서도(中)도 作善△懷懃力하여서 죽
은 사람이 되었다(使死人). 以後에 其妻(也尒次의 妻)인 三△(△)에게
……를 許利한다.
　四年少女와 師文△(△)에게(恩典을 주었고), 公兄인 鄒文村의 巴珍婁
下干支에게(恩典을 주었고), 前者(四年少女와 師文△(△)에 고쳐서(또
는 다시) 赤城에 가게 하였고, 後者인 公(兄인 鄒文村의 巴珍婁下干支
에게)는 國法에 따라 分與하였지만……, △△△(△)子力只人女와 烏禮
兮撰干支는 赤城舍法을 使法하였다고 (眞興王께서) 敎를 내리시었다.
　별도로 △△△△, △弗兮女, 道豆只又悅利巴小子, 道羅兮△, △△△
△의 合五人에게 官을 내리었다.
　別敎 하시기를 (또는 별도로 敎를 내리시기를) 이 以後로부터 也尒
次와 같이 (新羅를 위하여) 懷懃力使人事하다가(죽더라도)만약에 그가
(也尒次가)낳은 아들과 딸이 나이가 적거나 많거나 (구체적인 恩典을
내리겠으며), 그들은 (우리 新羅의)兄弟이다. 이것을 아뢰는 者가 大人
(어른)이거나 小人(어린이)이거나 (관계없이 포상을 하겠다).
　(이 때에 참가한 사람은)(△△)部의 奈弗耽郝失利大舍, 鄒文(村)……,
勿思伐城幢主使人 那利村의……, ……人인 勿支次阿尺이다.
　(이 때에 立碑 관계자는) 書人 喙部의……, ……人石書立人非今차里
村……인 △(△)의 智大烏之이다.

적성비에 있어서 주인공은 그 당시 적성에 살고 있던 也尒次이다.18)

---

17) 金昌鎬, 1989,「丹陽赤城卑의 재검토」『嶺南考古學』6.
18) 현재 학계 일각에서는 적성비의 주인공을 伊史夫 등 大衆等으로 보고 있으나
　　냉수리비에 비추어 보면 也尒次 등이 분명하다.

그는 신라의 국경지역이었던 적성에서 외적의 침입으로 목숨을 잃었다. 신라에서는 也尒次처럼 신라를 위해 죽으면, 그가 낳은 아들과 딸이 나이가 적거나 많거나 恩典을 내리겠으며, 也尒次와 같은 일을 신라에 알리면 어른이거나 어린이이거나 관계없이 포상하겠다는 내용이 적혀있다. 당시 국경지대에 살고 있던 사람들이 영원히 남을 비석을 세워서 한 약속은 고구려나 백제보다도 훨씬 신라인화 하는 데에 도움이 되었다고 사료된다.[19]

창녕비부터 신라의 금석문은 중국 고전에 나오는 문틀을 수용하여 세련되어 있어서 언뜻보면 지방민에 대한 배려[20]가 전혀 눈에 띠이지 않는다.[21] 북한산비·마운령비·황초령비에 나오는 道人은 당시 최고의 신라 불교계 승려로 이들은 최고의 정치 실력자였던 거칠부에 앞서서 기록되고 있다.[22] 당시 함흥평야에까지 진출한[23] 신라가 이 지역의 백성들을 신라인화 하는 데에는 그 누구보다도 고구려 출신으로 짐작되는 道人의 설득이 큰 영향을 미쳤을 것으로 사료된다. 이 시기의 신라인의 지방민에 대한 배려는 신라식 관인 出자형 관의 출토에서도 알 수 있다.[24] 5~6세기에는 出자형 관이 경산, 대구, 성주, 창녕, 동래 등에서 출토되고 있는 바, 대가야 등의 세력이 남아있던 시기에는 이들 지역에 대한 배려가 엿보인다. 일단 562년 대가야의 멸망 이후에는 신라식 관

---

19) 신라의 왕은 지방민과의 약속을 말이나 나무에 써서 할 수도 있지만 영원히 남을 돌에 새긴 점은 주목해야 될 것이다. 무녕왕릉에서는 백제토기가 단 1점도 부장되고 있지 않은 바 무녕왕릉을 만들었던 백제인들의 마음과는 큰 차이가 있었을 것이다.

20) 북한산비에 보이는 石□ 속에 살던 道人은 고구려 승려로 판단되며, 마운령비와 황초령비에 동시에 나오는 沙門道人 法藏과 慧忍 가운데 한 사람과 동일인일 가능성이 있는 듯하다.

21) 金昌鎬, 1991, 「昌寧碑 전반부 기사에 대하 분석」『古文化』39.

22) 金昌鎬, 1995, 「古新羅의 佛敎 관련 금석문」『영남고고학』6.

23) 신라 진흥왕 때의 영토 확장은 즉위 이전의 거의 2배나 된다. 갑자기 많아진 피정복민의 지배는 거점 지배라는 논의와 더불어 지방민을 위한 배려도 고려되어야 할 것이다.

24) 金昌鎬, 1996, 「南山新城碑 第9碑의 재검토」『釜山史學』30.

의 분포는 신라의 북쪽 변경 지대를 향한다. 안동, 동해, 단양 등에서도 늦은 시기의 신라식 관이 출토되고 있는데 이는 6세기 후반의 신라의 영토 확장 방향과도 그 궤를 같이 하고 있다.

신라의 금석문 자료에 나타난 신라인의 생활상은 임신서기석을 통해서도 엿볼 수가 있다. 신라인 두 화랑이 3년 동안에 국가에 충성을 다할 것을 맹서하고 나서, 다시 시경 등의 유교경전 공부도 3년 동안에 할 것을 맹서하고 있다.25) 3년 동안의 맹서는 남산신성비의 서두에도 나온다. 어떤 집단에서 담당했던 남산신성의 부분이 3년 안에 붕괴가 되면 책임을 지겠다는 내용의 맹서가 적혀있다. 국가에 대한 충성이나 학문 연마, 각종 공사를 3년동안 책임을 진다고 하늘에 대한 맹서는 신라 사회가 성실한 삶을 영위했음을 짐작케 하며, 이러한 책임성이 있는 사회 분위기는 나아가서 삼국 통일에도 일조를 담당했다고 사료된다.

고구려, 백제, 신라에서는 4~6세기경에 각각 나름대로의 특징이 있는 고분을 만들었다. 고분에서도 고구려는 적석총과 토총을 사용했고,26) 백제에서는 적석총, 석실묘, 전축분 등의 여러 가지 다양한 묘제들을 채택하였고,27) 신라에서는 적석목곽분을 일관되게 사용하였다.28)

신라의 수도였던 경주에는 수많은 적석목곽묘가 있었으나 비교적 봉분이 큰 것은 150여가 있다. 이 가운에 현재까지 조사한 것은 30기 가량이 된다. 천마총, 98호분(황남대총), 금관총 등은 그 부장품으로 볼 때 대개 왕릉일 가능성도 있는 것으로 추정되고 있다.29) 황남대총에서는

---

25) 흔히 작심삼일이란 이야기가 있지만 신라인이 3년동안에 유교 경전을 공부할 것을 돌에 새긴 점은 우리 조상들의 통이 큰 점도 주목된다. 우리들의 할아버지들은 '내일 장에 보세'란 말만으로도 약속을 잘 지켰지만, 요즘은 'X일 XX 다방에서 X시에 만나자'로 변하였다.

26) 金元龍, 1973, 『韓國考古學槪說書』, p.116.

27) 金元龍, 1973, 『앞의 책』, pp.128~139.

28) 현재까지의 적석목곽분에 대한 일반적인 연구 성과에 대해서는 金昌鎬, 1996, 「古新羅 積石木槨墳의 몇가지 문제」『碩晤 尹容鎭教授 停年退任紀念論叢』참조. 적석목곽분의 기원에 대해서는 최병헌, 1998, 「신라적석목곽분의 기원재론」 『숭실사학』12가 새로이 나왔으나 종래의 북방기원설을 주장하고 있다.

당시 백성들이 가질 수 없었던 금제, 은제 유물과 함께 신라 무덤이라면 어디에서나 발견되고 있는 신라토기도 대단히 많이 발견되었다. 당시의 무덤을 만들었던 노예나 농민들의 눈으로 보면 신라의 王도 우리와 꼭 같은 신라토기를 사용하는구나하는 친근감을 느낄 수가 있다.

고구려의 왕릉급에 해당되는 태왕릉, 장군총 등의 출토 유물은 전혀 알려진 바가 없다. 백제의 무녕왕릉에서는 전혀 다른 양상을 쉽게 느낄 수가 있다. 무덤조차도 백제에서 2기 밖에 없는 전축분이다.[30] 이는 중국 梁나라의 기술진에 의해 만들어진 것으로 백제 백성들의 눈으로 보면 요즈음의 이탈리아제 대리석으로 만든 것과 같은 호화 분묘로 사료된다. 무덤 속의 부장품도 외국제가 대단히 많다. 무덤을 밝히는 등잔조차도 중국에서 수입한 백자를 사용하고 있다. 이 백자는 세계에서 현존하는 가장 오래된 절대 연대를 가진 백자가 되어 그 값이나 학술적인 가치는 크지만 등잔에는 백제 토기들 중에서 접시 종류를 취해 사용해도 불의 밝기 등에 전혀 차이가 없을 것이다. 관의 나무도 일본의 북부 구주산에서 나오는 金松을 사용하고 있다.[31] 무녕왕릉의 수많은 화려한 부장품에도 불구하고 백제토기는 단 1점도 출토된 바가 없다. 무녕왕릉에서는 백제토기가 공반되지 않는 대신에 수많은 외국제 유물이 있지만 신라의 황남대총 등에서는 신라토기가 반드시 출토되고 있어서 백성과 함께하는 신라 왕실의 모습을 엿볼 수가 있다. 물론 황남대총에서도 고구려계 금귀걸이, 서역 지역의 유리 제품 등의 외국제품도 출토되고[32] 있지만 적석목곽분에서는 반드시 수많은 신라토기가 공반되고 있다.

5~6세기의 고분에서 출토되는 우수한 유물들은 대개 고구려나 백제

---

29) 현재까지 발굴된 신라의 적석목곽분 가운데에서 금관총, 천마총, 서봉총, 황남대총 등이 왕릉일 가능성이 있으나 단정할 수는 없다.
30) 公州의 宋山里 6號墳과 武寧王陵이 傳築墳이다.
31) 林相珍, 1996,「武寧王陵 棺材의 材質과 年輪構造 解析에 관한 調査研究」『百濟論叢』5.
32) 황남대총의 유리병은 비단길을 통한 서역지역에서 수입된 이른바 위세품으로 손잡이가 그 당시에 이미 파실되어 금줄로 수리하여 부장하고 있다.

의 제품이 많고, 신라의 제품은 훨씬 질이 떨어지고 있다.[33] 당시의 금 공품이나[34] 무기를 만드는 기술은 신라가 고구려나 백제에 비해 훨씬 뒤떨어졌다고 판단된다. 이렇게 하이테크 기술은 뒤떨어져 있는 데에도 불구하고 백성들의 생활과 직결되는 토기는 신라가 고구려나 백제보다 는 훨씬 발달되어 있다. 토기의 발달은 백성들의 건강과 직결된다. 특히 통일 전쟁을 위한 집단 급식 때에 있어서 신라토기의 발달은 병사들의 위생·건강부분에서 큰 몫을 담당했을 것으로 판단된다.

---

33) 5~6세기에 있어서 대가야등 가야토기는 신라토기보다 훨씬 높은 온도에서 만 들어졌고 훨씬 우수하다. 가야는 신라에 멸망되고 있어서 위의 논조와 모순되 고 있다. 현재까지 나타난 유물로 당시의 모든 정치적인 상황의 설명은 불가능 한 바 이에 대해서는 김창호, 1992, 「북한산비에 보이는 갑병문제」『문화재』25 참조. 사실 가야토기에 사용된 엄청난 땔감의 사용은 가야지역 산림의 황폐화 를 갖고 왔을 가능성이 있다. 중국에 있어서는 삼림 벌채와 목곽묘의 쇠퇴를 관련지운 연구 성과가 나와 있다(菅谷文則, 1993, 「中國大陵の森林伐採と木槨 墓の衰退」『東アヅアにる環墳と文明 －考古學からアプロ－チ－』).

34) 대표적인 예로 명문의 불상을 들 수가 있다. 일 연호가 적힌 것은 대계가 고구 려의 것이고, 고신라 금동불상은 선산 출토가 있으나 고구려나 백제의 것에 비 해 그 수준의 차가 있다.

김창호
경북 구미에서 태어나
경북대학교 사범대학 역사교육과, 동 교육대학원,
동 대학원 사학과 박사과정 수료
문학박사
현재 경주대학교 문화재학부 부교수로 재직하고 있음
저서 :『고신라 금석문의 연구』,
　　　『한국 고대 불교고고학의 연구』

삼국시대 금석문 연구

초판 인쇄일: 2009년 4월 5일 / 초판 발행일: 2009년 4월 10일
지은이: 김창호 / 발행인: 김선경 / 발행처: 도서출판 서경문화사
등록번호: 제1-1664호 / 주소: 서울 종로구 동숭동 199-15(105호)
전화: 743-8203, 8205 / 팩스: 743-8210 / 메일: sk8203@chol.com

ISBN 978-89-6062-042-1　　93900